JN115358

明日、
相談を受けても大丈夫！

刑事・少年
事件の基本と実務

モデル事例で学ぶ
実務、書式とポイント

石坂 浩 編著

日本加除出版株式会社

はしがき

　この本を手に取って頂いた先生方は，弁護士登録何年目でしょうか（先生になる前の卵の方々も是非手に取って下さい）。そして，ご自身の受任する刑事弁護事件についてどのようなイメージを抱いていますか。

　登録1年目であれば，民事事件とは異なる緊張感とスピード感についていけるか不安になりつつも，事件処理にやりがいを感じていることだと思います。登録5年くらいになると，刑事事件専門の事務所でない限り，私選で刑事事件を受任することは稀で，ときどき配点される国選や当番弁護も，窃盗・痴漢・薬物の繰り返しになってしまい，新人の頃の情熱を忘れかけている方も多いのではないでしょうか。さらに経験20年以上のベテラン弁護士であれば，半ば顧問先や昔の顧客からボランティアのような気構えで臨んでいながらも，現在の刑事システムが自身の登録時とは大きく異なっていることに驚かれている方も少なくないはずです。

　刑事事件（裁判）の多くは窃盗などのいわゆる「定型的」で特に頭をひねることのないものが多いかもしれません。しかし，いったん弁護人（少年事件であれば付添人）に選任されれば，事件対応に追われる多忙な日々がやってきます。特に，若手弁護士にとっては，刑事事件の流れがうろ覚えな中で，接見に行く，記録や証拠を精査する，検察官や被害者と交渉する，書面を起案する等の業務に追われる怒涛のような日々が続きます。

　「もっと時間があればよい意見書や弁論を書けたのに…」と後悔しても仕方がありません。時間があるうちに刑事事件の流れをしっかりと身に付け，具体的な事例においてどのように動くべきか想定しておくことが望ましいのです。さらには，近年は犯罪の種類や被疑者・被告人の属性が多岐にわたっており，事件を受任してから色々と調査するのでは，十分な弁護活動ができません。

　本書は，主に若手の弁護士や刑事事件から遠ざかっている弁護士を

対象として，事件を受任する上での基本と実務を概説したものです。もちろん，刑事弁護人は無罪の推定原則の下で，被疑者被告人の人権を保障するという極めて重要な役割を担います。一方で，弁護士が業務として扱う事件である以上，基本的原則や実務的活動については，ある程度の類型化やポイント解説が可能です。本書の基本スタンスや構成は，「本書の特徴・構成」にて述べますが，本書の1冊があれば，刑事・少年事件を最低限できるというコンセプトで執筆しています。

　もとより，我々の如き若輩者の弁護士達が，刑事事件に関する書籍を執筆編集することが大変おこがましいことは承知ですが，若手弁護士や刑事弁護実務から離れている弁護士のお役に立てるのであれば，執筆者一同幸いです。

　令和元年11月

執筆者一同

本書の特徴・構成

弁護士・社会福祉士 石坂 浩

1 本書の特徴

(1) 基本スタンス

　本書は，【刑事・少年事件の基本と実務】の名の通り，弁護士が弁護人活動をする上で最低限のポイントを押さえることを意図しており，一読することで基本的な刑事・少年事件の実務は理解できるはずです。また，犯罪の類型や人的属性が多岐にわたるのが近年の刑事事件の傾向であり，これは今後も続いていくことが予想されます。刑事弁護人として活動する上で，事件処理の流れについて精通しておくことはもちろん，幅広い事案に対応できるよう日々研鑽を積んでいくことが求められています。

　しかし，編著者弁護士である当職も，登録10年以上ではありますが特に刑事事件に精通しているわけではありません。民事・顧問業務・企業法務・家事・破産・交通・刑事少年等幅広く扱う町弁事務所の経営者です。刑事事件・少年事件は多くて年に5件くらいを担当し，事務所のイソ弁や弁護士会の新人にチューターのような立場で指導することがある程度です。それなりに重大事件を担当することはありますが，社会福祉士の資格もあってか，近時増加している高齢者・障害者の事件や少年事件等の福祉的な対応が求められる事件の経験が比較的多いとは思います。

　このような（刑事専門ではないという）立場から，刑事事件を扱う上で知らなければならない制度を概観し，弁護士が悩むことが多いポイントについて解説を加えたのが本書です。そして，今後も想定される幅広い事案に対応できるよう，犯罪類型や人的属性ごとに具体的な事例を設定して，注意点やその解決方法を提示します。

　ただし，独断的経験による誤導を避けるため，著者編者は単独名ではありますが，各項の執筆者は第一東京弁護士会の同じ委員会のメン

バー（企業系，市民系，外資系等多岐にわたる事務所の先生）にお願いしています。それぞれの「刑事専門ではない」立場から見て，押さえて欲しい刑事事件のポイントを集約した，一般的弁護士の「刑事事件実務マニュアル」と言ってもよいかと思います。

　司法修習を終えて初めて刑事事件を担当する若手弁護士はもちろん，登録30年以上を経過し，登録時には被疑者国選弁護人制度や司法支援センター（法テラスの国選制度）もなかった時代を経て，「10年以上全然刑事事件をやっていないし，法テラスとも契約していないな…」というような大ベテランの先生方にも近年の刑事事件の変遷を確認できるものです。また，刑事弁護について具体的にイメージしたい司法修習生や，実務的な思考で刑事科目学習の刺激にしたい法科大学院生や司法試験受験にも面白い書籍のはずです。

(2)　闘わない場合の弁護士実務

　そしてもう一つ特徴的なのが，本書が典型的類型的な刑事事件を前提として構成され，誤解を恐れず言えば「闘わない」即ち争わない事件（自白事件）をメインに扱っている点です。

　通常の刑事事件実務の書籍においては，刑事訴訟法の編纂や刑事学術書（基本書）の影響から，捜査段階や公判段階で事実関係（公訴事実）を争うことを前提として編集した書籍が多く，これらは，違法捜査や証拠能力について多くの紙面を割いています。証拠法則の解説書が典型です。もちろん，弁護人として「**無実の者に刑罰が科されることは絶対にあってはならない**」という姿勢は弁護活動の肝であり，司法研修所のテキストや演習（実務起案）も「どう争うか」という視点から組み立てられています。

　しかし，二回試験の刑事弁護起案のように「犯人性」が争点となるような刑事弁護はまずお目にかかることはありません（そもそも，犯人性が問題となるような事件を，検察官が起訴したのでは同じ法曹として困ります）。多くの刑事弁護では，若手のイソ弁や1年目の研修弁護士が悩むのは，実際は2で示すような実務的な手続のようです。

※もちろん無罪案件等争う事件にお目にかかったら絶対にミスが許されませんので，基本書籍は重要です。ちなみに，当職も10年間以上弁護士をやった中で，本気で犯人性を争ったことが1回だけあります。これは研修所で学んだような流れを経て無罪となりましたが，書証の不同意や尋問技術等に関する「闘う書籍」は大いに役立ちます。

2 本章の構成

本章の構成を考える上で，実際に著者がイソ弁や研修でメンターを担当した若手弁護士から聞かれた内容を思い出してみましたが，例えば，以下のようなものがありました（実際は捜査・公判の各段階でもっと細かく，沢山聞かれます）。

書籍を手に取った皆さんは直ぐに答えられるでしょうか。

・被疑者国選弁護人として活動中に被疑者が別件で再逮捕されました。引き続き別件で弁護活動をしていいのですか？
・被疑者と被告人の国選弁護人は，自動的に継続するのですか？
・法テラス（日本司法支援センター）は国選弁護にどのように関与しているのですか？　契約しないとダメですか？
・選任命令書は被告人国選弁護人でも交付されるのですか？
・国選弁護の結果報告や報酬請求はいつ誰にするのですか？
・第1回公判期日はいつ決まるのですか？
・被告人はいつ警察署から拘置所に移送されるのですか？
・検察官の証拠開示はいつされるのですか？
・証拠の認否はいつどうやってするのですか？
・情状証人はいつどうやって請求するのですか？
・弁護側の証拠開示はどうやってするのですか？　証拠関係カードは事前に作るのですか？
・判決後控訴期間満了前にも国選弁護人の地位はあるのですか？

　かく言う当職も，こうしたシンプルな質問でも，「自分で調べろ」と言い放ちつつ，裏を取った後で先輩弁護士らしく答えていますが，もっと細かい実務的な話（例えば情状弁護の各方法）になると，「そういえば他の先生はどうやっているのかな？」という疑問を持つことも少なくありません。弁護士は基本的に独立しており，他の弁護士の弁護活動を初めから観察する機会自体があまりないからです。

　こうした背景から，本書では近時の刑事事件の傾向を前提として，「実務手続」と「事件類型」に焦点を絞って編集しています。

　そして前述のように，通常の実務書であれば厚く解説される「闘う弁護活動」，具体的には

・身柄の解放活動の詳細（準抗告の具体的中身やポイント等）

・違法捜査の抑制（取調べに対する防御や違法取集証拠）

・証拠法則（不同意書面の扱い）

・人証（検察側請求証人への反対尋問技術）

等には，紙面の都合もあり最低限度の言及に留めるか省略しています（これらが弁護活動として重要な場合があることも繰り返す通りです）。

　また，今年で運用開始から 10 年を迎えた「裁判員裁判」についても，その対象が重大犯罪に限られ，新人弁護士が 1 人で担当することはまずありませんので，公判前整理手続や弁護人の冒頭陳述，集中審理等を含めて扱いません。万一，裁判員裁判対象事件（特に被害者が故意行為で死亡している事件）を担当した場合においては，別の書籍や先輩弁護士のアドバイスを参考にして下さい。

　以上の通り，本書は基本的な実務解説書籍となっており，

「そんな基本的手続知っているわ！」

　という経験豊富な先生からのご意見や，

「もっと警察・検察と闘わんかい！」

　という熱い先生からのお叱りもあろうかと思います。

　一方で，例外的な事件（要するに否認事件や裁判員裁判の対象となる重大事件）でなければ，取り敢えずは弁護活動の基本が押さえられるというのが本書の基本スタンスです。

執筆者一覧

【編著者】

石坂　　浩　弁護士・社会福祉士／石坂綜合法律事務所

【執筆者】

木田　飛鳥　弁護士／清明法律事務所

熊谷真由子　弁護士／九段法律事務所

安藤　尚徳　弁護士／東京フィールド法律事務所

中村あゆ美　弁護士／関東法律事務所

竹内　省吾　弁護士／弁護士法人エース

戸木　亮輔　弁護士／かなめ総合法律事務所

凡　例

◇法令略語等◇

　刑 …………………… 刑法

　覚せい剤 ………… 覚せい剤取締法

　刑訴 ………………… 刑事訴訟法

　刑訴規 ……………… 刑事訴訟規則

　自動車運転処罰法… 自動車の運転により人を死傷させる行為等の処罰に
　　　　　　　　　　　関する法律

　民 …………………… 民法

　精神保健福祉法…… 精神保健及び精神障害者福祉に関する法律

　障害者総合支援法… 障害者の日常生活及び社会生活を総合的に支援する
　　　　　　　　　　　ための法律

　裁判員法 ………… 裁判員の参加する刑事裁判に関する法律

　少審規 ……………… 少年審判規則

　医療観察法 ……… 心神喪失等の状態で重大な他害行為を行った者の医
　　　　　　　　　　　療及び観察等に関する法律

◇出典略語◇

　家判 ………………… 家庭の法と裁判

　判時 ………………… 判例時報

　判タ ………………… 判例タイムズ

　東高刑時報 ……… 東京高等裁判所判決時報（刑事）

目　次

第2章　事件処理の流れ（概説）

第3章　弁護活動の実務ポイント

第1節　事件事例検討 ───────────────────

第2節　身体拘束の解放活動のポイント ─────────────

各論編

第4章　犯罪類型(1)―財産犯（窃盗・特殊詐欺）

第1節　窃盗罪 ──────────────────

第5章　犯罪類型(2)──性犯罪

第6章　犯罪類型⑶──薬物犯罪

第7章　犯罪類型(4)─交通犯罪

第8章　人的類型(1)―高齢者犯罪

第9章　人的類型⑵—障害者犯罪

少年事件編

第10章　少年事件

資料　関連書式

第 1 章

これからの
刑事・少年事件

　刑事事件に取り組む上で，まずは近年の刑事事件の動向を，法務省のデータをもとに把握していきます。インターネットをはじめとした情報化社会によって，世間では凶悪犯罪が増えているかの世論や報道が多いようですが，犯罪総数や重大犯罪は減少しています。ただし，発生する犯罪には特徴があります。

第1　弁護士と刑事事件 （展望）

1　刑法犯の状況

　法務省が発表した平成30年版「犯罪白書」によれば，平成29年の刑事事件のデータは次のとおりです。

(1)　認知件数と検挙人員

　刑法犯の認知件数は約91.5万件（前年比マイナス8.1％）であり，平成28年以降は100万件を下回っています。そのうち，窃盗犯が約65.5万件（全体の約71.6％）と圧倒的に多いのです。なお，認知件数はピーク時の約3分の1以下まで減少しています（平成14年は300万件近い認知件数です）。

　刑法犯の検挙人員は約21.5万人（前年比マイナス5％）で，これも戦後最小の数値です。検挙人員に関しても窃盗犯が約11万人（全体の約51％）と圧倒的に多いのが実状です。

(2)　特殊詐欺

　振り込め詐欺を含むいわゆる特殊詐欺の認知件数は，1万8,212件（前年比28.7％増），検挙件数が4,644件（前年比3.9％増）となっており，特殊詐欺全体の件数は年々増加しています。なお，被害総額は335億円に上っています。このうち，「振り込め詐欺」の認知件数は1万7,926件，検挙件数は4,361件であり，非常に深刻な件数です。

(3) 年齢層別構成比

　刑法犯の検挙人員の年齢層については，平成9年には高齢者（65歳以上の者）の構成比が全体の4.1％にすぎませんでしたが，平成29年には全体の実に21.5％を占めるに至っています。高齢者による犯罪の割合が，この20年で5倍以上に増加しているのです（件数でみると，この20年で約3.7倍の増加です）。

　同じく平成9年における少年（20歳未満の者）の構成比が検挙人員全体の52.7％と約半数を占めていたのに対し，平成29年には14.1％にまで減少し，高齢者の割合を大きく下回る結果となっています。20年前は選任された刑事事件の半分は少年事件だったのが，今では2割以上が高齢者です。実際，当番弁護（逮捕直後）や被疑者国選（勾留決定直後）で，初めて警察署で顔を合わせる被疑者は，年々子どもから高齢者になっており，我が国の街の光景を，そのまま反映していると言えます。

2　特別法犯の状況

　平成29年の特別法犯の検察庁新規受理件数の状況は，次のとおりです。

　特別法犯には，軽犯罪法違反（全体の2.1％），廃棄物処理法違反（同1.8％），銃刀法違反（同1.5％），入管法違反（同1.3％），風営法違反，児童買春ポルノ禁止法違反等の犯罪が含まれます。

　全体では約37.7万件であり，前年に比べマイナス約2.4万件（前年比マイナス6.1％）と大幅に減少しています。このうち，道交法違反が約28.7万件（前年比マイナス7.6％）で，全体の76.1％を占めます。次に，薬物事犯（覚せい剤取締法違反，大麻取締法違反）が約2万件で，全体の5.5％を占めます。

　なお，特別法犯には含まれませんが，平成26年5月に施行された自動車の運転により人を死傷させる行為等の処罰に関する法律に規定する危険運転致死傷，過失運転致死傷等交通事件の認知件数は約45.3

3

万件に上り，前年比で減少したものの，無視できない件数です。

3　家庭犯罪・ストーカー

　平成 29 年の児童虐待検挙件数は 1,116 件であり，平成 19 年の約 3.5 倍に上ります。児童買春や児童ポルノ禁止法違反の検察庁新規受理人員も 3,074 人で，平成 21 年以降増加傾向にあります。

　配偶者間の暴行・傷害等の検挙件数は 7,738 件で，平成 19 年の約 3 倍に上ります。

　ストーカー事案の検挙件数も 1,699 件であり，前年比では減少しましたが（平成 28 年は約 2,000 件），平成 23 年以降増加を続けています。

4　最近の刑事事件の傾向

　上記の統計から明らかなように，刑事事件は年々減少傾向にあります。実際，東京三弁護士会では国選事件の待機日に全ての待機弁護士に事件が配点されないことも少なくないなど，刑事事件の件数が減少したと実感している弁護士も多いと思います。

　しかし他方で，振り込め詐欺を含む特殊詐欺事件は増加傾向にあり，その手口も巧妙になりつつあり，また，詐欺事件は共犯関係によるものも少なくありません。その他，サイバー犯罪（不正アクセス・入金，電子計算機詐欺等），児童虐待，配偶者間暴力，ストーカー犯罪等，犯罪の種類が多岐にわたりつつあるのも近年の刑事事件の特徴です。

　さらに，高齢者の犯罪は 20 年前の 5 倍近くに増加し，刑法犯に占める割合も 2 割に上り，外国人による犯罪もここ数年ほぼ横ばいで推移するなど，被疑者・被告人の属性も多岐にわたっているといえます。

　つまり，全体として犯罪の件数自体は減少していますが，従来の刑法，刑事訴訟法，そして研修所で習う刑事弁護の知識だけでは対応できない，難しい事件が増加しているというのが実状です。

第2　刑事事件の流れ

1　刑事事件の流れ

　まずは，刑事事件の捜査段階から公判に至るまでの一般的な流れを
復習しておくことにします。

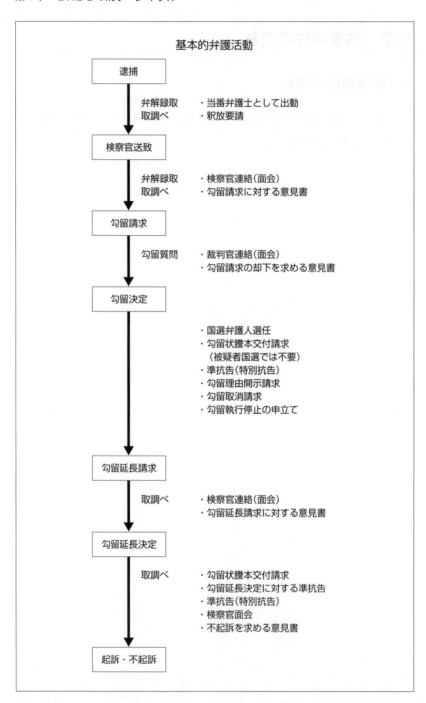

基本的弁護活動

逮捕

弁解録取
取調べ
　・当番弁護士として出動
　・釈放要請

検察官送致

弁解録取
取調べ
　・検察官連絡（面会）
　・勾留請求に対する意見書

勾留請求

勾留質問
　・裁判官連絡（面会）
　・勾留請求の却下を求める意見書

勾留決定

　・国選弁護人選任
　・勾留状謄本交付請求
　　（被疑者国選では不要）
　・準抗告（特別抗告）
　・勾留理由開示請求
　・勾留取消請求
　・勾留執行停止の申立て

勾留延長請求

取調べ
　・検察官連絡（面会）
　・勾留延長請求に対する意見書

勾留延長決定

取調べ
　・勾留状謄本交付請求
　・勾留延長決定に対する準抗告
　・準抗告（特別抗告）
　・検察官面会
　・不起訴を求める意見書

起訴・不起訴

前頁の図の左側は刑事手続の主な流れを，右側は弁護活動として想定されるものを示しています。ご承知のとおり，弁護人は，被疑者の身柄を早期に解放するため，様々な手段を尽くすことができます。もちろん，被害者が死亡しているような重大事件について，勾留を争うことが少ないように，図に示した全てを行う必要はありませんが，各段階でどのような防御方法があるのか，しっかりと把握しておくことは刑事弁護人にとって必要不可欠です。

各段階のポイントを簡単にまとめます。通読してご自身の認識をチェックしてください。

2 逮捕・検察官送致段階

逮捕段階では，私選弁護人又は当番弁護士として被疑者のもとに接見に行くことになります。逮捕された被疑者は動揺し精神的に不安定になっているので，弁護人は被疑者の防御権を保障するため，直ちに接見場所に赴き，被疑者と接見すべきです。

そして，逮捕段階における目標は，違法不当な身体拘束の回避と早期の身柄解放です。直後に予定される勾留請求に対して有効な反論ができるよう，被疑者に有利な事情をできる限り集めなければなりません。その際には，勾留の理由（刑訴60条1項）のうち罪証隠滅を疑うに足りる相当な理由（2号），逃亡すると疑うに足りる相当な理由（3号），勾留の必要性（身柄解放の必要性）について情報を集める必要があります。

そして，勾留請求がなされる前に検察官と直接面会し，勾留要件を満たさない旨の意見書及び裏付け資料（示談書，反省文，誓約書，身元引受書等）を提出します。裁判官は，抽象的な「おそれ」をもって勾留の要件を認めることがまだまだ多いのが現状です。そのため弁護人としては，できる限り「具体的な事実」を挙げて，罪証隠滅及び逃亡の余地がないことを述べることになるのです。

3　勾留請求後

　勾留請求がなされた後，勾留決定がなされる前に裁判官と直接面会し，勾留請求の却下を求める意見書及び裏付け資料を提出します。

　勾留質問は勾留請求の当日又は翌日までには実施される運用ですが，地域によって異なるので，先輩弁護士から早めに情報を仕入れておきたいところです。いずれにしても，時間制限がかなりタイトであることは間違いないため，裁判官面接をするのであれば裁判所の該当部（東京地裁であれば14部）に事前に連絡を入れておくべきです。

　弁護人の地道な努力もあり，近年では勾留請求が却下されるケースが全般的に増えています。平成18年には0.4%でしたが，平成28年には3.4%にまで増加しています。10年間で8.5倍に増えたことになり，（平成19年版「犯罪白書」，平成29年版「犯罪白書」）この流れは今後も広がっていくと予想されます。弁護人としては，こうした流れを踏まえ，具体的な事実を指摘した上で，しっかりと勾留請求却下を求めていくべき姿勢は大切です。

4　勾留決定後

　勾留決定後は，被疑事実と勾留理由を直ちに確認する必要があるため，裁判所に対して勾留状謄本の交付を請求します。なお，被疑者国選弁護人の場合，この段階から事件に関与することになり，事件配点時に勾留状も交付されるので，謄本の請求は不要です。

　被疑事実と勾留理由を確認した後は，勾留決定に対する準抗告（刑訴429条1項2号）の検討に入ります。勾留請求却下と同様，近年，準抗告の認容率も上昇しており，弁護人として「必ず検討すべき」手段です。準抗告が棄却された場合，特別抗告を申し立てることができますが，申立期間が5日間（刑訴433条2項）と短い点に注意が必要です。

　勾留理由開示請求は，身柄の解放活動そのものではありませんが，その後の勾留取消請求に利用できる情報を取得する意味を持っていま

す。その他，刑事事件の経験が豊かな弁護士の中には，勾留理由開示手続が公開法廷で行われることを利用して，事実上，被疑者と家族が顔を合わせる機会としている弁護士もいるようです。

勾留の理由ないし必要がなくなった場合，勾留取消請求（刑訴87条）を検討することになります。この頃には，一定程度事件も進展していると思われます。被害者との示談の成立，捜査の進展により罪証隠滅のおそれがなくなったこと，被疑者自身の変化等をもとに，身体拘束が不当であることを説明することになります。

勾留延長については，勾留請求・決定の段階と基本的に同様であり，勾留期間満了前に，検察官に対して不起訴を求める意見書を提出する等，不起訴に向けた弁護活動を行うべきです。

5 弁護活動の方針

繰り返しますが，ここまでに述べた弁護活動が全ての事件に妥当するわけではありません。例えば，公判請求が確実な事件（否認の重大事件等）では，早期に検察官と接触したり，裁判官に様々な資料を提出したりすること自体を慎重に検討すべき場合もあります（裁判官に提出する資料は検察官の目に触れると考えてよいです）。場合によっては，こちらに有利な事情や証拠が公判前に検察官のもとに渡ってしまうおそれがあるからです。どのような進め方が望ましいか，事件ごとにしっかりと考えていく必要があります。ここが刑事弁護の難しいところです。

6 法改正のポイント

次に，手続を前提として，平成28年6月3日法律第54号の刑事訴訟法改正の内容を簡単に説明します。特に，同年よりも前に登録した先生方は再度チェックしてください。

ア　被疑者国選の拡充（刑訴37条の2，37条の4）

　これまで，「死刑又は無期若しくは長期3年を超える懲役若しくは禁錮に当たる事件」であって「勾留状が発せられている場合」に限り被疑者国選弁護人が付されていました。

　しかし，改正により，「勾留状が発せられている場合」すべての被疑者に国選弁護人が付されることとなっています。したがって，国選対象事件が増加することが見込まれ，これまで以上に様々な罪名の事件に対応する能力が求められるのです。

イ　裁量保釈の考慮事情（刑訴90条）

　裁量保釈において考慮すべき事情が明文化されています。具体的には「裁判所は，保釈された場合に被告人が逃亡し又は罪証を隠滅するおそれの程度のほか，身体の拘束の継続により被告人が受ける健康上，経済上，社会生活上又は防御の準備上の不利益の程度その他の事情を考慮し，適当と認めるときは，職権で保釈を許すことができる。」こととされました。保釈請求の具体的な主張において，必ず意識しなければならない事実関係です。

ウ　訴追に関する合意（刑訴350条の2〜350条の15）

　被疑者・被告人が他人の刑事事件（「特定犯罪」に指定されるものに限られます）について協力をすることと引き換えに，検察官が不起訴の合意等の利益をすることができることとなっています（刑訴350条の2）。この合意をするための協議には，弁護人が必要的に関与しなければなりません（刑訴350条の4）。

　なお，証拠収集等への協力に関する制度（刑訴157条の2）も新設されています。

エ　公判前整理手続関連

　第一に，これまで実務上認められてきた公判前整理手続請求が権利として明文化されています（刑訴316条の2第1項）。期日間整理手続に

ついても同様に明文化されました（刑訴316条の28）。

　第二に，捜索差押調書や領置調書といった「押収手続記録書面」が類型証拠開示請求の対象に加えられました（刑訴316条の15第9号）。

　第三に，被告人又は弁護人の請求により，検察官請求証拠に証拠一覧表を付することが義務付けられました（刑訴316条の14第2項，3項）。

オ　取調べの録音・録画

　取調べの録音・録画（刑訴301条の2）については，一定の重大犯罪を対象として（同条第4項）2019年6月1日に施行されました。

第3　被疑者被告人の属性

1　近年の特徴

　近時，「司法福祉」という比較的新しい概念が登場し，犯罪をした高齢者，障害者，未成年者（少年）に対して刑事司法が果たす福祉的役割が注目を浴びるようになっています。

　その期待を受け，矯正施設及び保護観察所においては，平成21年4月から，高齢又は障害を有し，かつ，適当な帰住先がない受刑者等について，釈放後速やかに，適切な介護，医療，年金等の福祉サービスを受けることができるようにするための取組として特別調整を実施しています。

　検察庁においても，近年，知的障害のある被疑者や高齢の被疑者等福祉的支援を必要とする者について，再犯防止・社会復帰支援の観点から，釈放時に福祉サービスに橋渡しするなどの調整を行う取組が行われています（平成29年版「犯罪白書」第7編／第3章／第1節／2）。

　以下，それぞれの犯罪者の属性ごとに特徴的な点について触れておきます。

2　少年

　従来から，少年法は保護主義に立ち，その教育的かつ福祉的機能が重視されてきました。そのため，弁護人（付添人）は，通常の刑事弁護における被害弁償等の情状弁護的な活動にとどまらず，可塑性に富んだ少年が将来的に改善・更生できるよう，少年との信頼関係の構築や，少年の家族や協力者との環境調整等に力を入れてきたのです。

　少年法が有する教育的・福祉的機能は現在でも全く変わらないはずですが，少年犯罪の凶悪さがメディアで殊更に取り上げられ，公職選挙法や民法の成人年齢引下げに付随して少年法適用年齢の引下げを是とする世論が形成されようとしています。その一方で，上記1で前述した少年犯罪の絶対数が減少している（少子化の程度を上回るペースで減少している）事実は認知されないなど，世間が少年犯罪の実態，少年法の保護主義，少年審判や少年院が有している意義について正しく理解できているとは到底言えません。

　弁護人（付添人）には，少年法の保護主義並びに教育的及び福祉的機能を強く再認識することが求められているのです。なお，「家庭の法と裁判」17号では「実務から見た少年法適用年齢の引下げ」を特集しており，本書籍著者を含めて複数の実務家が寄稿しています。実務家の少年事件に対する意識（本音）が読み取れますので，参考にしてください。

3　高齢者

　近年の日本社会の高齢化に端を発し，単身高齢者の孤立，高齢者の貧困，認知症患者の増加等の問題にも焦点が当てられるようになっています。特に，高齢犯罪者は，犯罪性が進むにつれ，単身，住居不安定，無収入の者の比率が上昇し，周囲に保護・監督する者もなく，経済的に不安定な状態にある傾向があるとの調査結果が10年も前からあるように（平成20年版「犯罪白書」第7編／第3章／第2節／1／(8)），刑事司

法としても高齢犯罪者に対して福祉的機能を果たすことが期待されています。

平成 30 年版「犯罪白書」によれば，平成 29 年の 70 歳以上の高齢者の刑法犯検挙人員の罪名は，窃盗が 76.7%（万引きが 62.6%，万引き以外の窃盗が 14.1%）を占めています。全年齢層でも窃盗の割合が約 51% と高い比率であることは本章冒頭で述べたとおりですが，高齢者による犯罪については窃盗の割合は更に高いのです。特にその傾向は 70 歳以上の女性高齢者に顕著で，刑法犯検挙人員の罪名は，窃盗が 93.1%（万引きが 82.5%，万引き以外の窃盗が 10.6%）を占めています。

一方，起訴猶予率に関しては，刑法犯全体が 52.8% であるのに対し，70 歳以上の高齢犯罪者による刑法犯に関しては 67.0% と，こちらも比較的高い割合となっています。この傾向は窃盗において若干強く，窃盗全体の起訴猶予率が男性 49.2%，女性 63.0% であるのに対し，高齢犯罪者による窃盗の起訴猶予率は男性 67.4%，女性 68.6% となっています。70 歳以上の窃盗犯の約 7 割が起訴猶予処分なのです。

上記を踏まえると，国選弁護や当番弁護で出動した場合には，高齢犯罪者による万引き事案の担当となる可能性が最も高い一方で，他の事案に比して起訴猶予となる可能性が高く，逮捕勾留段階における弁護人の環境調整的な活動に関する手腕が試されていると言っても過言ではないのです。

4　知的障害者

高齢者に加え，社会的に特に注目を浴びているのは知的障害者です。

10 年ほど前から，刑事施設の中に多数の知的障害者（障害者手帳を有していないが，知的障害が疑われる者を含みます）が収容されているという調査研究結果が発表されたことなどから，知的障害者の犯罪者にも焦点が当たるようになっています。

平成 30 年版「犯罪白書」によれば，知的障害者に限った統計ではありませんが，平成 29 年における精神障害者（統合失調症，精神作用物質

による急性中毒若しくはその依存症，知的障害，精神病質又はその他の精神疾患を有する者をいいます）及び精神障害の疑いのある者（以下「精神障害者等」といいます）による刑法犯の検挙人員 21.5 万人であり，そのうち最も多いのが窃盗で約半数の 11 万人，次いで傷害・暴行が約 4.7 万人となっています。特徴的なのは，検挙人員全体に対する精神障害者等の割合は 1.5％であったにもかかわらず，罪名別にみると，放火が 18.7％，殺人が 13.4％を占め，精神障害者等による比率が高くなっているところです。

　警察による統計上は，刑法犯全体検挙人員に対する精神障害者等の割合は上記のとおり 1.5％にとどまっているものの，平成 29 年「矯正統計年報」によれば，新受刑者の約 20％は知能指数（IQ）が 69 以下（知能指数のみで知的障害の有無を判断できるものではありませんが，IQ69 は「軽度の知的障害」の目安とされています）とされており，弁護人としては，常に，被疑者が知的障害，その他何らかのハンディキャップを有していないかについて，配慮しておく必要があるといえるのです。

第4　犯罪の属性

1　窃盗

　窃盗は，例年，刑法犯の認知件数の過半数と，一般刑法犯の認知件数の 7 割以上を占め，国民が最も被害に遭いやすく，身近に不安を感じる犯罪の一つである上，窃盗事犯者は，5 年以内累積再入率が覚せい剤取締法違反者と同程度に高く，窃盗を繰り返す傾向も認められる犯罪です（平成 26 年版「犯罪白書」第 6 編／第 1 章）。

　窃盗と一概に言っても，手口，動機，背景事情等が多種多様であり，また，窃盗の認知・検挙件数及び再犯率の高さの要因に関しては，いわゆるバブル経済崩壊後の長引く経済不況のほか，社会における規範意識の低下や地域社会における連帯機能の低下等といった社会環境の変化，家族的結合の希薄化や教育機能の低下等といった様々な事情が

複雑に絡み合っている（平成26年版「犯罪白書」第6編／第2章／第2節）との指摘もあり，個々の被疑者の生活状況や犯罪に至る背景を適切に理解して弁護活動に臨む必要があるのです。

なお，平成30年版「犯罪白書」によれば，窃盗の手口別構成比は，検挙件数に関して，万引き36.8％，車上・部品狙い8.2％，空き巣6.8％，自転車盗6.5％となっています。

2 性犯罪

性犯罪（強姦及び強制わいせつをいう）は，刑法犯全体の検挙件数に占める割合こそ低いものの，被害者の人格及び尊厳を踏みにじる悪質な犯罪であり，社会的な関心は非常に高いことはご承知のとおりです。

平成30年版「犯罪白書」によれば，強制性交等罪（平成29年6月の刑法改正で「強姦罪」から変更されています）の検挙件数は平成21年以降，年間1,000件前後でおおむね横ばい，強制わいせつの検挙件数は平成20年頃から若干の増加傾向にあり，平成26年には4,000件を超え，同29年は4,320件と，決して見過ごすことができる状況ではありません。

強制性交等罪の検挙率は近年上昇傾向にあり，平成29年は92.6％と非常に高い数字を記録しています（刑法犯全体の検挙率は35.7％でした）。しかし，性犯罪は，被害者が，取調べにおいて記憶喚起を求められたり，被害が公にされたりすることで精神的な二次的被害を受けることを恐れ，そもそも被害自体を届け出ることをためらい，捜査機関に認知されない事案が多い犯罪ともいわれており，実際に発生している犯罪は上記件数に留まらない可能性があるのです。

平成27年版「犯罪白書」によれば，犯行時の年齢層別構成比の推移（最近30年間）を見ると旧強姦罪及び強制わいせつの検挙人員のうち，20～29歳及び30～39歳の者の割合が，この30年間一貫して約5割から6割を占めています。他方，少年の割合は低下傾向にあり，平成26年は，昭和60年と比べると，旧強姦が2分の1以下，強制わいせつが約3分の1になっています。

　一方で，近年の検挙人員における高年齢化は，強制性交等，強制わいせつにおいても認められ，平成26年の高齢者の検挙人員は，昭和61年と比べて，旧強姦では約7.7倍（3人から23人），強制わいせつでは約19.5倍（11人から215人）に増加しています。

3　交通事犯

　交通事故の発生件数及び負傷者数は平成17年以降減少し続けていますが，交通事犯（危険運転致死傷，過失運転致死傷等及び道路交通法違反をいう）の検挙件数の総数は，上記で述べたように刑法犯全体の検挙件数を上回ります。また，運転行為自体の危険性の高さや，悪質な事故が発生したことが社会的に注目を浴びたことにより，平成13年に危険運転致死傷罪が新設された後も，平成19年には自動車運転過失致死傷罪が新設され，平成25年11月には自動車運転死傷処罰法が成立し，危険運転致死傷罪の新たな類型として，進行を制御することが困難な高速度で運転する行為や，アルコール又は薬物の影響によって正常な運転が困難な状態で自動車を運転する行為が定められるなど，規制が細分化されてきています。

　道路交通法も平成26年6月に改正され，無免許運転ほう助行為のうち悪質なものに対する罰則が新設されるなど，交通事犯に対する社会的な関心は高まっています。

　平成30年版「犯罪白書」によれば，交通事犯における公判請求の構成比は，危険運転致死傷では74.7％と，一般事件と比べて著しく高くなっています（全体の公判請求率は8.4％でした）。その一方で，過失運転致死傷等及び道路交通法違反では，それぞれ1.2％，2.6％とかなり低く，前者では不起訴の構成比が極めて高く，後者では略式命令請求の構成比が高くなっています。

4 薬物事犯

平成30年版「犯罪白書」によれば，覚せい剤取締法違反の検挙人員は，平成13年以降は減少傾向にあったものの，平成18年以降はおおむね横ばいで推移し，毎年1万人を超える状況が続いています。年齢層別にみると，29歳以下の年齢層の人員は，平成10年以降減少傾向にあり，平成29年の人員（1,317人）は平成9年の人員（9,934人）と比べると約7分の1に減少しました。他方，40歳代及び50歳以上の年齢層は，平成21年以降増加傾向にあります。

大麻取締法違反の検挙人員は，平成26年から4年連続で増加しており，平成29年は3,218人です（なお，平成27年から同28年は前年比25.6%と激増しています）。また，平成29年における大麻取締法違反の年齢層別の検挙人員を見ると，20歳代（1,174人），30歳代（1,038人）の順に多く，両年齢層で全検挙人員の73.5%を占めています。昨今，芸能人が同法違反で逮捕起訴される事件が複数報道されており，20代・30代を含む若年層において，大麻使用が拡大している可能性があります。

危険ドラッグに係る犯罪の検挙人員は，平成24年に急増して以降増加を続けていましたが，平成28年は前年より23.1%減少して920人，同29年は651人でした。うち危険ドラッグ乱用者の検挙人員（危険ドラッグに係る犯罪の検挙人員のうち，危険ドラッグの販売等により検挙された供給者側の検挙人員を除いた者）は，605人であり，年齢層別では，40歳代（208人，34%）が最も多く，次いで，30歳代（196人，32%），50歳以上（105人，17%），20歳代（94人，16%）であり，20歳未満は2人，0.3%でした。危険ドラッグは未成年者や20歳代の間では既に流行していないようです。

薬物事犯において，特に特徴的なのはその再犯率です。覚せい剤取締法違反の成人検挙人員に関し，同一罪名再犯者率（覚せい剤取締法違反の成人検挙人員に占める同一罪名再犯者の人員の比率をいう）は，近年上昇傾向にあり，平成29年は66.2%（刑法犯全体の検挙人員中の再犯者率は48.7%）と，薬物事犯犯罪者の薬物への依存度の高さがうかがえます。

　また，暴力団構成員等の関与の高さも特徴の一つであり，平成29年の暴力団構成員等の全検挙人員に占める比率は4.8%であったのに対し，覚せい剤取締法違反により検挙された者に占める比率は47.4%でした。

第2章

事件処理の流れ（概説）

【本章のポイント】

　司法試験の科目である刑法と刑事訴訟を勉強していれば，逮捕（捜査の端緒）から罪責の確定（執行）までの流れは理解できています。司法修習や研修所での講義，起案でも検察・刑事裁判・刑事弁護において実務的な事件処理について把握していると思います。

　これらの過程を踏まえて，今後は自分が刑事弁護人としての一当事者となります。なかなか緊張する瞬間です。新人はもちろん，10 年以上刑事事件を扱っていない先生方も，「どういう手続だっけ？」と迷う場面も少なくありません。

　本章では，被疑者・被告人にとって唯一かつ最も味方となる当事者である弁護人という立場に立って，押さえておくべき実務上の手続を概説します。手続ですので，ルールブックやマニュアル的な視点とともに，実務で使用されている書式も紹介します。一読しておくと役に立つはずです。

第1節　当番弁護・被疑者国選弁護

　弁護士が刑事弁護人として依頼を受けるのは，大きく分けて，「身柄か在宅」，そして「私選か当番・国選」です。身柄事件では私選弁護人又は当番派遣として弁護士の関与が開始され，要件を満たせば被疑者国選（起訴後は被告人国選）として弁護人活動を行います。在宅事件では，起訴（公判請求）前の活動には「国選」という概念がありませんので，私選として活動を行います。

　そして本章では，事件処理の流れを解説するため，まず本第１節で，被疑者段階における当番弁護を念頭において解説します。私選弁護人

と法テラスとの関係は，第2節で解説します。

第1　当番弁護からの受任

　当番弁護とは，各弁護士が所属している単位弁護士会が，身柄が拘束されている被疑者・被告人やその家族・知人から接見の依頼があった場合に，当番の弁護士を1回だけ無料で接見するよう派遣し，被疑者・被告人の相談に一早く応じる制度です。

1　当番弁護の待機

　弁護士会の当番弁護士名簿に登載された弁護士は，割り当てられた当番日において，派遣要請に応じて直ちに接見に出動することができるよう，待機場所にて待機します。待機場所は，通常は事務所ですが，休日は携帯電話や自宅電話を指定した上で自宅等を選択することもできます。

2　派遣要請の連絡

　弁護士会からの派遣要請は，電話及びFAXによって行われます。配点連絡票【※書式1 (288頁)】には，被疑者の氏名・フリガナ，性別，国籍・使用言語，生年月日，罪名，留置場所などが記載されています（記載が誤っていることがあるため，初回接見時では，まずはじめにすべての事項について確認してください）。

　連絡を受けた弁護士は，原則としてその日のうちに接見することが求められます。被疑事実の具体的内容や認否は，この時点では不明なままです。

3　出動先への事前確認・接見

　当番弁護の派遣要請を受けるタイミングとして最も多いのは，被疑者の逮捕後勾留決定前（国選弁護人選任のタイミングより前）の段階です。この場合，勾留を回避するための弁護活動が必要となってくることから，特に迅速な接見が求められます（本章第3節参照）。

　弁護士会からの派遣要請を受け，いざ留置場所の警察署まで接見に赴いたものの，検察庁や裁判所への押送のため，被疑者の身柄がそこにはなく，出動が空振りに終わることのないよう，出動前には，留置場所の警察署へ電話し，被疑者の在所確認をするべきです。

　被疑者の身柄が裁判所や検察庁にある場合は，限られた時間ですが，庁内の接見室において接見できる場合もあるので，裁判所・検察庁にも確認しましょう。また，被疑者の取扱い警察署と留置場所の警察署が異なり，別の警察署で取り調べを受けている場合もあるため，注意が必要です。

　この時点では，まだ弁護人として選任されていないため「弁護人となろうとする者」の立場において接見することになります。接見申込み段階で記載する書式についても，この場所にチェックを入れます。

　初回接見時の持ち物リストは以下のとおりです。

【持ち物リスト】

・弁護士バッジ又は身分証明書
・職印
・配点連絡票
・筆記用具
・名刺（被疑者に差し入れる）
・私選弁護人選任申出書
・受任契約書
・刑事被疑者弁護援助利用申込書

・国選弁護人選任請求書
・資力申告書
・被疑者ノート，権利告知書など（必要に応じて）
・弁護人選任届

4　私選弁護人としての選任

　初回接見の段階が逮捕後勾留決定前（多くは逮捕された当日）の場合には，被疑者国選制度が適用される前の段階です。そのため，被疑者から私選弁護人選任の申込みがあれば，接見した当番弁護士が受任することができます（第2節第1を参照）。

　私選弁護人として受任しない場合，勾留決定前であれば，法テラスの刑事被疑者弁護援助制度を利用できますが（第2節第2参照。ただし，被疑者に資力がなく，かつ弁護士援助の必要性・相当性の要件を満たす場合に限ります），勾留後は刑事被疑者弁護援助制度を利用できないため，被疑者国選弁護制度によるしかありません。

　つまり，被疑者国選弁護の対象（現在は勾留事件全件です）となる逮捕後勾留決定前の被疑者に対しては，私選弁護人を受任する際に刑事被疑者弁護援助制度を利用すると，すぐに（勾留決定段階で），私選弁護人を辞任し被疑者国選弁護に移行する必要があります。実務上手続が煩雑なため，注意してください（31頁参照）。

5　国選弁護人選任請求への移行

　一定の資力がある被疑者が，国選弁護人の選任を請求するには，あらかじめ弁護士会に対し，私選弁護人の紹介を申し出ていなければならないところ（刑訴36条の3第1項），弁護士会は，被疑者等からの当番弁護士の派遣依頼を，私選弁護人の紹介申出として扱っています。

　そこで当番弁護士が，私選弁護人として受任しない場合（前記の刑事

被疑者弁護援助制度を利用しない場合），速やかに国選弁護人選任請求に移行することができるように，裁判所に対し被疑者から弁護士会へ私選弁護人の紹介申出があったことを明らかにする必要があります。

そこで，当番弁護士は，「不受任通知書」を2通作成して，1通を弁護士会にFAXの上保存しておきます。裁判所には，弁護士会が「不受任通知書」を通知します（刑訴36条の3第2項）。

なお，弁護士会は，被疑者に対し，私選弁護人の紹介申出を受けて派遣した弁護士が，被疑者からの選任の申込みを拒んだ場合，被疑者にその旨を通知しなければならないため（刑訴31条の2第3項），当番弁護士は，被疑者に対し，もう1通の「不受任通知書」を差し入れます。

6 国選弁護人の選任に関する要望

当番弁護士自らが，被疑者の国選弁護人として選任されることも可能です。

そのためには，法テラスに「国選弁護人の選任に関する要望書」を提出するとともに，裁判所に「国選弁護人選任請求書・資力申告書」に被疑者の署名・指印をした上で，同原本と，「国選弁護人の選任に関する要望書」の写しを提出します。「国選弁護人選任請求書・資力申告書」に50万円以上の資力申告がある場合は，「不受任通知書」もあわせて提出します。予め書式・書面を確認しておいてください。

7 接見の報告

接見終了後には，弁護士会に対して，接見報告書（及び，必要に応じて不受任通知書）を提出します。

8 当番弁護として終了する場合

当番弁護士として派遣されたが，被疑者から受任依頼がない，又は

受任申出があっても受任しない場合には，当番弁護の活動は終了です。もっとも，弁護士会によっては当番弁護士に事件受任の義務を課しているところがあり，正当な理由（利益相反関係，違法な活動を強制される，着手金を支払わない等）がない限り，受任しなければならない場合があります。また，少年事件の場合は，被疑者段階（逮捕勾留段階）で弁護人が選任される必要性が高く，よほどの事情がない限りは，身柄を拘束された少年に対しては被疑者弁護人として受任する姿勢が求められます。なお，少年の場合には家庭裁判所への全件送致があることから，被告人国選とはならずに，付添人となる点にも注意してください（少年事件については第 10 章を参照）。

第 2　被疑者国選弁護からの受任

　当番弁護士が，通常の場合には，勾留決定前の被疑者の要請に応じて派遣されるのに対して，被疑者国選は勾留決定が出された被疑者の要請に応じて弁護人となる制度です。

1　被疑者国選の待機

　被疑者は，逮捕に引き続いて勾留された場合，裁判所に対して国選弁護人の選任を請求することができます（刑訴 37 条の 2）。かかる被疑者勾留後の段階において，弁護士は割り当てられた待機日に，被疑者国選名簿により当初から国選弁護人として選任を打診されることになります。第 1 の当番弁護と第 2 の被疑者国選の待機名簿が重複している単位会もあるかと思います。自身がどの段階の被疑者に呼ばれているのかは，常に頭に入れておく必要があります。

2　国選弁護人の指名打診

　法テラスは，事件配点が入り次第，待機する弁護士に対して電話連

絡を行い，接見及び事件受任を打診します。弁護士がこれを引き受けた場合，FAX で「国選弁護人候補指名通知依頼書」及び勾留状の写しが送付されます。また，同日，裁判所からも選任の連絡があり，後日，裁判所から選任書の謄本（弁護人であることの証明書類）を受領します。裁判所から選任届を受け取る前であっても，法テラスからの連絡で事件を受任して「国選弁護人候補指名通知依頼書」を受領すれば（この書面は法テラスから裁判所の勾留係に FAX されています），この段階で国選弁護人として活動できます。急いで選任書を取りに行く弁護士がいますが，急ぐべきは被疑者との接見や弁護活動ですので，ご注意ください（選任書は，弁護士の職印を持った事務員が代わりに受け取ることもできます）。

第 3　被疑者国選弁護人としての活動

1　接見の際の注意事項

　選任日当日であれば，時間帯によっては被疑者が勾留質問で裁判所におり，裁判所において接見できることもあるので，裁判所に問い合わせるとよいでしょう。警察署に接見に行く場合でも，当番弁護のときと同様に，事前に電話で被疑者の在所確認を行うべきです（前記のとおり，選任書を受領していなくても，国選弁護人であれば，弁護士の身分証又は弁護士バッジを持参すれば，被疑者と接見することができます）。

　被疑者国選弁護の場合，終了時（公判請求時や身柄解放時）において，接見回数を基準とした報酬が算定されます。そのため，接見に出向いた疎明資料として，警察署における接見申込の際には，必ず法テラス提出用の接見資料（複写式で，接見申込用紙に重ねて使用します）を取得することを忘れないようにしましょう。これは留置施設に備え付けられており，接見申込みの際，留置係に「法テラスの用紙をお願いします」と言えば通じます。

　ちなみに，被疑者段階における法テラスからの報酬はこの枚数で増減します。

　もっとも，被疑者以外の関係者（親族や職場の人間，場合によっては被害者）と環境調整や示談で会う際の労力は，被疑者との接見の比ではありません。また，昨今増加している被疑者の属人的性質（高齢者や障害者等）によっては，医療や福祉の関係者（医師や社会福祉士）とのカンファレンスや連携活動も多くなっています。実際にも，高齢者かつ精神障害者の犯罪（第8章，第9章参照）で，20日間の勾留中において，被疑者との接見が1回，家族や医師，社会福祉士等とのカンファレンスや入院先機関の確保や手続等で10回以上出掛けた事件で不起訴処分（医療保護入院）となりながら，被疑者国選の報酬は5万円に満たない事案がありました。

　法テラスも付加報酬等については工夫していますが，事件報酬について接見回数という考え方には今後も議論の余地があります。

2　被疑者国選の終了

　被疑者が釈放された場合，又は被疑者が起訴された場合には，被疑者国選弁護人としての活動は終了です。

　この時点で法テラスに対し，終了通知書，被疑者国選弁護報告書【※書式2（289頁）】，接見資料，示談や準抗告，勾留停止等の加算報酬がある場合はそれに関連する資料を提出します。また，弁護士会に対しても「終了報告書」を提出します。2週間以内の提出が義務付けられていますので，注意してください。特に，被疑者が起訴された場合は，自動的に被告人国選に移行し，そのまま起訴後の活動を継続することになるため，注意しておかなければ，被疑者弁護の終結手続を失念することもあります。

3　禁止事項

　国選弁護人は被疑者・被告人及びその親族等関係者から，報酬，手数料，お車代，謝礼等名目のいかんを問わず，金品を受領することは

できません（菓子折りなども断るべきです）。よく示談が成立し身柄が解放されたようなケースで，親族から謝礼の申入れや贈り物が届けられるケースもありますが，絶対に受領してはいけません。また，被疑者・被告人及びその親族等関係者に対して，私選弁護人に変更するよう勧誘することもできません（弁護士職務基本規程49条2項）。

さらには，国選弁護人の解任は裁判所の専権事項であり（刑訴38条の3），自由に辞任することもできません。

いずれも懲戒事由になりますのでご注意ください。

法テラス援助と私選弁護

第1 私選弁護人

1 私選弁護人としての受任

第1節の国選弁護人に対し，被疑者・被告人ないしその家族等が弁護士費用を負担する資力がある場合には，被疑者らと委任契約を締結し，私選弁護人となることができます。

なお，被疑者・被告人以外で弁護人を選任できるのは，被告人又は被疑者の法定代理人・保佐人・配偶者・直系の親族及び兄弟姉妹です（刑訴30条2項）。

2 必要書類の作成

私選弁護人として受任する場合は，「受任契約書」（当番派遣からの私選弁護を受任する場合）又は「委任契約書」を作成するほか，「弁護人選任届」を作成します。留置所にいる被疑者からこれらの書面を取得する場合には，一度これらの書面を差し入れ，必要事項を記載して指印をもらい，宅下げをしてもらいます。宅下げの際，「弁護人選任届」に関しては，留置係に「指印証明」をもらってください（留置係の警察官に「指印証明をお願いします」と言えば通じます）。

弁護人選任届は，検察官送致前であれば司法警察員（つまり事件を取り扱っている警察署），検察官送致後は検察官（検察庁）に提出します。

なお，弁護人選任届は，その後の弁護活動において自己が弁護人であることを証明する書類として必要となることがあるため，必ずコピーを取り，提出時にはコピーにも受理印をもらうようにしましょう。

3　私選弁護の場合の留意事項

　当番弁護経由で私選弁護人として受任する場合，「受任契約書」を弁護士会に送付して報告するほか，弁護士報酬の一部を弁護士会に納付する必要があります。また，弁護士報酬の基準報酬についても一定の範囲で定める必要がありますので，各会の基準を参照してください。

第 2　勾留前の刑事被疑者弁護援助制度

1　援助制度の概要

　平成 30 年（2018 年）6 月以降，被疑者国選弁護制度の対象が「被疑者が勾留されている全事件」に大きく拡大されたことから，被疑者が希望すれば，勾留後は国選弁護人を選任することが可能となりました。10 年ほど前までは，被疑者国選制度自体がなかった（弁護士会の援助で賄っていた）ことを考えると，刑事司法制度においては大きな進歩です。

　しかし，被疑者は，逮捕後勾留前の最大 72 時間は，一般面会ができず，当番弁護の派遣要請をすることしかできません。そして，当番弁護士を呼んで，国選弁護人の依頼をすることはできても，私選弁護人を選任できる資力がなければ，勾留前の段階で早期身柄解放や勾留回避を求める活動を依頼できないことになります。

　このような弁護士費用を負担する資力に乏しい被疑者の事件においては，逮捕後勾留前の段階の被疑者が，日本司法支援センター（以下，「法テラス」といいます）を通じて弁護士費用の援助を受け弁護人を選任できる制度が「刑事被疑者弁護援助制度（以下「援助制度」といいます）」です。

2　必要書類の作成

　本制度は，私選弁護人選任の一種であるため，「弁護人選任届」を

作成し，捜査機関に提出する必要があります（前記第1・2参照）。

　一方で，「委任契約書」を作成する必要はなく，代わりに「刑事被疑者援助利用申込書」を差し入れ，被疑者の住所・氏名等を記載してもらうほか，指印をもらって宅下げします（指印証明は不要です）。この署名と押印がないと申込みを受け付けてもらえませんので，初回接見時において念のため持参するべきです（前掲持ち物リスト22頁）。そして，他の欄は弁護士において記入し，法テラスに送付し援助決定を受けます。

3　援助制度利用の留意事項

　被疑者が勾留される前に弁護人選任届（前記第1・2参照）を提出していない場合，原則として援助報酬が支払われないので，必ず提出しそのコピーに受理印をもらっておきましょう。

　援助の申込書を送付し，弁護人選任届の提出をしている場合には，援助決定書の受領前の活動であっても報酬の支払対象となります。

4　勾留前援助から被疑者国選への切り替え

　被疑者が勾留されると援助制度は終了します。この場合に，被疑者国選へ切り替えるためには，以下の手続を行う必要があります。若干煩雑なので流れを把握してください。

①　検察庁に対し，「辞任届」を提出し，「辞任届」のコピーに受領印をもらう
②　法テラスに対し，「国選弁護人の選任に関する要望書」を提出する　※地域で書式が異なる為，要確認
③　裁判所に対し，①の受領印のある「辞任届」のコピー及び「国選弁護人選任請求書・資力申告書（被疑者国選移行用）」を提出

する（原本提出・FAX 不可）

　なお，上記の手続を取らず国選弁護人の選任が遅れた場合，国選弁護人選任前の接見や弁護活動に対する報酬は，援助制度からも国選からも支払われなくなることに注意してください。

　逮捕段階の時間上限が警察で 48 時間，検察で 24 時間であり，勾留された場合には被疑者国選の対象になるので，この 72 時間の間に法テラスの刑事被疑者弁護援助制度を利用するか迷うところです。これは，同制度が「私選」弁護人の援助であり，勾留後は被疑者「国選」弁護人となることから，上記辞任と選任の手続が必要なことが原因です（要は，私選で選任されても約 1 日後には辞任するので）。

　初回接見時に検察庁に送致されて勾留請求もなされており，翌日勾留決定が出る予定の場合には，国選弁護人としての打診を受け，その旨の手続をする必要があります。

第3節　被疑者段階Ⅰ（逮捕直後～勾留前の弁護活動）

　ここまで，逮捕後の弁護人受任手続の概要を見てきましたので，今度は，弁護人が被疑者とどのように接するのかについて，まずは勾留前（主に警察段階）の手続に沿って解説します。

第1　接見

1　早期接見の重要性

　通常，逮捕直後の被疑者は，突然日常の生活から隔離され，勾留前は家族等との一般面会もかなわず，不安に襲われたまま捜査の対象となります。かかる状況下では，被疑者は，不当な取調べを受けて事実とは異なる，自己に不利な自白をしてしまったり，また，仕事やそれまでの人間関係や社会的信用を失うといった不利益を受けたりすることもあります。

　そこで，逮捕直後に当番弁護の要請があった場合又は事件を受任した場合，弁護人としては，速やかに接見し，被疑者の権利を説明した上で，不当な自白調書などを取られないよう取調べ等に対する注意点を伝えるなど，被疑者の防御権の確保に努める必要があります。もちろん，慣れない環境や厳しい捜査によって孤独や不安感・焦燥感を感じている被疑者の精神的な支えとなり，被疑者の家族及び職場等との連絡や調整を開始するとともに，身体拘束からの早期解放（勾留阻止等）の可能性を検討する必要があります。よく弁護人は「被疑者を励ますことが大事」として，寄り添う姿勢を強調する弁護士もいますが，その姿勢は認めるとしても，憲法や刑事訴訟法に精通した弁護士としては，やはり「身柄の拘束は例外的」というスタンスで臨むべきです。

特に初回接見は重要ですので，もし弁護士が初回接見を申し出た際に取調べが行われていたとしても，取調べを中断して接見させるよう要求すべきです。

2　自己紹介・被疑者の権利の説明

被疑者は，弁護人を呼んでみたものの，その役割を全て理解していることは少なく，弁護人と話した内容が捜査機関に伝わってしまうのではないかと心配する者もいます。そこで，弁護人としては，まず自己紹介をして弁護人は被疑者の利益を守る味方であること，守秘義務があるため弁護人と話した内容が被疑者の了承なく捜査機関や家族や第三者に伝わることはないことを説明し，安心してもらい，信頼関係を築く必要があります。

そして，被疑者には黙秘権が保障されており，取調べ時に自己の意思に反して事件に関する事実を話す必要がないこと，弁護人が選任できること，その選任の手続とともに，被疑者の資力によっては選任費用が国選制度や援助制度で賄えることを説明します。もっとも，黙秘権の行使や，後記3の供述調書の署名押印拒否については，被疑事実を認めるか否認をするか，準抗告などによって身体拘束からの解放を目指すか否かなどによっても異なってくるので，その時点での弁護方針に合わせて被疑者と相談を重ね，助言を行う必要があるでしょう。

3　取調べに関する留意点

取調べの際，捜査機関は供述調書を作成し，供述調書は，後に起訴され公判請求された場合には裁判の証拠となります。この供述調書は，一度作成されてしまうと後からその撤回や修正を求めることはできず，記載されている内容がそのまま裁判の資料となり，推認される事実（要証事実）との関係を覆すことはなかなか難しいのが実状です。特に，自身の五感に作用する供述（見た，聞いた，言った，掴んだ，蹴った等）につ

いては，記憶との近接性からしても，公判段階になって，任意性や信用性を争うことが難しいことは捜査段階（起訴前）で弁護人が肝に銘じておく必要があります。

　そこで，被疑者が取調べ時において供述する際には，捜査機関に誘導されるがまま，自己の記憶が曖昧な事実や知らない事実は，絶対に認めてはならないことを説明します。そして，供述調書の作成時には必ず調書の読み聞かせがありますが，耳で聞くだけでは供述調書の内容を十分に確認することはできないことから，必ず書面で確認することを求めることも重要です。また，供述調書は被疑者の署名押印で完成しますが，署名押印を求められても被疑者に署名押印の義務はないこと，もし供述調書に自分の説明と少しでも異なる内容の記載がある場合には，訂正を求めることが可能であること，訂正がなされなければ絶対に署名押印をしてはならないことも十分に説明しましょう。

　以上は，被疑事実（勾留事実）に対して認めるか（自白），認めないか（否認）に関わらず，徹底しなければなりません。

4　被疑事実の把握

　弁護士が初めて被疑者と接見する以前に把握し得る事実は，ごく限られたものです。特に当番弁護士として派遣され，知らない被疑者と初めて会う場合は尚更です。

　当番弁護の配点連絡票【※書式1（288頁）】には，被疑者の氏名，性別，国籍，使用言語，生年月日，罪名，留置場所などが記載されていますが，具体的な被疑事実は記載がありません（刑法犯であれば「窃盗」「傷害」などの罪名がわかりますが，特別法違反であれば「出入国管理法違反」「覚せい剤取締法違反」などとしか記載されないため，具体的な適用条文は不明です。ただし，「私選弁護人選任申出通知書」には，適用条文の記載があることも多いです。）。

　このほか，依頼者が家族であって，事前に被疑事実と思われる内容を説明してくれる場合や出動前に事件が報道されている場合などもありますが，いずれも正確な情報とは限りません。

そこで，弁護人としては，まずもって被疑事実となっている逮捕事実，勾留事実の内容に間違いがないかを確認します。被疑事実におおむね間違いがなければ，さらに具体的な事実関係や弁解などを聴取します。被疑事実の内容に間違いがあるということであれば，どこがどのように違うと認識しているのか，逮捕の経緯などを確認することになります。ここで被疑者国選であれば勾留状の被疑事実を把握することができますが，逮捕後勾留前の段階では，具体的内容（5W1H）を特定できないので，被疑者によく確認して下さい。また，証拠や共犯者の状況など，被疑者が取調べの際に捜査機関から聞いた情報なども，できる限り把握しましょう。

なお，被疑者において，時系列や関係者の整理ができていない，事実，推測，主張が区別できていないこともあります。したがって，弁護人としては，被疑者の話していることを，被疑事実（評価）とそれを基礎付ける事実（根拠）に分けた上で，根気強く話を聞く姿勢が大切です。特に，弁護人が評価事実を誘導することは避け，まずはできるだけ自由に被疑者の言葉で話してもらうとよいでしょう。そうすることで，被疑者との信頼も生まれ，また弁護人にとっても重要な，意外な情報に触れる可能性もあります。

5　被疑者の身上経歴等の確認

被疑者の住所ほか連絡先，職業，経歴，前科前歴の有無，家族関係，生活状況などの情報も，弁護活動にとって重要な事項です。これらの事実は，検察官や裁判所に対して身体拘束からの解放を目指す際の主張（住居不定，罪証隠滅や逃亡のおそれ，勾留の必要性がないこと），今後の弁護方針の決定などに必要となります。特に，家族・友人等に関する情報は，被疑者が連絡をとってほしいと希望しない場合でも確認し，被疑者の援助者となり得る者はいないか，弁護活動において協力を頼めるかどうかなどを検討しましょう。

もっとも，身上経歴という情報は，被疑者にとっては特に他人に言

い難い情報です。また，捜査機関は弁解録取書の次に身上調書（公判の検察官請求証拠で通常乙1となる書面）を作成しています。弁護人としても，このことに配慮し，捜査機関の取調べのようなアプローチではなく，雑談の中から被疑者の身の上を探る姿勢が大切です。

　一方で，初回接見時のような初期段階においては，被疑者から弁護人に対しての第三者への連絡要請については，その内容によっては，被疑者が弁護人を通じて罪証隠滅等を図る可能性にも考慮し慎重に対応しなければなりません。家族や雇用主に「逮捕されたことを伝えてほしい」というのであれば危険性は低いでしょうが，例えば「同居の女性に連絡し，『冷蔵庫にあるミルクを捨ててほしい』と伝言してくれ」「友人の男性に『すぐに実行して』とだけ言えば分かるので伝えてほしい」というような伝言は，具体的な内容が分からない以上，慎重に対応してください（ちなみに，『ミルク』は覚せい剤の隠語，『すぐ実行』も逃亡の合言葉というような事例がありました）。

6　刑事手続の概要説明

　身体拘束の手続やその期間，被疑事実の刑罰の種類，被疑者の処分の可能性，身体拘束からの解放の手続やその可能性，今後の見通しなど，刑事手続全般についても説明しましょう。被疑者は，捜査官や留置場所の同房者などから「起訴猶予になるよう意見を書いておく」「この程度であればすぐ釈放される」「保釈金は100万円くらいだ」「弁護人の言うことは信用してはいけない」など誤った情報を聞いているケースも少なくありません。

第2　差入れ・宅下げ

　被疑者に対し，外部から書類や物品を渡すことを「差入れ」，被疑者から外部に書類や物品を渡してもらうことを「宅下げ」といいます。直接被疑者と物の受渡しをすることはできず，留置場所において書面

により申請します。なお，現金・携帯電話・キャッシュカードなどの
貴重品は，金庫管理の都合上，差入れ等可能な時間が限られているの
で（通常は日勤帯です），注意しましょう。

　弁護人が差入れをする代表的なものは，名刺や書類（弁護人の選任に
関する国選弁護人選任請求書，資力申告書，刑事被疑者弁護援助利用申込書など。署名
をもらって宅下げする書面）です。

　被疑者が弁護人に対し，キャッシュカードの宅下げ（現金を引き出し
て被害弁償してほしいなど）を依頼することもありますが，こういった
ケースでは，後のトラブルを防止するため，委任状や預かり証を作成
する（被疑者の署名をもらう）ようにして下さい。

第3　家族・職場への連絡・調整

　被疑者に家族や職場があり，被疑者の希望や了解がある場合には，
連絡・調整を行うこととなります。

　多くの場合，被疑者は突然身体拘束され日常生活から遮断され，家
族や職場に何らの連絡や対応ができていないことがほとんどです。そ
のため，弁護人は，必要に応じて家族に連絡をとり状況や手続を説明
したり，被疑者からの連絡事項を伝えたりします。その上で，被害弁
償の協力を依頼したり，被疑者の早期釈放を求めたりする場合には，
家族に対し，被疑者が釈放された場合の身元引受け・監督・被疑者の
出頭確保を依頼したりするほか，必要に応じて身元引受書（書式3）や
陳述書の作成・準備等も検討しましょう。

　被疑者に定職がある場合には，長期にわたって職場に行けない可能
性があるため，被疑者や家族と職場に対して事件のことを話すのか話
さないのか，話さない場合には仕事に出られないことをどのように説
明するのかなどを相談・調整する必要があります。ケースによっては，
弁護人よりも家族が調整した方が，後の影響が少ないことも考えられ
ます。

第 4　被疑者の早期釈放を求める活動

1　検察官への働きかけ

　被疑者が逮捕された後の処分として，少年事件の全件送致を除いて微罪処分とされる（逮捕のみで送検がなされず被疑者が釈放される手続）こともありますが，多くのケースでは，事件が警察から検察に送致され，検察官が被疑者について勾留請求を行うか否か判断します。

　そこで，弁護人として勾留の要件を欠くと判断する場合，検察官に勾留請求を行わないよう働きかけることが考えられます。

　具体的には，まず管轄の検察庁（事件係）に電話し，被疑者の氏名や逮捕日等を伝え，担当検察官を問い合わせます。その上で，担当検察官に対し，意見書【※書式 4（291 頁）】を提出したり，面談を求めたりするなどし，被疑者について勾留の要件を欠くこと等をできる限り具体的に訴え，勾留請求をしないことを求めます。

　逮捕から勾留請求前までは時間的余裕がほとんどありませんが，弁護人としては，可能な限り接見と家族などとの調整を行い，身元引受書【※書式 3（290 頁）】なども準備し提出しましょう。

　なお，検察官と交渉する前に，弁護人選任届を提出することも忘れないようにしてください（第 2 節第 1・2 参照）。

2　裁判所への働きかけ

　前記 1 にもかかわらず，検察官が勾留請求した場合，裁判所が勾留の是非を判断しますので，当該決定前に裁判官に対しても，意見書を提出したり，面談を求めたりする手段も可能であり，その場合，被疑者について勾留の要件を欠くこと等をできる限り具体的に訴えます【※書式 5（293 頁）】。身元引受書【※書式 3（290 頁）】ほか，可能な限りの客観的証拠を準備すべきことは検察官への働きかけの場合と同様です。

　なお，東京地裁刑事14部では，被疑者に対する勾留質問の時間などの関係から，原則として裁判官が弁護人との面会に応じるのは午前11時までですので，それより前に意見書等を準備して面談の希望を連絡しておく必要があります。

　近年では，全国的に勾留請求却下率が上昇しており（弁護士白書2018年版によれば，2010年の1.1％から，2017年には3.9％に上がっています。），例えば，否認事件であっても，被疑者に前科前歴がなく，身元が確かで定職についているような場合には，勾留を認めない決定がなされることもあります。弁護人の腕の見せどころです。

被疑者段階Ⅱ（勾留後の弁護活動）

次に，事件が警察から検察に送致され，勾留決定が出た場合の弁護活動についての手続について概説します。

第1 接見等

被疑者について勾留決定がなされた場合，国選弁護人が選任されるのが通常です。逮捕直後（勾留前）に当番弁護を要請していないなど，被疑者が勾留されるまで一度も弁護士に会ったことがないケースも多いことから，勾留後であっても速やかな初回接見が求められること，その場合に諸々の説明，物品の授受，家族・職場との連絡等の対応が必要となることは，逮捕直後の場合（第3節）と同様です。

接見の頻度は，個々の弁護人の判断によってまちまちです。事件の複雑さ・被疑者の認否・捜査の状況（被疑者に対する違法捜査や厳しい取調べがなされているか，またそのような捜査が予想されるか）・被疑者の状況（被疑者の性格，被疑者の精神的な状況）・弁護活動の状況（示談交渉のために相談が必要であるか・準抗告などの身体拘束の解放手続に関する聞き取りなどが必要か）などを考慮し，必要なタイミングで接見しましょう。

なお，拘束されている被疑者は常に不安な気持ちでいるので，接見終了時には，被疑者に対し，できるだけ次回の接見予定を伝えるとよいでしょう（「今度は○曜日に来ます」と伝えるだけでも信頼関係の構築度合いが大きく異なってきます）。

第2 弁護方針の検討

被疑者の勾留後，弁護人としては，身体拘束期間がどの程度になる

か（早期の身柄釈放があり得る事案か，勾留延長はあるか）を検討しながら，検察官の終局処分（起訴・不起訴）を見据えた弁護活動を検討していくことになります。

　その際の判断要素は，被疑事実の内容，被疑事実に対する争いの有無，捜査機関が収集した（予測し得る）証拠の状況，被疑者の前科前歴の有無，被疑者の社会復帰後の生活状況，示談の成否などです。例えば，被疑事実が軽微であって，被疑者が被疑事実を認めており，示談が成立し，被疑者に前科前歴もないような場合には，処分保留として早期に釈放され，不起訴となる可能性が高いといえるでしょう。一方で，被疑事実や被害が重大なものである場合，余罪の可能性などがある場合，同種の前科前歴がある場合，社会復帰をしようとしても環境調整がなされない限り被疑者の居住場所や就業の観点から社会復帰が困難な場合には，勾留が延長され満期まで身体拘束が続き，起訴される可能性が高くなります。

　なお，不起訴には，①起訴猶予（被疑事実について立証できるが被疑事実の内容，被疑者の身上や経歴・情状などから不起訴と判断する場合），②嫌疑なし又は嫌疑不十分（捜査の結果，被疑事実について立証ができず公判が維持できないと判断して不起訴とする場合）がありますが，いずれも前科とはなりません。弁護人としては，被疑者が起訴されると，有罪となり前科がつく可能性が高いことを説明し，被疑者が不起訴となるよう目指して活動することが一般的です。

　もちろん，最終的な決定は検察官が行うので，弁護人が処分見込みを断定することはできませんし，危険です。弁護人としては，あらゆる可能性を想定し，被疑者によく説明しましょう。

第3　身体拘束からの早期解放を求める弁護活動

1　勾留決定に対する準抗告

　勾留の要件は，罪を犯したことを疑うに足りる相当の理由があるこ

とに加え，①住所不定，②罪証隠滅のおそれ，③逃亡のおそれのいずれか及び④勾留の必要性があることです。

　弁護人としては，被疑者についてこれらの要件を満たさないと考えるのに勾留がなされた場合には，勾留に対する準抗告を検討します。

2　勾留延長の回避を求める活動

　勾留延長請求がなされると，多くの場合さらに 10 日間の身体拘束が予想されます（実務的にはあたかも延長することが原則かのように，勾留延長請求がなされているのが実状です）。

　もっとも，この時点で既に 10 日もの勾留がなされているのですから，捜査機関の捜査や証拠収集はある程度進んでいるはずであり，勾留満期の頃には，被疑者への取調べもほとんどなされていない場合もあります。

　そこで，弁護人としては，勾留延長請求前にも検察官に対し勾留延長請求をしないよう積極的に働きかけることが考えられます。なお，勾留延長決定が出た場合には，勾留決定時と同様，準抗告をすることができます。この際は，主位的に勾留延長の決定の棄却を求めるとともに，予備的に，勾留延長の期間を 10 日でなく 3 日，5 日とすることを求めることもあります。

　勾留延長決定に対する準抗告が認められるケースは，期間短縮という形で認められることもありますが，残念ながら棄却されるケースも少なくありません。しかし，準抗告棄却の場合，その時点で検察官がどのような捜査が未了であるのかなど理由が付されているため，捜査機関の状況を知り得るメリットもあります。

3　勾留取消請求

　前記 1，2 は，勾留（延長）が違法であるとする不服申立てですが，これに対し，勾留（延長）の後に事情変更があり，勾留の理由又は勾

留の必要がなくなった場合には勾留取消請求を行うことができます（刑訴87条）。

　勾留決定に対する準抗告は1度のみしかできませんが，勾留取消請求は回数の制限がないため，準抗告が棄却された場合でも，新たな事情（示談が成立したなどが典型例です）が生じた場合には，勾留取消請求を検討しましょう。

4　勾留執行停止の申立

　前記1～3と異なり，例えば，本人の病気の治療の必要があるとき，家族の生命にかかわる事柄が生じたときなど，裁判官が「適当と認めるとき」には，一時的に勾留の執行停止を求めることもあります（刑訴95条）。

第4　接見禁止の解除

　共犯者がいる事件など，事件の性質によっては，被疑者に対して接見禁止決定が付されることがあります。

　もちろん，接見禁止決定がなされても弁護人の接見は可能ですが，家族や友人などとの連絡を精神的な支えにしている被疑者も多く，接見禁止決定がなされることで，被疑者の孤独や不安を強めてしまうことがあります。

　接見禁止に対しては，準抗告及び接見禁止の全部又は一部解除の申立てが可能です。この場合，被疑者の逃亡・証拠隠滅のおそれという接見禁止の要件を満たさないことを説得的に論じ，疎明資料を添付します。なお，家族や近親者については一部解除となるケースも多いことから，接見禁止の全部解除が認められない場合には，一部解除の申立ても検討しましょう。

第 5　被害者対応

　被疑者が被疑事実を認めており，被疑事実におおむね間違いがない
という場合には，早い段階から被疑者の示談意思を確認し，被害者と
の示談交渉に関する活動に着手しましょう。詳細は第 3 章第 3 節を参
照してください。

第 6　被疑事実を争う場合の留意点

1　被疑者からの事実の聴取・検討

　被疑者が被疑事実の一部又は全部を否認する場合，弁護人としては，
仮に被疑者の言い分が不合理ではないかと感じたとしても，まずは被
疑者の主張を尊重し詳細な事実を聴取します。

　後から被疑者の主張が正しかったということも十分あり得ますし，
被疑者の主張を裏付け得る具体的な証拠がないか，また，捜査機関が
被疑者の主張を否定し得る証拠を持っているかどうか等，積極的に検
討する必要があるでしょう。

　もっとも，被疑者が逮捕・勾留されているということは，捜査機関
が被疑事実について一定の証拠を保有していると考えられ，これを覆
すことは容易でないケースが多数です。また，被疑者が否認・黙秘す
ることにより，その後の取調べが厳しくなることが予想されることや，
捜査機関が罪証隠滅・逃亡等のおそれありと判断し，被疑者を早期に
身体拘束から解放する可能性が低くなることなど，否認・黙秘に伴う
実質的な不利益について，被疑者によく説明する必要があります。

　さらに，被疑者の主張が客観的証拠（例えば監視カメラの映像など）に反
し，認められる可能性が低いと考えられる場合もあります。その場合，
弁護人としては，弁護人の視点で事実認定がどうなる可能性が高いか
を説明し，被疑者に判断を委ねることになります。

　このような説明を経て，なお被疑者が否認する場合には，黙秘権を

行使するか，又は取調べにおいて被疑者の弁解を積極的に話すのか，どちらが被疑者にとって有利か慎重に検討し被疑者と相談しながら進めていくことになります。

　そして，被疑者の主張や弁解を述べていくということであれば，どのような内容で述べるのかを被疑者と相談及び助言をし，また供述調書作成時には，読み聞かせや内容が主張と異なる際の修正や訂正の要求などの注意点を折に触れ助言することとなります。

　また，被疑者が，被疑事実は間違っているが身体拘束や取調べに疲弊し，事実を認めたいといった場合，弁護士としては，すぐに被疑者の言葉を鵜呑みにするのではなく，被疑者に対し，たとえ認めたとしても身体拘束から解放されるとは限らないこと，一度認めて自白調書が作成されてしまうと，その後その内容を覆すことは容易ではないこと，たとえ認めたとしても不起訴となるとは限らないこと，将来的に略式起訴や執行猶予がついたとしても前科となることなどをしっかりと説明すべきです。

　なお，被疑者の否認が被疑事実の重要な部分ではなく，犯罪の成否に影響するものでなかったとしても，弁護人としては犯罪の成否には関わらないことは説明しつつも，被疑者の心情としては重要ということも多々あるので，できる限り尊重するという姿勢を見せるとよいでしょう。

2　黙秘権の行使

　黙秘権は被疑者の正当な権利であり，これを行使しても不利益を負うことはないというのが原則です。しかし，現実には，前述のとおり，黙秘権を行使することで取調べが進まないこと，黙秘することで捜査機関が反省の態度がないと判断したり，罪証隠滅・逃亡等を懸念し身体拘束が長引いたりする可能性があることなどの不利益が想定されます。

　一方で，捜査機関が客観的な証拠を収集できておらず，被疑者の自

白がなければ被疑事実の立証が困難となり，起訴できない（しない）ケースもあります。この場合には，一貫して黙秘し，事実と異なる自白をとられないことが重要ですが，一方で，被疑者に取調べの厳しさや身体拘束の長期化が見込まれることから，弁護人としては，できる限り接見回数を増やし，被疑者を支え励ますことが必要です。

公判手続Ⅰ
（通常公判）

　ここでは，裁判員裁判を除く一般的な公判手続を概説します。簡易公判，即決裁判，略式手続は後記第6節を参照してください。

第1　起訴〜第1回公判期日まで

1　公訴提起

　検察官が裁判所へ起訴状を提出することによって，公訴が提起されます（刑訴247条，256条1項）。

　被疑者が勾留されている事件では，勾留（延長）満期日に起訴されるケースが多数ですが，比較的軽微な被疑事実で捜査も早期に完了している場合などでは，満期前に起訴されることもあります。

2　弁護人の選任の効力

　弁護人選任書（弁護人選任届）が起訴前に捜査機関（検察官又は司法警察員）に提出されている場合には，第一審においてもその効力を有します（刑訴32条1項，刑訴規17条）。この場合，弁護人が改めて弁護人選任届を提出する必要はありません。

　被疑者段階で国選弁護人に選任された事件が起訴された場合も，起訴に伴い当然に被告人の国選弁護人に移行するため，改めて裁判所からの選任手続が行われることはありません。

　なお，これに対し少年事件では，家庭裁判所送致後に別途付添人選任が必要となりますので，注意してください。

3　記録の閲覧・謄写

(1)　検察官請求予定証拠の開示

　検察官は，弁護人に対して，公訴提起後なるべく速やかに，取調べを請求する予定の証拠書類や証拠物を，閲覧する機会を与えるべきとされています（証拠開示。刑訴 299 条 1 項，刑訴規 178 条の 6 第 1 項 1 号）。証拠開示の準備が整えば，弁護人に対し，検察官から連絡があります。ただ，弁護人としては漫然と証拠開示の連絡があるのを待つのではなく，起訴された時点で，担当検察官へ電話をして，証拠開示の予定日時を問い合わせ，おおよその目処を確認し，第 1 回公判期日までのスケジュールを立てるべきです。

　検察官の証拠開示が遅い場合には，担当検察官に速やかに証拠開示を求め，場合によっては，係属部の裁判所書記官にも伝え，裁判所からも検察官に証拠開示を促すように求めてもよいでしょう。

(2)　記録の閲覧・謄写

　証拠開示の連絡を受けたら，検察庁の記録閲覧係で閲覧の申請をします。閲覧申請に関しては，弁護人選任書の写し又は国選弁護人選任命令書の提示を求められ，職印も必要となるため，忘れずに持参しましょう。また，記録閲覧の受付時間と閲覧時間が決まっているので，あらかじめ確認しておくようにしましょう。

　記録を謄写する場合には，検察庁が指定する謄写センターで謄写を依頼する（所定の手数料を支払う），閲覧室に備え付けのコピー機で自らコピーをする，デジタルカメラ（撮影機能の付いたスマートフォン，タブレットなども可）を持ち込んで撮影するといった方法があります。

4　被告人・関係者との面会・打ち合わせ

　弁護人は，第 1 回公判の準備のために被告人と接見し，被告人の家族や証人など関係者との打ち合わせを行います。起訴から第 1 回公判

日までは限られた時間しかないため，これらの接見や打ち合わせは，同時並行的に効率よく行う必要があります。

(1)　被告人との接見

　起訴後，記録を閲覧してから接見するのがよいのか，接見してから記録を閲覧するのがよいのかは，事件の性質や被告人の状況をみながら検討することになります。

　接見では，公訴事実に対する認否や，検察官請求証拠に対する意見，弁護人立証（示談書など書証，情状証人の準備など）や，被告人質問に関して打ち合わせを行いましょう。

　なお，起訴後，被告人が警察署から拘置所に移送される場合が多いのですが，警察署と異なり，拘置所では面会時間や差入れ等の受付時間が限定されますので注意しましょう。

(2)　被告人家族ほか証人との打ち合わせ

　被疑者段階から受任している場合には，被告人家族と既に面会・打ち合わせを行っていることも多いのですが，改めて，公判に向けて打ち合わせを行うようにしましょう。多くのケースでは，弁護人立証として，家族を情状証人として出廷させることを想定し，その協力を求め，証人尋問の具体的な打ち合わせを行うことになります。

　他にも，被告人との打ち合わせや，記録の検討を通じて，被告人に有利な証言をしてくれる関係者がいることが判明した場合，当該関係者に弁護側証人として出廷してもらえるよう依頼しましょう。証人との打ち合わせでは，法廷で検察官からの反対尋問を想定し，被告人に不利な結果が生じないよう，十分注意します。

　証人には，公判期日に在廷しておいてもらえるように，公判日時や裁判所の場所，法廷の番号を伝えます。また，証人は宣誓書に署名，押印しなければならないので，印鑑を持参するように伝えておきましょう。

5　被害者との示談交渉

　被害者が存在する事件では，被害者との示談や被害弁償は，量刑上
重要な要素となります。したがって，被告人が事実を認めており，被
告人に示談の意思や資力があるのであれば，弁護人は積極的に被害者
と示談交渉を行うことになります。多くの場合は，被疑者段階から示
談交渉を開始していると思われますが，示談が成立していなければ，
被告人段階でも示談交渉を継続すべきです。

　被害者と示談が成立した場合は，弁護人から示談書の取調べを請求
します。

6　検察官との事前準備

⑴　起訴状記載の訴因，罰条，争点の打ち合わせ

　弁護人は，検察官との間で，第1回公判期日前に，起訴状に記載さ
れた訴因もしくは罰条を明確にし，又は事件の争点を明らかにするた
め，できる限り打ち合わせをしなければなりません（刑訴規178条の6第
3項1号）。記録検討の中で，起訴状記載の公訴事実や罰条に疑義が生
じた場合には，事前に検察官に対して，その疑義をただすべきです。

　また，第1回公判期日において審理進行予定や，追起訴があるかど
うかも問い合わせましょう。公訴事実を認めない場合には，具体的に
どの点を争うのかを明確にして，充実した公判期日を行うように準備
しましょう。

⑵　任意開示の要請

　検察官請求予定証拠の開示を受けたものの，捜査において収集作成
されたであろう証拠で，被告人に有利な証拠が請求されていない場合，
当該証拠の有無を問い合わせ，任意での証拠開示を請求します。

⑶　証拠意見

　弁護人は，検察官に対し，第 1 回公判期日前に，証拠開示を受けた検察官請求予定証拠についての意見（証拠意見）を通知しなければなりません（刑訴規178条の 6 第 2 項 2 号）。書証については，同意・不同意を，それ以外については，異議の有無を連絡します。第 1 回公判期日の約 1 週間前に，検察官又は検察事務官から，弁護人に連絡があり，証拠意見の見込みを聞かれるのが通例です。

⑷　弁護人請求予定証拠の開示

　弁護人請求予定証拠として，示談書など書証の提出や，証人尋問を予定している場合，第 1 回公判期日前に，検察官に対して，弁護人請求予定証拠を開示する必要があります（刑訴規178条の 6 第 2 項 3 号）。示談書などの書証であれば，FAX などで事前に開示し，証人請求予定であれば，証人の氏名，住所を伝えます（刑訴299条 1 項）。

7　裁判所との事前準備

⑴　第 1 回公判期日の指定

　起訴された後，裁判所の係属部が決まり，係属部の裁判所書記官より，第 1 回公判期日の期日調整の連絡が入ります。期日調整の後，第 1 回公判期日が指定されるので，期日請書を FAX にて裁判所へ提出します。

⑵　第 1 回公判期日の進行に関する連絡

　弁護人から，裁判所書記官に対して，第 1 回公判期日前に，公判期日の進行について連絡します（刑訴規178条の 6 第 3 項 2 号，178条の14）。実際には，公判期日の約 1 週間に，公訴事実の認否や，検察官請求予定証拠に対する意見，弁護人請求予定証拠の有無，証人尋問が予定されていればその尋問時間，被告人質問の時間を伝えます。

8　公判前整理手続

　裁判所は，充実した公判の審理を継続的，計画的かつ迅速に行うために必要があると認めた場合には，検察官及び被告人又は弁護人の意見を聴いて，決定で，事件を公判前（こうはんぜん）整理手続に付することができます（刑訴316条の2第1項）。

　裁判員裁判対象事件は全件が公判前整理手続に付されます（裁判員法49条）が，裁判員裁判対象事件以外であっても，上記の理由で，関係者の意見を聴いた上で，裁判所が公判前整理手続に付するとの決定をすることができます。

第2　公判期日

1　審理手続

　審理手続は，①冒頭手続，②証拠調手続，③論告・求刑，④弁論，⑤被告人の最終意見陳述の順番で行われます。これら審理手続を終えた状態を「弁論の終結」又は「結審」といいます。各審理手続については，刑事訴訟法の基本書にも書いていると思いますが，おおむね次のとおりです。

(1)　冒頭手続

ア　人定質問

　裁判官が，被告人として出頭している者が起訴状に記載された被告人と同一人物であるかどうか確認します（刑訴規196条）。具体的には，裁判官から，①氏名，②生年月日，③本籍，④住居及び⑤職業について質問し，被告人がこれに答えます。

イ　起訴状朗読

　実務では，裁判官から被告人に対し，起訴状を受け取っていること

の確認が行われた後，検察官が起訴状記載の公訴事実，罪名及び罰条を朗読します（刑訴291条1項）。

ウ　黙秘権の告知

　裁判官から，被告人に対し，終始沈黙し，また個々の質問に対し陳述を拒むことができる旨のほか，陳述をすることもできる旨及び陳述をすれば自己に不利益な証拠ともなり，また利益な証拠ともなるべき旨を告げます（刑訴291条4項前段，刑訴規197条1項）。

エ　被告人及び弁護人の被告事件に対する陳述

　裁判官は，被告人・弁護人に対し，検察官が読み上げた起訴状の内容について陳述を促します。実務では，裁判官から被告人に対し，「今，検察官が読み上げた起訴状記載の事実に間違っているところや，訂正すべきところはありますか」と質問していることが多いです。

　被告人の陳述が終われば，次に，裁判官が弁護人に対し，「弁護人の意見は（いかがですか）」などと，弁護人の公訴事実に対する意見を尋ねます（刑訴291条4項後段）。

　ここで，弁護人は，被告人の陳述を踏まえ，公訴事実に対する争いの有無や，正当防衛，緊急避難等の違法性阻却事由，責任阻却事由の存在を主張したり，訴訟条件が欠けていることやその他の手続上の違法を主張します。特に争いがなければ，「被告人と同意見です。公訴事実については争いません」などと述べることになります。

(2)　**証拠調手続**

ア　冒頭陳述

　冒頭手続の後，検察官が，証拠によって証明すべき事実を明らかにします。これを冒頭陳述といいます（「冒陳」と略されることもあります）。実務では，冒頭陳述が述べられる前，裁判所及び弁護人に対して，冒頭陳述の要旨が記載された書面，及び後述の証拠等関係カードが配られます。

　冒頭陳述は，証拠により証明すべき事実を明らかにするもので，被告人の経歴等，犯行に至る経緯，犯行状況，その他一般情状などが説明されます。ここで，証拠とすることができない資料又は証拠としてその取調べを請求する意思のない資料に基づいて，裁判所に事件について偏見又は予断を生ぜしめるおそれのある事項を述べることはできません（刑訴 296 条ただし書）。

　検察官による冒頭陳述の後，弁護人からも冒頭陳述を行うことができます（刑訴規 198 条）。事案が複雑なケースや，公訴事実に争いがあるケースには，争点明確化のため，弁護人からの冒頭陳述を行った方がよい場合もあります。この場合，事前に裁判所書記官や検察官にその旨を伝えておくとよいでしょう。

⑶　検察官による証拠調べ請求

　次に，検察官が「以上の事実を立証するため証拠等関係カード記載の各証拠を請求する」と述べ，取調請求がなされます。証拠等関係カードは，冒頭陳述の要旨記載の書面と併せて配布され，証拠の標目，作成者，立証趣旨等が記載されています。

⑷　弁護人の証拠意見

　裁判官が弁護人に対し，検察官請求証拠についての意見を求めます。その際，弁護人は次の点に留意して，意見を述べます。

ア　甲号証

　甲号証のうち，書面に関し，「同意」又は「不同意」の意見を述べることになります。ここにいう同意は，刑事訴訟法 326 条 1 項の「同意」であり，同意があれば，原則として証拠能力が付与されます。

　「不同意」意見の書証については，検察官は，請求を撤回するか，必要に応じてその書面の供述者や作成者を証人として尋問請求することになります。なお，不同意の意見を述べた場合には，刑事訴訟法 321 条ないし 324 条，328 条を根拠として，検察官より証拠請求がな

される場合があります。この場合には，根拠条文に即して，弁護人は「異議なし」，「しかるべく」，「特信性がない」，「任意性を争う」と意見を述べます。尋問を通じて刑事訴訟法321条1項1号後段・同項2号後段の要件を満たせば，同条項の書面として改めて証拠請求します（供述者の尋問により立証十分と検察官が判断すれば，後に当該供述者の書証を撤回することもあります）。

　甲号証のうち，同意の対象とならない証拠物や検証については，「異議なし」，「しかるべく」，「不必要」などの意見を述べます。

　一部不同意の場合には，どの部分が不同意にあたるか明確にするため，証拠意見を事前に通知する書面において事前に不同意部分を特定しておきましょう。この場合でも，検察官は，公判において一旦書証の全部について取調べを請求しますが，弁護人が一部不同意の意見を述べた後，それが請求の必要のない部分であれば，不同意部分を撤回し，該当部分を削除した抄本を改めて請求することもあります。

イ　乙号証

　乙号証の証拠意見も，甲号証の書証に対する意見（「同意」，「不同意」）と同様です。ただし，自白調書について不同意と意見を述べたときは，裁判所から，任意性を争う趣旨かどうかを問われます。

　任意性を争う場合は，「不同意。任意性を争う」として，任意性を疑わせる具体的事情を指摘します。

　一方，任意性を争わず供述の信用性を争う場合には，「不同意。ただし任意性は争わない」などと意見を述べます。

　一部不同意の場合にも，任意性を争う趣旨かどうか明確にした上で，証拠意見を事前に通知する書面において事前に不同意部分を特定しておきましょう。

ウ　証人尋問

　証人尋問についての意見は，「しかるべく」，「不必要」などと述べます。

　前記アの書証に対して不同意とした場合，321 条 1 項 1 号後段や同項 2 号後段を根拠として請求された証人尋問に対しては，「異議なし」，「しかるべく」，「特信性がないので異議あり」，「任意性を争う」などの意見を述べます。

(5)　弁護人による証拠請求

　検察官による証拠請求の後，弁護人からも証拠調べを請求します。まずは証拠取調べ請求書又は証拠等関係カード【※書式 6（295 頁）】を提出し，証拠の標目，作成者，立証趣旨などを明らかにします。

　証人請求（人証請求）をする場合は，証拠取調べ請求書に，証人の氏名・住所，被告人との関係，立証趣旨，尋問時間，呼出方法（当日に在廷させている場合は「同行」とします）を記載します。

　通常，証拠取調べ請求書等は 3 部（裁判所提出用 1 部，裁判所書記官・検察官用に写し 2 部）準備して提出します（この時点では証拠書類は提出しません）。これに対し，弁護人の証拠意見同様，検察官が証拠意見を述べることになります。なお，被告人質問は，職権で採用されるので，証拠として請求する必要はありませんが，弁護人の証拠請求と併せて，「被告人質問を予定している（時間は○分くらいです）」という内容を述べる（書面には記載しない）ことが一般的です。

(6)　証拠調べの実施

　裁判所は，当事者の意見を踏まえ，請求証拠に対する証拠の採否を行い，採用した証拠について証拠調べを行います。

ア　証拠書類

　証拠書類については，原則として朗読することとされていますが（刑訴 305 条），実務上，朗読に代えて要旨の告知（どういった書類で，何が記載されているものかなどの説明）を行うことが一般的です（刑訴規 203 の 2）。弁護人側の証拠についても，要旨の告知ができるよう準備しておきましょう。

要旨の告知が終わった後，証拠書類をまとめて裁判所に提出します。

イ　証拠物

証拠物については，法廷内で展示する方法により取調べが行われます（刑訴306条）。

ウ　証人尋問

(ア)　人定，宣誓

裁判長が証人の在廷を確認し，証言台席へ着くよう指示し，氏名・年齢・職業・住居を質問します（刑訴規115条）。実務では，証人は事前に出廷カードに氏名等を記載しているので，裁判長が「年齢，職業，住居は，先ほど記載していただいた書面のとおりで間違いないですね」と確認を行うにとどまるのが一般的です。

その後，証人が，あらかじめ署名した宣誓書を渡され，その記載を読み上げて宣誓を行います（刑訴規117条，118条）。

(イ)　交互尋問

尋問の順番は，いわゆる交互尋問（刑訴規199条の2ないし7）で行われ，証人請求者が主尋問を行い，その後に相手方が反対尋問を行います。さらに，証人請求者が再主尋問を行うこともあります。最後に，裁判官が補充尋問を行います。

(ウ)　尋問の方法

尋問の方法は，できる限り個別的かつ具体的で簡潔な尋問によらなければならず（刑訴規199条の13第1項），一問一答を心がけるべきです。

尋問の内容は裁判の基礎となる証拠であり，記録化のため，証言台の前に録音用のマイクが用意されています。証人は，両側から検察官・弁護人の質問を受けながらも，正面を向き，裁判官に向かって答える必要があります。

尋問は口頭で行うのが原則ですが，次の場合には，書面や物を用いて行うことができます。

① 書証又は物に関する成立，同一性の確認（刑訴規199条の10第1項）

② 記憶喚起（裁判長の許可が必要で，供述録取書を除く（刑訴規199条の11第1項））

③ 供述の明確化（裁判長の許可が必要（刑訴規199条の12第1項））

㈡　誘導尋問などの禁止

尋問に当たっては，次のような尋問は禁止されます。

ⅰ　誘導尋問（刑訴規199条の3第3項）

誘導尋問は，以下の例外を除き，原則として禁止されています。

① 証人の身分，経歴，交友関係等で，実質的な尋問に入るに先だって明らかにする必要のある準備的な事項に関するとき（1号）。

② 訴訟関係人に争のないことが明らかな事項に関するとき（2号）。

③ 証人の記憶が明らかでない事項についてその記憶を喚起するため必要があるとき（3号）。

④ 証人が主尋問者に対して敵意又は反感を示すとき（4号）。

⑤ 証人が証言を避けようとする事項に関するとき（5号）。

⑥ 証人が前の供述と相反するか又は実質的に異なる供述をした場合において，その供述した事項に関するとき（6号）。

⑦ その他誘導尋問を必要とする特別の事情があるとき（7号）。

また，争いのない事実については，誘導尋問を用いて適切な証拠調べが行われるよう努める必要があります（刑訴規198条の2）。争いのない事実においては誘導尋問を行い，争点を絞り，尋問時間を短縮し，メリハリのある尋問をすることを心がけましょう。

また，反対尋問では，必要があるときは誘導尋問をすることができるとされており（刑訴規199条の4第3項），むしろ，誘導尋問を

主体として組み立てていくべきです（高野隆「反対尋問Ⅰ総論」日本弁

護士連合会編『法廷弁護技術［第2版］』（2009年，日本評論社）135頁は，刑事

事件の証人尋問について，反対尋問では，原則として誘導尋問しかしてはいけな

いと指摘）。

ⅱ　誤導尋問

　誤導尋問は誘導尋問の一種ですが，争いがある事実や証人が供

述していない事項について，これが確定事実であることを前提と

する尋問は許されません（刑訴規199条の3第4項）。

ⅲ　威嚇的又は侮辱的な尋問（刑訴規199条の13第2項1号）

ⅳ　重複尋問（刑訴規199条の13第2項2号）

ⅴ　意見を求める尋問（刑訴規199条の13第2項3号）

ⅵ　議論にわたる尋問（刑訴規199条の13第2項3号）

ⅶ　直接経験しなかった事実についての尋問（刑訴規199条の13第2
項4号）

(7)　被告人質問先行型の審理

　これまでの実務においては，多くの場合，甲号証及び乙号証が取り
調べられた後，最後に被告人質問を実施することが一般的でした。し
かし，近時は，裁判員裁判に限らず，人証中心の裁判が行われるよう
になり，被告人質問に先行して乙号証を取り調べない，「被告人質問
先行」といわれる裁判が広がりつつあります。

　これは，被告人の供述調書の任意性に争いがない場合でも，裁判官
が採否を留保し，公判で被告人質問を先行させるものです。そして，
被告人質問で必要な供述がなされたときは，検察官において被告人の
供述調書を撤回するか，裁判所が証拠調べ請求を却下することになり
ます。

　例えば，犯情や経緯に争いがある場合や，捜査段階で否認していた
が公判で自白になった場合など，直接被告人に語らせた方が分かりや
すい場合には，弁護人として，被告人質問先行の手続を求めることを
検討してみてもよいでしょう。

(8)　**論告・求刑** （刑訴 293 条 1 項）

　証拠調べが終わった後，検察官は，事実及び法律の適用について意見を述べます（論告）。通常，論告要旨を記載した書面が提出され，そこには，事実関係に関する意見，情状関係に関する意見，求刑に関する意見が記載されています。

(9)　**弁論** （刑訴 293 条 2 項）

　弁護人は，検察官の論告・求刑に対し，事実関係に関する意見，情状関係に関する意見，量刑に関する意見等を陳述します（弁論）。

　このとき，弁論の内容を記載した書面（弁論要旨）を裁判所提出用に1通，その写しを3通（裁判所書記官用に1通，検察官用に1通，弁護人の朗読用に1通）準備しておき，これらを提出し，意見を述べることになります。また，裁判所用に「正本」の印を，検察官用に「副本」の印を押して提出することを見かけますが，民事訴訟の原告・被告とは異なり，刑事公判手続の書面に正本も副本もありませんので，裁判所には原本を提出してください。

　証人尋問や被告人質問の結果，検察官の論告の内容等に応じて，事前に準備していた弁論要旨について，訂正・補充が必要となることもあります。訂正等を行った場合，訂正後の弁論要旨を改めて裁判所へ提出します（少々の訂正であれば，その場で書記官から訂正印を求められます）。

(10)　**被告人の最終意見陳述**

　審理の最後に，被告人の最終意見陳述の機会が設けられます。弁護人としては，被告人に対しこのような機会が設けられることを説明し，被告人が意見陳述を希望する場合に準備できるようにしましょう。

2　判決宣告

(1)　**判決宣告に向けた準備**

　不服がある判決が見込まれる場合に控訴するかどうかや，控訴しな

いとしてもその後の生活等の問題について，あらかじめ被告人と打ち合わせを行います。

(2) 判決言渡し期日における立ち会い

判決に対するその後の被告人に対する適切な助言を行うため，弁護人は判決言渡し期日に立ち会い，判決内容を確認します。執行猶予の意味，未決拘留日数の参入の意味，費用負担などについて理解していない被告人も少なくありませんので，弁護人から適切に説明できるようにしましょう。

(3) 有罪判決を受けた場合の控訴申立ての検討

有罪判決が言い渡された後は，直ちに被告人と面会し，控訴期限の確認，控訴をするかどうか等，今後の対応を検討します。

控訴は，被告人自身も申し立てることができますが，原審弁護人も被告人のために上訴することができる（刑訴355条）ので，被告人の意向をよく確認し，控訴の意思が明確であれば，原審弁護人の立場で控訴申立てを行う必要があります。

公判手続 Ⅱ

第1 簡易公判手続

1 概要

　被告人が冒頭手続において，起訴状記載の公訴事実を認め，その訴因について有罪である旨を陳述したときは，裁判所は，一定の要件の下で，犯罪事実についての審理が簡易な手続によってなされる簡易公判手続によって審判をする旨の決定ができます（刑訴291条の2）。

　この簡易公判手続は，自白事件では検察官が請求すべき証拠の量は通常とあまり変わらないこと，法定刑によって適用場外となる範囲が広いといったことなどもあり，実務ではあまり行われていないのが現状です。

2 簡易公判手続の開始要件

　簡易公判手続は，次の要件が備わっている場合に，検察官，被告人及び弁護人の意見を聴き，裁判所が決定します。

① 死刑又は無期若しくは短期1年以上の懲役若しくは禁錮にあたる事件でないこと（刑訴291条の2ただし書）

② 被告人が起訴状に記載された訴因について有罪である旨の陳述をしたこと（刑訴291条の2本文）

③ 簡易公判手続によることが相当であること（刑訴規197条の2ただし書，刑訴291条の3）

3　通常の手続と異なる点

(1)　手続が簡素化される

　簡易公判手続では，冒頭陳述がなく，検察官の証拠取調請求がなされず証拠書類を一括して裁判所に提出するなど，手続が簡素化されています。簡易公判手続が予想される場合には，手続の流れを事前に被告人に説明しておきましょう。

(2)　伝聞法則の適用がない

　簡易公判手続では，原則として伝聞法則の適用がありません（刑訴320条2項本文）。証拠に対する弁護人の意見は，「異議なし」又は「異議あり」となります。

　伝聞法則の適用があれば不同意とすべき証拠書類の取調べが請求された場合は，直ちに異議を述べる必要があります。異議を述べたものについては，伝聞法則の適用を受けます（同項ただし書）。

　弁護人としては，事前に検察官より開示された証拠に問題がないか，慎重に検討しましょう。

第2　即決裁判手続

1　概要

　即決裁判手続は，争いのない軽微な事件について，被疑者が手続の趣旨を理解した上で同意していることを条件とした，簡易迅速な公判手続です。検察官から起訴と同時に即決裁判手続の申立てがなされた後，できるだけ早い時期に公判期日が指定され，原則として即日に判決が言い渡され，懲役又は禁錮の言渡しをする場合には執行猶予が付されます。

　起訴から早期に審理が行われることと，懲役又は禁錮の言渡しの際に執行猶予が付されることから，被告人にとって負担の少ない手続と

いえます。

2　即決裁判手続の流れ

(1)　検察官による即決裁判手続の申立て

　検察官は，公訴提起と同時に，次の要件を満たす場合には，即決裁判手続の申立てをすることができます（刑訴350条の16第1項）。

- ①　死刑又は無期若しくは短期1年以上の懲役若しくは禁錮に当たる事件でないこと（同項ただし書）
- ②　事案が明白であり，かつ，軽微であること，証拠調べが速やかに終わると見込まれることその他の事情を考慮し，即決裁判手続によることが相当であること（同項本文）
- ③　被疑者の書面による同意があること（同条2項，同条5項）
- ④　被疑者に弁護人がある場合は，弁護人が即決裁判手続によることについて書面による同意をしているか，又は書面によりその意見を留保していること（同条4項，同条5項）

(2)　公判期日の指定

　裁判官は，検察官及び被告人又は弁護人の意見を聴いた上で，申し立て後できる限り，公訴提起後14日以内に公判期日を定めます（刑訴350条の21，刑訴規222条の18）。

(3)　公判期日

ア　裁判所による決定

　即決裁判手続の申立てがあった事件について，被告人が起訴状に記載された訴因について有罪である旨の陳述をしたときは，一定の場合を除き，即決裁判手続によって審判をする決定を行います（刑訴350条の22）。

イ　伝聞法則の適用がない

　簡易公判手続と同様，即決裁判手続においても，原則として伝聞法則の適用がありません（刑訴350条の27本文）。証拠に対する弁護人の意見は，「異議なし」又は「異議あり」となります。

　伝聞法則の適用があれば不同意とすべき証拠書類の取調べが請求された場合は，直ちに異議を述べる必要があります。異議を述べたものについては，伝聞法則の適用を受けます（同条ただし書）。

　弁護人としては，事前に検察官より開示された証拠に問題がないか，慎重に検討しましょう。

ウ　証拠調べが簡略化される

　証拠調べ手続が簡略化され，適当と認める方法によって実施されます。

エ　公判時間が短い

　通常，即決裁判手続の期日は30分の枠で行われることが多いです。弁護側立証や弁論の時間について工夫し，手続が迅速に終わるよう留意しましょう。

オ　即日判決，執行猶予判決

　結審後，原則として即日判決が言い渡されます（刑訴350条の28）。また，懲役若しくは禁錮の言渡しをする場合には，全部執行猶予の言渡しがなされます（刑訴350条の29）。

カ　控訴の制限

　第一審の判決に対しては，法令違反，量刑不当を理由とする上訴は許されますが，事実誤認を理由とする上訴は許されません（刑訴403条の2第1項）。この点については，即決裁判手続の同意をする際に，事前に被疑者又は被告人に十分に説明をしておく必要があります。

第3　略式手続

1　概要

　略式手続は，簡易裁判所において，公判手続を経ないで，100万円以下の罰金又は科料を科すことのできる手続です（刑訴461条）。典型的には，初犯で，軽微な事件のうち，いわゆる痴漢などの条例違反，暴行，傷害，交通事故などの道路交通法違反，窃盗などが略式手続で処理されることがあります。被疑者にとって，公判手続が開かれず罰金刑で済むことは有利な点が多いため，弁護人としては，検察官と交渉して略式手続で処理するように求めることもあり得ます。

2　手続の流れ

(1)　略式請求

　検察官は，次の要件を満たす場合，簡易裁判所に対し，略式命令を請求することができます。

　　①　簡易裁判所の管轄に属する事件で，100万円以下の罰金又は科料を科すことができること（刑訴461条）

　　②　被疑者に異議がないこと（刑訴461条の2）

(2)　略式命令

　簡易裁判所は，検察官より略式命令の請求があった場合，公判手続を経ないで略式命令を発します。略式命令には，罪となるべき事実，適用法令，科すべき刑と略式命令の告知があった日から14日以内に正式裁判の請求をすることができる旨を示さなければなりません（刑訴464条）。

(3)　罰金納付

　財産刑の裁判は，検察官の命令によって執行されます（刑訴490条）。

　被告人が勾留中の場合，略式命令が出るまで検察庁で待機し，略式命令が出ると，裁判所へ行き略式命令書を受け取り，その後，検察庁へ戻って罰金を仮納付することになります（在庁略式手続）。

　在宅事件の場合は，裁判所から郵送で略式命令書が届くので，それをもって，検察庁へ罰金を仮納付することになります。

3　正式裁判の請求

　略式命令を受けた被告人又は検察官は，略式命令の告知を受けた日から14日以内に，書面によって，正式裁判の請求をすることができます（刑訴465条）。

その他
（手続の留意点）

第1　被告人が外国人の事件

1　公判期日までの準備

(1)　法廷通訳人の接見への同行

　通訳は，裁判所に登録されている法廷通訳人が担当することになり，起訴された段階で，裁判所から法廷通訳人が指名されます。

　弁護人は，係属部の裁判所書記官に法廷通訳人と連絡先を問い合わせ，法廷通訳人に接見への同行を依頼して通訳をしてもらうことも考えられます。外国語によっては，方言や言い方に個性があるため，法廷通訳人が公判期日において初めて被告人に接した場合，上手く通訳ができないケースがあるためです。そのため，法廷通訳人に早い段階から被告人の話し方に慣れてもらえば，スムーズな意思疎通を図ることができるでしょう。

(2)　在留資格，在留期間の確認

　被告人に対して，在留資格や在留期間を確認し，合法的滞在であるかどうかを確認します。

ア　在留資格を有する場合

　在留資格を有し，合法的滞在であっても，被告人の身体拘束中に在留期間満期を迎える場合には，退去強制となることを避けるため，在留期間更新許可申請を行う必要があります。この場合，日本に滞在している被告人の家族や，入管業務を届けている行政書士，弁護士（弁護士会を通じて地方出入国在留管理局に届出が必要）による代理申請を行うこと

を検討します。

イ　在留資格を有しない場合

　在留資格を有しない場合，又は，在留資格を有していたとしても既に在留期間切れとなっている被告人については，不法滞在となり，退去強制事由に当たります。ただし，退去強制事由に該当する場合でも，日本人の配偶者や日本人の子があるなど，特に在留を許可すべき事情があると認められるときは，在留特別許可を受け，在留を継続できる場合があります。そこで，在留特別許可の申請を行うことを検討します。

(3)　外国語の文書の証拠請求

　弁護側立証として，外国の家族からの手紙など，外国語で記載された書証を提出する場合には，併せて翻訳文を提出する必要があります。翻訳費用は，通訳人との個別の協議によるか，国選弁護の場合には，法テラスの基準に従うことになります。

(4)　外国に住む家族との連絡

　外国に住む家族との連絡は容易ではありませんが，被告人の希望として，家族への安否を伝えてほしいということは多いでしょう。その方法は，例えば，被告人から家族の住所を聞いて手紙を送る，電話をする，電子メールやSNSサービスによりメッセージのやり取りをするなどが考えられます。言葉や時差などの問題があり，連絡は容易でないことも多いのですが，連絡が取れれば，情状証人として出廷を依頼したり，出廷の代わりに情状に関する手紙を提出してもらうことも検討しましょう。

2　公判期日

(1)　公判期日の時間設定

　被告人が外国人の場合，法廷通訳が必要になるため，自白事件であっても，公判期日は 1 時間半から 2 時間ほどかかります。

(2)　通訳を介しての手続の進行

　公判期日における手続は，全て日本語で行われます。全てのやり取りが通訳されるわけではありませんが，場面に応じて，同時通訳，逐次通訳が行われます。同時通訳のため，公判開始直前に，被告人は通訳人の声が聞こえるようにイヤホンを装着します。

　冒頭手続における起訴状朗読，証拠調手続のうち，検察官による書証の朗読（又は要旨の告知），論告求刑及び弁論は，あらかじめ準備されているため，同時通訳で行われますが，証人尋問，被告人質問，判決宣告など他の手続は逐次通訳となります。この関係で，弁護人としては，余裕をもって弁論要旨を作成して通訳人に提出する必要がありますので注意してください。

3　判決宣告後

(1)　控訴の意思確認

　有罪判決が言い渡された後，直ちに被告人と面会し，今後の対応を協議する必要があります。判決の意味を説明し，控訴期限や控訴の意思を確認します。

(2)　強制退去手続との関係

ア　執行猶予判決を受けた場合，直ちに，地方出入国在留管理局が被告人の身柄を収容します。なお，オーバーステイなどの出入国管理法違反事件では，即決裁判手続に付され，執行猶予判決となるケースが多くみられます。

イ　実刑判決を受けた場合には，刑務所に収容され，刑の執行を受けた後，地方出入国在留管理局に収容されることになります。

ウ　地方出入国在留管理局収容後

　収容後は，退去強制手続となり帰国させられることになります。もっとも，本人が本国への航空券又はこれを購入できるだけの金銭を所持していない場合，帰国まで長期間収容されたままになることもあります。したがって，本人が早期の帰国を希望するのであれば，家族や関係者に航空券の手配を依頼する必要があります。

第2　自白事件と否認事件

　多くの自白事件では，追起訴予定などがない限り，第1回公判期日で，冒頭手続から，証拠調手続，論告・求刑，弁論，被告人の最終意見陳述まで行われます（1回の公判期日で結審まで行うことから，「1回結審」といわれています）。通常，第1回公判期日は1時間枠で行われることが多いでしょう。したがって，1時間程度で冒頭手続から被告人の最終意見陳述を行えるよう，弁護人はスケジュールを勘案して準備する必要があります。もっとも，自白事件であっても，検察官請求予定証拠が大部である場合や，被告人質問を充実させなければ十分な弁護活動ができないといった事情がある場合には，無理に1時間で終える必要はありません。このような場合には，あらかじめ，裁判所書記官や検察官に訴訟進行を伝える段階で，被告人の負担軽減のためには1回結審を実施したいが，1時間の公判期日では終えることができないことを説明し，具体的な時間を示しつつ，公判時間を確保してもらえるように交渉した方がよいでしょう。

　一方で，否認事件の場合，事実に関する証人尋問が予定されるなど，1回の公判期日では結審まで至らない可能性が高くなります。そこで，第1回公判期日に先立ち，訴訟進行について，裁判所，検察官及び弁護人とで協議をすることを検討しましょう。

本書では「否認事件」にフォーカスして公判事件の概説は行いませんが，仮に否認事件を受任した場合には，否認事件を想定して書かれた書籍をはじめ，刑事訴訟法の実務書をしっかりと理解しておく必要があるのはもちろんです。

第3　刑の執行 (実刑判決と身体拘束)

1　在宅の場合

実刑判決が宣告されても，直ちに収容されることはありません。ただし，被告人が公判期日に出頭しないために裁判所が逃亡のおそれがあると認める場合など，実刑判決宣告後，直ちに勾留状が発付されるときがあります。このような場合には，勾留決定に対する抗告や，保釈請求を検討することになります。

2　勾留中の場合

実刑判決が宣告されると，そのまま勾留が継続されます。身柄解放を求めるのであれば，保釈請求を検討することになります。

3　保釈中の場合

保釈中の被告人に対し禁錮以上の刑に処する判決が宣告されると，保釈は失効します (刑訴343条前段)。したがって，直ちに，被告人の収容手続が行われます。このような場合に備えて，あらかじめ再保釈請求及び控訴申立てについて被告人と打ち合わせておく必要があります。再保釈請求をする場合には，判決後，直ちに提出できるよう，再保釈請求書及び身元引受書を準備しておきます。

4　刑の全部執行猶予判決と身体拘束

⑴　勾留中の場合

　勾留中の被告人に対し，刑の全部執行猶予判決がなされると，勾留状が失効します（刑訴345条）。したがって，直ちに，被告人は身柄を釈放されます。その後の対応は，留置場所によって，異なってきます。以下は東京の例を述べます。

　警察署留置施設の在監者であれば，被告人は法廷で釈放され，留置施設に置いてある被告人の荷物は被告人が自ら取りに行くことになります。この場合，着の身着のままで釈放されるので，そのままの格好（留置施設で着用している衣服や，サンダルなどの履き物を履いている）で出歩くのは抵抗がある場合が多いと思われることから，あらかじめ家族や関係者に上着や靴を準備してもらうとよいでしょう。

　東京拘置所の在監者であれば，被告人は腰縄と手錠は外されますが，東京拘置所に置いてある被告人の荷物を取りに行くため，一旦，東京拘置所へ連れて行かれ，荷物を取ってから東京拘置所を出ることになります。そこで，家族が出迎えを希望しているときには，東京拘置所へ戻る時間について，判決宣告が終わった直後にその場で刑務官に聞いて，確認するとよいでしょう。

⑵　保釈中の場合

　保釈中の被告人に対し，刑の全部執行猶予判決がなされると，前記⑴と同様勾留状が失効します（刑訴345条）。その結果，保釈決定も効力を失うため，被告人は保証金の還付請求をすることができます。

第3章

弁護活動の
実務ポイント

【本章のポイント】

> 前第2章では弁護人の立場から，押さえておくべき実務上の手続を概説しました。
>
> 本第3章では，この手続の中における，弁護人活動のポイントを説明します（第2章と第3章の項目は重なりますが，本章は手続ではなく，あくまで弁護活動の要点整理です）。

第1節　事件事例検討

　例えば，次のような事件があったとします。各段階での弁護人活動として何がポイントになるか意識してください。

【事件事例】

> 1　A（35歳男性）は，通勤途中の電車駅構内で，上りエスカレーターに乗っていたスカート姿の女性V（17歳）に対し，背後下からスマートフォンのカメラを近付け，下半身（臀部・下着部分を含む）を動画撮影しました。Aは同行為を目撃した警備員に確保され，鉄道警察隊に現行犯逮捕されました。
> 2　Aは，中小企業の正社員営業職として稼働しており，共働きの32歳の妻と4歳の子どもがいます。世帯年収は700万円（A400万円，妻300万円），自宅は5年前に3,000万円で購入した中古マンションであり，残ローンは2,900万円，世帯の預金が300万円あります。
> 3　Aは今回の犯行については「間違いない」と認めていますが，動機については「最近ストレスで眠れず，当時何を考えていた

かはあまり覚えていない」「動画を見たかった訳ではない。何でやったのか分からない」と話しています。

4　Aには，同種前歴（盗撮）が1件【起訴猶予処分】，迷惑行為（痴漢行為）の前科【略式命令による罰金刑】が1件あり，これら2件と今回の事件は2年以内に発生しています。

5　V及びV親権者の被害感情は非常に強く，「この事件以降Vは電車に乗れなくなり，学校へは母親が車で送り迎えしている」とのことです。

　各論（第4章〜第9章）でも，各類型別犯罪・各属人的犯罪について，簡単な事例をもとにして解説しますが，ここでは逮捕・勾留〜裁判・判決という事件全体の流れの中で，いかなる視点がポイントとなるのかを今一度確認しましょう。

　事件事例では，以下の事実・情報が弁護人にとって重要です。感覚的には，初回接見（逮捕直後）から2，3回の接見を経た段階（勾留決定直後）では，この程度の情報しか取れていないのが通常です。弁護人は，以下，1〜5のような最小限の情報から，Aという被疑者に対して弁護人としての方針や力を入れる活動を判断しなければなりません。

【弁護人の視点】

1　A（35歳男性）は，盗撮で現行犯逮捕され，Vは未成年者の女性です。→事件の概要（基本事項）

2　Aは，会社員で妻と子どもがいます。自宅も購入し，資産もあります。→社会的信用（身元の扱い）

3　Aは犯行自体を自認しています（自白事件）。しかし，動機や精神状態に不安定性があります。→主観的状況

4　Aに同種前歴（盗撮），同種前科（痴漢）があります。
→弁護方針決定における重要事実①（身上）

> 5　Ｖ及びＶ親権者の被害感情は非常に強いようです。
>
> →弁護方針決定における重要事実②（被害者）
>
> 6　その他
>
> →1〜5を踏まえたＡの身柄解放活動

　各節ごとに解説文を付けましたので簡単に確認してみましょう。

　また，初期段階（起訴前勾留段階）においては，解説文の後に弁護人として速やかに検討しなければならないポイントを箇条書きにしてみました（どのくらいの事項が頭に浮かんだかをチェックしてください）。いずれの事項も，検討に際しては被疑者との信頼関係の構築の下で極めて個人的な情報を取る必要があることが分かると思います。

第1　身柄の解放

　Ａは条例違反（迷惑行為）で現行犯逮捕されていますが【弁護人の視点1】，早期に身柄を解放させる必要性が極めて高いことが分かります【弁護人の視点2】。身体拘束が長引くほど，解雇等，回復できない状況に陥るリスクがあります。

> ①　Ａは犯罪行為を認めているか（自白事件か否認事件か）。
>
> ②　証拠は何か（動画は残っているか，押収されているか）。
>
> ③　逮捕時の被害者の状況（被害感情）。
>
> ④　会社には連絡を入れているか。まだならどう説明するか。
>
> ⑤　家族には連絡を入れたか。まだならどう説明するか。

第2　示談交渉・被害者対応

　Ａの示談する資力には問題はなさそうです【弁護人の視点2】。一方で，Ａの動機には不明確な面があり示談意思はよく確認する必要が

あります【弁護人の視点3】。また，被害者は未成年であり，被害感情が強いことからして【弁護人の視点5】，示談交渉においては親権者，未成年者へのアプローチ等，特段の配慮が必要です。

---

① 　Aの成育歴・経歴（職歴）・家族との関係・会社での状況

② 　すぐに準備できる現金

※②は被疑者国選の資料審査を含む

③ 　最近の精神状況（悩みやストレスチェック）

④ 　被害者（親権者）への謝罪意思

⑤ 　示談金の想定金額（上限）

第3　検察官との関係

Aには同種前科前歴があることが大きな問題です【弁護人の視点4】。弁解録取の状況や調書の内容を速やかに確認し，こちらからは示談の見通しを伝える必要があります。また，身柄を解放する際の身元引受人の選定，検察官の処分見通しについても，早い段階でコミュニケーションを取る必要があります。

---

① 　前科前歴の具体的内容，余罪

② 　会社への復帰意思（説明状況）

③ 　被疑者への連絡方法

④ 　示談のスケジュール

⑤ 　妻との関係（身元引受の可否）

第4　障害への対応

本事例では，「障害」とまでは言えませんが，盗撮や痴漢を繰り返

すＡの主観的事情としては，「仕事のストレス」だけでは片付かない
病的なものを感じるべきです。この手の犯罪に関する臨床心理分野の
アプローチには，性依存症（性嗜好障害）に対するカウンセリング等が
ありますが，今回の犯罪に対してできる限り軽い刑を求める意図だけ
でなく，再犯を抑制する意味でも弁護人が臨床心理や福祉的な視点を
持つことは重要です。

第5　在宅事件

　Ａの身柄は，勾留請求前や勾留決定後であっても解放される可能性
はあります。勾留請求前の検察官との交渉，勾留決定前の裁判官との
交渉，勾留決定後の準抗告等，その活動の多岐にわたりますが（第2
章参照），在宅事件になっても，示談の結果が出ない限りは終局処分と
はならない事件です。なお，Ａの弁護人が被疑者国選弁護人である場
合には，身柄の解放段階で身分が消滅するため（被疑者国選の要件参照），
引き続きＡの弁護人として活動する場合には，別途の委任契約，弁
護人選任届が必要なことは注意してください。

第6　保釈請求

　勾留中に釈放されない場合は，勾留満期の段階で釈放し在宅事件に
なるか，身柄を拘束したまま起訴（公判請求）されます。起訴された場
合には，勾留期限（最大20日間）の制限もなく，第1回公判期日まで通
常は1か月程度時間がありますので，速やかに法律上の要件に基づき
保釈請求する必要があります。

第7　公判準備

　示談の結果（Ｖの被害感情）及びＡの前科前歴を踏まえて，検察官は
処分を決定しますが，不起訴処分以外にも，略式命令（罰金納付）や，

最も重い場合には起訴（公判請求）が考えられます。この場合は，第8節を踏まえて，公判期日に向けた準備が必要です。本事件で公判請求がなされたのであれば，おそらく示談ができておらず，同種前科前歴が重視されていると考えられます。弁護人としては，被害者の供述調書（甲号証請求予定証拠），過去の犯歴（乙号証請求予定証拠）等の記録を精査し，弁護方針をＡと協議する必要があります。

第8　情状弁護

　公判期日においては，Ａに関する情状立証は主戦場になると思います。証人として家族や職場の人間等を検討し，執行猶予期間における監督を誓約させることになると思います。

　なお，情状弁護に過剰な力点を置く結果，犯罪事実の弁護が抜けてしまう弁護人がいることは要注意です（弁論要旨が情状面ばかりの書面は反省するべきです）。本事件でも，情状面は主戦場であるとしても，盗撮行為の具体的態様，被害状況（盗撮した動画の具体的内容，拡散の可能性，消去の有無等）を丁寧に指摘し，重大な法益侵害が発生していないというアプローチが何よりも先に弁論されなければなりません。

身体拘束の
解放活動のポイント

第1　手続

　被疑者の身体拘束の早期解放を求める手続としては，第2章（20頁以下）で概説したとおり，

　(1)　勾留請求前の検察官に対する働きかけ

　(2)　勾留請求後の裁判所に対する働きかけ

　(3)　勾留決定後の準抗告

等があります。

第2　被疑者の早期釈放のために必要な事情，証拠の収集

　身柄解放のためには，被疑者について勾留の要件を欠くという具体的な事情と，それを裏付ける証拠が必要不可欠です。もちろん，被疑者の身元が法律上の根拠によって拘束されている以上（適正手続の保障・憲法31条），その解放に関する要件も，法律上（刑事訴訟法）の要件に従ってアプローチする必要はあります。

　そこで以下では，要件ごとに，具体的に例示します。弁護人としては，これらの事情を意識し，被疑者からの聞き取りや家族・職場と調整を行い，収集できる証拠はできるだけ早く収集するよう心掛けましょう。

1　住所不定（刑訴60条1項1号）

　住所・居所が不定ないし不明の場合，勾留が認められる可能性は極

めて高くなります。捜査機関としては，被疑者が「どこに行ったかわからなくなった」というのが一番まずい状況なのです。

　そこで，まずは被疑者の住所，居所，家族を確認することが必要です。住民票や免許証等の住所地に居住していない場合には，現住所に定住していることを示す証拠がないか確認します。被疑者が若年で，単に家出をしている（一時的に，家出中の住所が定まっていない）だけということもあり得ますので，その場合には，実家と連絡を取り，住所不定でないと主張して身元引受人となってもらうことも考えられます。

　路上生活者等，定まった住居がない被疑者に，身体拘束を解くべき事情があると判断した場合，弁護人としては，福祉事務所に問い合わせをするなどし，緊急で保護施設等での受入れ体制を確保することを検討します（勾留を回避できる事情として弱いかもしれませんが，後の情状弁護としても意義があります）。

2　罪証隠滅のおそれ（刑訴60条1項2号）

　罪証隠滅のおそれがないことの具体的な主張としては（ある程度捜査が進んでいると見込まれる場合には），既に証拠が収集されていること，被疑者が被害者の連絡先を知らないこと，既に示談が成立していること，単独犯で共犯者がいないこと，共犯者も既に取調べを受けて（場合によっては公判が進行して）いること，被疑者が事実を認め，既に取調べがなされて供述調書も作成されていること，などが挙げられます。

　一方で，被疑者が，自ら又は知人等を介して，被害者，証人（証人となる可能性がある者，目撃者等）に接触・連絡できる場合や，被疑者が被害者・証人等より上位の立場にあるような関係の場合，共犯者が逮捕・勾留等されていない場合には，罪証隠滅のおそれがないことについて，より丁寧に検討し，回避するための具体的方法を示す必要があります。また，犯行場所が通勤・通学経路だったような場合には，被害者や証人と偶然遭遇したり，待ち伏せをしたりする可能性も否定できないところですので，被疑者において利用経路を変更し，接触等を

試みない旨を誓約させる（念書を作成し提出する）など，対策を具体的に示すべきです。

3　逃亡のおそれ（刑訴60条1項3号）

　逃亡のおそれがないこととしては，被疑者に「守るべきものがある」（被疑者が逃亡すると被疑者にとってデメリットが大きい）と評価できる事実と，被疑者を「監督できる人物が存在する」ことを示すことが重要です。具体的には，被疑者に家族があり定住居を構え家庭生活を営んでいること，定職について安定した収入を得ていること，被疑事実の内容からすると比較的軽微で処分も軽いことが見込まれること，生活の糧を家族に頼っているため家庭以外で生活することができないことなどが挙げられます。

　この証拠として準備すべきものは，第一に身元引受書【※書式3（290頁）】です。身元引受人には，身元引受書の作成に加え，被疑者との関係がわかるよう，戸籍・住民票や健康保険証など身分証明書の準備を依頼します（身元引受人自身の身元がはっきりしていなければ何の意味もありませんので，同人の身分証明書の添付も必要です）。

　なお，家族が身元引受人となる場合が多いでしょうが，それが難しい場合でも，身分証を添えて自己の身分を明らかにした交際相手や勤務先の上司などが，身元引受人として認められることもあります。

　また，被疑者本人の事情として，被疑者の身分が安定しているということを示すため，社員証，保険証，給与明細などを用意することも有用です。正式な証明書や書類が用意できない場合でも，何か被疑者の就業や在籍が確認できる資料がないか，検討してみてください。

　被疑者に家族がいる，特に幼い子や要介護者を扶養しているというような場合には，そうした事情についても詳しく主張します。

4　勾留の必要性

　以上を踏まえて，弁護人としては「勾留の必要性」がないこと，つまり，被疑者が身体拘束から解放されるべき積極的な理由を述べることになります。具体的には，既に証拠は収集され，身体拘束を継続しての捜査は不要であること，被疑者には定職がありこれ以上の拘束が続けば失職のおそれがあること，学校を退学になる可能性があること，重要な試験があること，扶養すべき家族や子どもがいること，身元引受人や監督者がいることなどが考えられます。

第3　準抗告（否認事件・冤罪事件）

　勾留決定が出されてしまった場合には，第2の事情を踏まえて準抗告をします（第2章第4節第3参照）。

　一つ，弁護人として悩ましいのが，この逮捕勾留段階において，被疑事実（逮捕・勾留の前提となる犯罪行為）に関して，被疑者が認めていない場合です。勾留決定段階では，弁護人が手に入れている書面は勾留決定謄本くらいであり，捜査機関がどのような証拠を所持しているか，司法機関（裁判官）が逮捕勾留令状を発する際に，どのような証拠を評価したかが不明です。そのため，準抗告の段階（起案）で，「被疑者は無罪である」という主張には，なかなか勇気が必要です。

　もちろん，被疑者とのコミュニケーションにおいて，この件は犯罪が成立しないとの心証を抱いているのであれば，「罪を犯したことを疑うに足りる相当な理由はない」との主張はもっともですので，強調するべきです。ただし，同主張には相応の根拠がなければならず，もちろん上記第2の要件に関する主張が必須です。

　ご承知のとおり，被疑者には無罪推定の原則が働いていますので，自白しようと否認しようと，勾留の要件とは無関係です。しかしながら，我が国の司法制度は，人質司法と揶揄されるほど逮捕勾留（再逮捕再勾留）が捜査機関によって積極的に運用されており，否認事件を含

めた捜査未了事件について，容易に被疑者の身体が拘束されています。弁護人が「被疑者は無罪である」との主張は，この捜査未了（被疑者の調書を取れていない）ということに繋がりかねません。

　こうした実務的感覚を踏まえて，弁護人としては被疑事実の側面だけを強調するのではなく，「勾留の必要性」という観点から首尾一貫してください。これは，被疑者への説明でも重要です。

第4　勾留理由開示請求

　勾留後においては，準抗告等の手続と並行し，勾留理由開示請求を行うことが考えられます。

　勾留理由開示手続は，直接被疑者の身柄を解放するものではありませんが，開示を申し立てることで，請求日より5日以内に公開の法廷で被疑者の勾留理由の開示，弁護人による求釈明，被疑者の意見陳述が行われます。そして，その後の勾留取消請求や勾留延長請求において，勾留理由開示手続における意見陳述や求釈明の内容が考慮されることがあります。また，被疑者が公開の法廷で述べた内容が調書とされ証拠となり得ます。

　なお，実務的には，同手続が公開法廷で行われることから，被疑者が公開の法廷で家族などと会うことができます。特に接見禁止が付されている場合には，被疑者の精神的負担を少しでも軽減できるといった利点もあります。必要に応じて検討しましょう。

第5　被疑者に対する説明

　被疑者の中には，被疑事実を争う意思を示しながらも，早期の身柄解放を強く希望し，「示談できれば釈放されるのか」「罪を認めれば釈放されるのか」等と弁護人に尋ねる者もいます。

　弁護人としては，必ずしも示談や自白により釈放されるとは限らないこと，事実でないことを認めると後から自白を覆すことは難しくな

ることなどを十分に説明してください。

　また，被疑者が早期の身柄解放を求めても，被疑者の事情からすれば勾留を回避することは難しい，勾留が長期化する可能性が高いと考えられる場合もあります。弁護人としては，このような場合，率直に弁護人としての見解・勾留の見通しを伝え，なぜ難しいのか事情を丁寧に説明することが重要です。その上で，それでも身柄解放のための活動をしてほしい，ということであれば，できる範囲において対応することとなるでしょう。

第3節
示談交渉・被害者
対応のポイント

第1　示談，被害者対応の意義

　被害者が存在する場合，被害者と示談が成立すれば，検察官が勾留満期前に被疑者を処分保留として釈放する，終局処分を不起訴（起訴猶予）とする可能性が高まるほか，起訴された場合にも，その量刑判断に少なからず有利な事情となります。

　弁護人としては，まず，被疑者やその家族に示談を行うかどうか，その金銭を工面できるかどうかを確認し，可能であれば早急に着手しましょう。

第2　示談交渉における心構え

　弁護人としては，事件の内容や時間的な事情，被害者の感情などに十分に考慮し，被害者に対し失礼のないよう十分に注意を払う必要があります。

　被疑者側で，被害者が納得できる示談金を用意できないことも少なくありませんが，弁護人としては，被害者の被害感情に理解を示し，とにかく誠実に向き合い交渉を行うことが重要です。間違っても，示談に応じないと不利益が大きいなどと強調し，被害者の意に反した示談を強要しないよう注意してください。

　弁護人は，被疑者本人ではないにせよ，被害者からすれば「加害者側の人間」であり，弁護人は被疑者に代わって示談をお願いしている立場であるということを念頭に置いて，丁寧・慎重な対応を心掛けるようにしたいところです。

第3　被害者連絡先の入手

　勾留後，担当検察官から弁護人に対し，示談の意向確認の連絡が来るケースもありますが，そのような申入れがなく，被害者の連絡先が不明の場合，まず検察官に連絡し，示談の希望を伝えた上で，連絡先を問い合わせます。そうすると，検察官は，被害者に対し連絡し，弁護人に連絡先を教えてもよいか確認します。そして，被害者の了解が得られた場合には，検察官が，弁護人に対してのみ被害者の連絡先を伝えてくれます。

　通常，被害者は，被疑者に対しては連絡先を教えることに同意していないので，入手した被害者の情報は弁護人限りとし，誤って被疑者や被疑者の家族に開示したりすることがないよう注意しましょう。

　なお，検察官から，被害者は連絡や示談を拒否していると回答された場合，それでも弁護人が，勾留状謄本等からわかる被害者住所に宛てて，謝罪や示談申入れの手紙を送ってよいかという点は，悩ましい問題です。ここは事件の性質・態様，示談の必要性等に十分配慮し，被疑者とも相談して，個別に判断する必要があります。

第4　被害者との交渉

1　交渉の開始

　連絡先を入手したら，速やかに被害者に連絡をします。連絡方法は，電話や手紙，メールなどもあり得ますが，必ず検察官から確認した方法で連絡するようにします。

　電話を掛ける場合，まず，自己紹介をし，被疑者の弁護人であることを説明します。被害者に安心してもらうために，被害者の連絡先を知った経緯や，被害者の個人情報は弁護人限りであって被疑者には伝えないことも説明するとよいでしょう。

　手紙・メールを送る場合でも，伝える内容は電話と同様ですが，文

字だけでは冷たい印象を持たれる可能性もあるため，より丁寧な文章を心掛け，失礼のないよう注意しましょう。

　なお，被害者にとって，弁護人から連絡が来るというだけで精神的負担が大きいケースもあります。このような場合，謝罪文を送付する場合には，被害者に対し十分な配慮が必要となります。初回から遠慮なく被疑者の謝罪文を同封し，さらに被害感情を深めるような結果になっては意味がありません。

　初回に限りませんが，一つの方法としては，被疑者の謝罪文を別の封筒に入れて封をしたものを弁護人からの手紙に同封し，「もしよければ読んでいただけますか」「嫌なら読まずに捨てても，返送してもらっても構いません」などと注意をつけた上で送る，ということも考えられます。

2　交渉の相手方

　被害者と連絡が取れれば，具体的な示談交渉を進めていくことになりますが，被害者自身が交渉しない場合もあります。

　この点，被害者が未成年の場合には親権者（保護者）が示談の当事者となるので，特に問題はありません（むしろ未成年者との示談交渉はすべきではありません）。成人の場合も，被害者自身が親を指定した場合や，検察官から伝えられた連絡先が親などの場合には，そのまま話をしてもよいでしょう。

　ただ，近親者や配偶者以外の第三者が交渉に関与してきたり，被害者本人が全く出てこないまま具体的な示談の条件に踏み込んだ話を進めようとしたりしてくる場合には注意が必要です。いわゆる事件屋が絡んできたような場合には，示談交渉自体の打ち切りもやむを得ません。毅然とした対応をとるべきです。

3 被害者との面談場所

　交渉過程において被害者が面談を希望する場合，その他弁護人として適当と思われる場合，面談の場を設けることがあります（被害者が遠方在住の場合など，面談が難しいこともあり，必須ということではありません）。この場合，場所や時間帯には配慮が必要です。

　場所は，弁護人の事務所や弁護士会館が好ましいですが，ファミリーレストランやカフェなどの公共の場で行うこともあります。弁護人が1人で被害者の自宅等，閉鎖的な空間に出向くことは，事後のトラブルとなりますので避けましょう。ちなみに，公共の場と言っても，隣の話声が全部聞こえるような場所での示談交渉は避けて下さい。

　また，示談交渉の場にはいろいろな人間が絡んでくることがあります（刑事事件に限らず弁護士活動全般において，顧問先のトラブル解決や訴訟外交渉等でも同じです）。被害者（当事者本人）の友人という強面の人物や，場合によっては反社会的勢力の構成員と思われる人物と対峙することもあります。

　そのような場合には，示談場所が相手方指定の個人経営のような喫茶店等は注意が必要です。深夜や早朝の時間帯も，よほどのことがない限り避けた方が無難です。どうしても必要な場合には，同行者（弁護士）を連れて行くことも検討しましょう。

　面談を実施後，その後は電話や手紙のやりとりで済ませることもあれば，複数回の面談を実施することもあります。

　面前で金銭をやり取りする（直接現金を渡す）場合には，領収書を作成するなど，必ず記録が残るようにしましょう。

4 被疑者に関する情報の開示

　弁護人は，被害者から，被疑者の個人情報（氏名，住所，電話番号，家族構成や勤務先・学校，前科の有無，処分の見込み等）や事件の認否について質問されることがあります。弁護人には，被疑者に対する守秘義務があり

ますので，被害者に対しその旨を説明し，被疑者の同意なく安易に開示しないよう注意しましょう。

　もっとも，被害者は，なぜ自分が被害に遭ったのか，どうしてこのような目に遭わなければならないのかと考え，被疑者の情報を知りたいと考えることも不自然ではありません。そこで，弁護人が，被疑者の同意を得て，ある程度情報を開示することで，被害者の被害感情が和らぎ，示談が成立しやすくなるケースもあります。そこで，被害者の気持ちに配慮し，個人情報等の開示の可否について，被疑者と相談してみましょう。

5　示談書の締結

　示談書は，同じ書面を2部作成し，1部は被害者に渡します。作成に関しては，被害者と面談の際に示談書2部を持参し，面前で，それぞれに被害者から署名押印をもらい，弁護人も署名（記名）押印し，その際に示談金を手渡しし，引き換えに領収証をもらう方法が簡便かつ確実です。もちろん，示談金支払いを事前又は後日に振り込むこととしたり，面談せず，示談書を郵送でやり取りして作成する場合もあります。

　なお，郵送でやり取りする場合，記録の残る書留やレターパックなどを利用します。確実かつ早期に返送してもらえるよう，返信用封筒も入れましょう。また，振込票は証拠として必要になるので，絶対に紛失しないよう気をつけてください。

　示談が成立した場合，弁護人としては，速やかに検察官に示談成立を報告しますが，その際，検察官は，被害者に対し，本当に示談が成立したか等，確認の連絡を入れます。そこで，あらかじめ被害者に対し，検察官から事実確認の連絡が入るので，対応してもらえるよう依頼しておきます。

6　示談金の交付

　示談金は，前記5のとおり，直接現金を交付する場合も，事前又は
事後に振り込む場合もあります。

　この示談金を，被疑者又は被疑者の家族等から預かる際は，後日の
トラブル防止のため，必ず，示談の目的で金銭を預かる旨と預かり金
額を記載した預かり証を2部作成し，1部を交付しておきましょう。

　また，被疑者等からキャッシュカードを預かり，弁護人において金
銭を引き出す場合も，同様に預かり証を作成し，引き出してよい額を
明記しておきます。

　なお，キャッシュカードを預かった際，弁護人としては，示談前に
預金があることを確認するだけでなく，実際に必要な現金を引き出し
て確保しておきましょう。預金残高が示談予定金額を上回っているこ
とを確認しただけで示談に臨んだ弁護人が，示談成立後に改めて預金
を引き出そうとして，預金残高が足りなかった（家賃等の引き落としで残
高がなくなっていた）という悲劇のケースもあります。

第5　示談書の記載

　被害者の合意が得られた場合，示談の対象となる事件を特定した上
で，①支払金額・支払方法，②被疑者の謝罪，③被害届・告訴の取下
げ，④被害者による宥恕，寛大な処分を求める旨，⑤今後接触等をし
ない旨，⑥清算条項，⑦守秘義務などを記載した示談書を作成します。
　作成に当たっては，以下の点に留意しましょう。

1　事件の特定

　示談対象となる事件を特定するためには，「〇年〇月〇日，〇〇
（場所）において甲（被疑者）が乙（被害者）に対し暴行し傷害を負わせた
事件」などと，被疑事実の概要を端的に記載することが一般的です。

　もっとも，被疑者が示談の成立を勤務先・通学先に提出する予定が
ある，事件のことを形に残したくないと考える，被疑者が被疑事実の
全部又は一部否認しているが早期解決のために示談を希望している，
被疑者と被害者の主張と食い違いがある等の理由で，被疑者が示談書
に具体的な被疑事実や罪名を記載したくないと希望するケースもあり
ます。

　この場合，被害者と被疑者の意向を確認し，双方の合意できる範囲
で記載することになりますが，少なくとも事件の特定に必要な事件の
日時・場所の記載は必要といえるでしょう。例えば，わいせつ事案な
どで，被害者の納得が得られれば，罪名や行為態様は記載せず，「○
年○月○日，東京メトロ丸ノ内線の件について」とぼかして記載する
ことが考えられます。

2　宥恕文言

　示談書において，「宥恕する」という文言を記載するか否かは，し
ばしば議論となります。弁護士には便利な言葉ですが，一般に使い慣
れない言葉であるため，被害者が正確な意味を理解せず，後に検察官
が確認を求めた際に「そんなつもりではなかった」と言われる危険性
は否定できません。使うのであれば，弁護人としては，その意味をよ
く説明し，被害者の十分な理解を得る必要があります。

　また，そもそも被害者が「宥恕」や「許す」という文言に抵抗を示
すケースも少なくありません。その場合，無理に宥恕文言を設けても，
後から検察官に対し「無理やり宥恕文言を入れられたが，本意でな
い」と説明されてしまいかねませんので，被疑者と相談の上，示談書
から削除することも検討します。

3　被害届・告訴の取下げ

　被害届や告訴がある場合，これらを取り下げる旨の条項を設けるこ

とがあります。告訴については，法文上は取消しですが（刑訴237条1項），一般的に取下げとも呼んでいます。

　示談において被害届等の取下げは必須ではありません（示談が成立したというだけで，大きな意味があります）。そこで，被害者が被害届等の取下げを積極的に了承してくれない場合に，弁護人が無理強いすることで示談そのものが没とならないよう注意しましょう。

　もっとも，可能であれば，示談後に弁護人が被害者とともに警察署まで行き，被害届を取り下げてもらうことや，示談書の作成と同時に告訴取消書にも署名・押印をもらい，検察官に提出することも検討します。これにより，検察官による早期釈放の判断や不起訴処分につながるケースもあります。

4　支払う金銭の名目

　示談金の名目に関しては，被疑者と被害者の主張と食い違いがある等の理由で，被疑者が「示談金」「被害弁償金」「損害賠償金」などと記載することをためらうケースもあります。この場合，被害者の同意を得て，「解決金」などと記載できないか交渉しましょう。

　被害者が受けた損害について，「治療費」「慰謝料」「休業損害」などと記載する場合もありますが，詳細な損害項目を示すと，後に別項目の損害が生じてしまった場合，改めて別途交渉が必要となりかねませんので，避けた方が無難です。

5　清算条項等

　可能であれば，当該示談金の支払いにより，事件が全て解決し，被害者が後に損害賠償請求をしない旨の約束を取り付けます。

　もっとも，交通事故で後遺障害が残る可能性がある等，損害がその後も生じることが想定され得る場合には，被害者が清算条項に同意しないことも十分あり得ます。その場合，「後遺障害が生じた場合は別

途協議する」などと記載することや，清算条項を設けず示談すること
も検討しましょう。

6　被害者の個人情報の記載

　通常，契約書には，契約当事者の特定のため，当事者双方の住所及
び氏名を全て記載します。しかし，刑事事件では，被疑者に渡る書面
について，被害者が自己のフルネームや住所を記載することを躊躇す
る場合があります。

　弁護人としては，被害者本人の特定と事後の紛争防止のために，住
所氏名を全て記載してもらう必要があることを説明し，説得しましょ
う。その際，被疑者に対しては，被害者の姓以外は全てマスキングし
たコピーしか渡さない（検察官に報告する際は個人情報が記載されたものを渡す）
と約束すれば，被害者はこれに応じてくれるケースが多いところです。

　なお，被害者が未成年の場合は，親権者（両親とも親権者の場合，両方）
の署名押印をもらうことになります。

第6　示談成立後の活動

1　検察官への報告

　示談が成立すれば，検察官に対して速やかに連絡し，示談書の写し
を FAX などで提出します。

　示談に時間がかかることが見込まれる場合には，検察官に対し，交
渉経過やいつ示談ができそうかという点について，随時報告を入れ，
被疑者サイドで適切に交渉を進めていることを伝えましょう。

　一方，最終的に示談ができなかった場合でも，被疑者側で誠意を
もって示談の申入れをしたことを，被害者がそれを断った理由・経過
などと併せて報告します。こうすることで，検察官の終局判断によい
影響を与えられる場合もあります。

2　被疑者に対する示談書の交付

　被害者が被疑者の知人であり，もとより住所氏名等が知られている場合を除き，示談書の被害者の住所・氏名等を適宜マスキングし，被疑者に対して写しを交付します。原本は，弁護人において適切に管理しましょう。

3　釈放・不起訴処分となった場合

　不起訴処分告知書を取得したい場合には，担当の検察官に連絡し，弁護人宛に書面の発行を求めます。発行の可否，時期，発送の相手方等，検察庁によって若干運用が異なるようなので，担当の検察官，検察事務官に聞いてみるのが一番早いようです。

　処分告知書は，被疑者勤務先や通学先から提出を求められる場合もあり，求められなくても客観的に不起訴処分となったことが明らかとなるので有益な書面です。法テラスの援助制度や，被疑者国選弁護人活動の終結報告への添付が求められる場合もあるようです。

　ただし，不起訴となった理由について記載がないので，その説明は弁護人なりに行う必要があります。

第7　交渉の打切り

　弁護人が誠実に交渉したにもかかわらず，示談成立がほぼ確実に不可能な状況となった場合には，やむを得ず，交渉打切りの決断が必要となることもあります。

　もっとも，交渉を打ち切る前に，被害者の目的・本心がどこにあるか，できる限り探ってみてください。完全な示談をすることが無理でも，謝罪は受け入れる，被害弁償金だけは受け取る，弁償金は十分とは思わないが一部だけでももらえる部分はもらう，という被害者はいますし，これらのことを受け入れてもらえる（金銭支払については領収書

をもらう）ことだけでも大きな成果といえます。慣れた弁護人であれば，示談交渉の場に複数の書面（パターン別の示談書）を持参しています。

　なお，弁護人としては，刑事手続が終わってしまえば，自分が弁護人として間に入ることができなくなり，被害者が被疑者本人に請求しなければならなくなること（これを嫌がる被害者が多く，被害者にとってはデメリットといえる），被疑者が刑事処分を軽くしてほしいというインセンティブが働くため，終局処分前だからこそ相場よりもよい条件を提示できるが，終局処分後にはそのような提示が難しくなる可能性があることなど，被害者にとっても示談によるメリットが存在することは丁寧に説明し，示談成立に努めるべきです（もっとも，くれぐれも強要してはなりません）。

　かかる説明を経てもなお，被害者が，示談に応じない，又は被疑者が支払不可能な額の示談にこだわる意思を明確にしている場合には，被疑者と相談の上，交渉を打ち切り，その経過を検察官に報告します。

　なお，被害者の中には，交渉中に，示談には応じないが引越代を出してほしい，というような，事件とは無関係な請求・要求を突き付けてくる者もいます。この場合，弁護人としては，自分が被疑者の民事上の代理人でないことから，刑事事件に関連する範囲でしか対応できない旨を説明しましょう。

　また，被害者が示談を拒否したところ，これを理由に，被疑者が主張する低廉な金額を供託するという弁護人もいるようです。供託をすると，被害者のもとには突然供託の通知書が届くことになり，一方的な対応や金額から被害感情を悪化させる可能性が相当程度ありますので，避けた方が無難です。

第8　弁護人と被害者との関係

　刑事事件を受任して弁護活動をする上では，被害者との交渉が非常に大きなウエイトを占めます。実際に犯罪被害者と会って話をする際には，「この度は大変なご迷惑をお掛けしております。被疑者に代

わってまずはお詫びさせて頂きます」との謝罪から入ることが大半かと思います。「依頼人に代わって他人に謝る」という非常に特殊な仕事です。そして，当然のことながら被害者にとっては，被疑者（容疑者）と弁護人は一体であり，敵対する相手です。こうした関係性において，被害者と信頼関係を構築し，「被疑者を許す」という示談を取り付けることは，考えてみればかなり難易度の高い仕事です。

　我々弁護士が刑事弁護人を受任するのは，刑法・刑事訴訟法で叩き込まれた実体的真実の発見（法益保護）と適正手続の確保（人権保障）に着地します。悪い人を助けているのではなく，適正な刑事司法手続を担う一当事者たる「弁護人」です。

　そして，弁護人の活動には，これまで述べてきた身柄の解放活動（人権保障の重要活動です）に加えて，被害回復（法益保護）という極めて重要な活動があります。被害回復は被疑者の身柄解放や刑事処分の決定において重要であることは本章で述べたとおりであり，被害者の利益となることはもちろんですが，示談そのものは，被害者自身にも寄り添い，その侵害された利益をリカバリーする機能を持ちます。

　前記第7では，「終局処分前だからこそ相場よりもよい条件を提示できるが，終局処分後にはそのような提示が難しくなる可能性があることなど，被害者にとっても示談によるメリットが存在することは丁寧に説明」するという話とありましたが（このアプローチ自体は本音としてある意味重要です），弁護人は被害者のためにも活動しているというのは，もう少し強調してもいいのかもしれません。

　特に，現在の刑事司法では，「被害者保護」が極めて重要な視点であり，起訴の判断，量刑の資料（特に執行猶予の付与）で被害者の意思や被害回復状況は，自白事件では中心的な争点となる以上，弁護人と被害者の関係について，全ての弁護人が自分なりに考えておく必要があります。

第4節　検察官との関係性（連絡・交渉・連携）

第1　検察官と連絡を取る意義

　弁護人と検察官は，刑事事件における対立当事者であり，弁護人が検察官と異なる意見を持ち，対立することも多くあります。

　ただ，それはそれとして，検察官に対し必要に応じて連絡をすることで，被疑者事件に関する情報（捜査の進捗，共犯者，被害者の連絡先，勾留・勾留延長の予定，起訴の予定，不起訴処分の可能性等）を得ることができるメリット，示談成立等被疑者に有利な情報を速やかに提供することで，被疑者の釈放や被疑者に有利な処分につなげることができるメリットがあります。また，検察官から得た情報をもとに，被疑者の身体拘束期間や処分の見通しを立てたり，被疑者に必要な福祉等の手続を検討したりすることができることもあります。

　そこで，弁護人としては，時期に後れずに，積極的に連絡を取ることを検討しましょう。

　連絡手段は，基本的に電話やFAXで，事務連絡については検察事務官とやり取りすることも少なくありません。ただ，勾留請求阻止の申入れなど，客観証拠をもって交渉が必要となる場面では，面談を要請し，応じてもらえることがあります。面談は，必須ではありませんが，面談の方がより被疑者の状況が伝わりやすく，また検察官側の問題意識も把握しやすいといえます。

　検察官（検事）によっては，敵対心を出してくる人もいます。若手弁護士でも萎縮せず，気負うことなく，積極的に連絡を取るべきです。

第2　連絡等のタイミング

1　逮捕後，勾留前の見通しの確認

逮捕直後，勾留前の段階では，勾留阻止を目的とする弁護活動を行います（第1節参照）。このとき，検察官送致後に担当検察官と連絡を取り，検察官の問題意識を把握し，弁護人として手当てができるか検討し，勾留請求回避を求める意見書を提出する，意見を述べるため面談を求めるなどして交渉しましょう（第2章参照）。

このとき，交渉だけで勾留請求を回避できるケースは，多くはありません。しかし，あきらめずに連絡だけでも取ってみて，早期に検察官の問題意識（罪証隠滅のおそれの具体的内容や，示談の成否等）が把握できることもあります。そして，即時に手当てすることが困難でも，当該問題意識に応じた弁護活動を行うことで，その後の裁判所に対する働きかけ（第2章第3節第4・2）やその後の手続（第2章第4節第3）をつなげていくことが可能となります。

2　勾留後

勾留決定の後は，検察官に対し，捜査の状況，共犯者の状況，勾留延長の予定，被害者の示談の意向，起訴の見込み，再逮捕や追起訴の有無などを確認します。

なお，勾留期間は勾留請求日（決定日ではありません）から最大10日で，一度，最大10日の延長ができます。検察官は，勾留延長を求める場合，勾留満期日（満期日が土日祝日の場合はその前の最終の平日）に，裁判所に対し勾留延長を請求します。そして，予定される勾留延長請求日の約2日前頃，検察官は「中間調べ」と言われる取調べを入れ，勾留延長請求の必要性を判断することが多いようです。そこで，弁護人としては，勾留延長の回避を求める場合，中間調べまでに示談や環境調整を行い，検察官に意見を述べておきたいところです。

3　示談の成立や経過

　第3節第6の1を参照し，示談成立やその経過を速やかに連絡してください。

4　環境調整に関する事項

　被疑者の帰住先，通学先，職場（雇用の引受けや継続）等の環境調整は，身柄解放に向けた刑事弁護ではもちろん，起訴後の情状弁護でも極めて重要な事項です。

　これらが弁護人のみで調整できる場合はよいのですが，福祉的配慮が必要となるなど，場合によっては検察官と相談・連携し，環境を調整していくことも必要です。

　例えば，経済的に困窮している被疑者が，身柄解放後の帰住先が見つからない場合には，釈放時に弁護人が被疑者を地域の市役所の福祉課等まで連れていき，生活保護の申請を手伝ったり，福祉施設の受入先を探しておいて被疑者を引き渡したりすることもあります。

　なお，東京地検では，身柄が解放される被疑者等のうち，福祉的な支援が必要だと思われる者に対し，身柄解放後の社会復帰を円滑にするための「社会復帰支援室」が設置されています。ここには，社会福祉士資格をもつ保護担当者がおり，担当検察官に対し福祉的な観点から助言をしたり，身柄解放後の生活につき，施設や役所と連携を図ったりしているようです。捜査中であっても，環境調整のために，身柄解放後の支援方法を検察官に相談することも十分に考えられます。

在宅事件のポイント

第1　在宅事件における弁護活動の意義

　刑事事件には，そもそも被疑者が逮捕されずに進行する事件や，逮捕されたものの途中で被疑者が釈放される事件も多くあります。

　このような事件は，被疑者段階では国選弁護人の対象外で，私選で受任するとしても，意識すべきポイントは変わってきます。

　被疑者が逮捕されていない場合の弁護活動としては，捜査機関が今後被疑者を逮捕することのないよう，嫌疑がないことや逮捕の必要性のないこと等を訴えていく（必要に応じて示談や被害届の取下げ等を獲得する）ことが考えられます。また，被疑者の釈放後は，不起訴処分を獲得すること，又は在宅事件として被疑者に有利な裁判を受けさせることなどが目的となるでしょう。

第2　在宅事件における留意点

1　被疑者との連絡

　在宅事件は，無罪放免とイコールではなく，事件に応じて捜査機関の取調べ（任意出頭要請）や起訴もあります。一方で，在宅事件では，事実上起訴のリミットがないため，捜査等の進行は身元事件より緩やかとなり，不起訴処分まで数か月あくこともあるほどで，被疑者が刑事事件の緊張感を失ってしまいがちです。

　そこで，弁護人としては，被疑者を放置せず，定期的に連絡を入れるなどしてその所在を確認し，いつでも連絡が取れるよう意識しましょう。

なお，被疑者において海外旅行や転居などの予定がある場合には，事前に報告を求めるとともに，必要に応じて，逃亡と誤解されないよう検察官に連絡します。

2　無罪放免ではないことの説明

示談が成立して釈放された場合などでは，被疑者として無罪が確定したような気持ちになってしまうこともあるようですが，事実はそうではありません。

弁護人としては，釈放されたとしても，不起訴とは限らず在宅起訴される場合もあること，現在は処分保留状態にすぎないこと，今後捜査機関からの呼出し等もあり得ることを説明しておきましょう。

3　被疑者の監督

例えば，被疑者が釈放され，被害者に直接謝罪したい，又は被害者が直接謝罪してほしいと希望する場合でも，直接連絡を取ることで，被害者の被害感情を高めてしまうこともあります。このように，被疑者が釈放された場合でも，不測の事態が生じないよう，被害者がいる場合は直接接触しない，必要がないのに犯行現場に行かない等，弁護人として被疑者の行動を監督することも必要になります。

第3　不起訴処分を求める活動

検察官が起訴しないとする終局判断が「不起訴処分」です。不起訴の理由としては，「嫌疑なし」，「嫌疑不十分」のほか，嫌疑はあるが示談成立などの情状面を考慮して起訴しない「起訴猶予」があります。

そして，前述のとおり，在宅事件では，事実上起訴のリミットがないため，捜査等の進行は身元事件より緩やかとなり，不起訴処分まで数か月あくこともあります。

　そこで，弁護人としては，どの理由による不起訴を求めるのか検討
し，その理由や証拠を明らかにして，早期に不起訴を求める意見書を
提出するとよいでしょう。

　不起訴処分となった場合でも，検察官が自発的に不起訴になった旨
を連絡してくることは稀です。そこで，弁護人としては，不起訴処分
があったかどうか（まだなのであれば，いつ不起訴処分となるか）を随時問い
合わせます。

　不起訴となった場合には，検察官に対し，不起訴となったことを証
明する「不起訴処分告知書」を交付するよう求めましょう。不起訴が
見込まれる事案では，処分前の意見書と一緒でもいいので，「不起訴
処分告知書交付申請書」を提出しておくのがよいでしょう。同申請書
を提出しておけば，不起訴処分が確定した際には，不起訴処分告知書
についての連絡が来るため，不起訴になったこともすぐに分かるよう
になります。告知書は，被疑者が勤務先に提出を求められることもあ
ります（後述第6節参照）。

保釈請求

第1　公判における被告人の身体拘束

　逮捕勾留によって身体を拘束された被疑者に対して，その身元を解放させる弁護活動が重要であることは，前述（第2節）のとおりです。しかし，勾留期限まで拘束され，そのまま公判請求（起訴）され「被告人」となった場合には，弁護人としては必ず「保釈」を検討する必要があります。

　言うまでもなく，刑事裁判では判決宣告まで「無罪の推定」原則があり，そうである以上は，在宅での裁判手続が予定されています。

第2　保釈の類型

　刑事訴訟法上も，89条本文では「保釈の請求があったときは，次の場合を除いては，これを許さなければならない」としており（権利保釈），1号ないし6号の例外を除いては，原則「保釈（自由）の身」です。

　また，刑事訴訟法90条では裁判所は被告人に関して，逃亡・罪証隠滅のおそれの程度，その他身体拘束により受ける健康上，経済上，社会生活上，防御の準備上の不利益の程度等を勘案して，職権で保釈できます（裁量保釈）。なお，刑事訴訟法91条では，不当に長い勾留については，職権による勾留取消規定を定めています（義務保釈）。

　我が国の刑事司法においては，国民の側に逮捕・勾留が「刑罰」の前提のような認識・誤解があり，弁護士である我々も人質司法と揶揄される現場に慣れてしまうと，「実刑相当事件」＝「身体拘束（保釈無）」という感覚に陥ることがあります。しかし，法律上の建前は，

89条各号の事由である

① 重大犯罪（死刑，無期，短期1年以上の刑）

② 死刑，無期，長期10年以上の法定刑前科

③ 長期3年以上の法定刑の常習犯

④ 罪証隠滅のおそれ

⑤ 被害者，証人等への威迫のおそれ

⑥ 氏名不詳，住所不定

に該当しない場合には，「権利保釈」が認められることは今一度認識するべきです。特に，執行猶予が予想される事件では，速やかな身柄の解放活動は必須です（なお，実刑が宣告された事件でも，被告人が保釈されている事例もあることはご承知のとおりです）。

第3　保釈準備（保釈保証金）

問題は，何を準備しておけば保釈されるのかということですが，1つは，逮捕勾留段階と同じく「身元引受人」です（第2章第3節参照）。こちらは，被疑者段階での活動がそのまま応用できます。親族や就業先（雇用主や上司）等には，捜査段階から「身元引受人」に関する依頼や手続の説明をしておく必要があります。

そして，保釈特有の準備としては，お金，すなわち「保釈保証金」が必要です。刑事訴訟法94条1項は，「保釈決定→保釈金納付→保釈執行」として，保釈金納付が保釈執行の前提条件です。

よく被疑者やその家族から弁護人（被疑者弁護人）に対しては，勾留決定後に「保釈の手続をして下さい！」と言われますが，保釈は起訴後の制度であることと同時に，保釈決定後保釈前に「保釈金が必要」である旨をよく説明する必要があります。

1　保釈保証金額

有名な事件（著明な被告人）の報道では，「保釈金は○億」というもの

もあってか，一般には保釈保証金がかなりの高額であるとの印象があるようです。

　裁判所（保釈を決定するのは裁判官）としては，公判期日に出廷しなかったり（逃亡），被害者や証人に不当に接触（ある種の罪証隠滅）されたりすることが一番困りますので，これらを抑止する金額を担保として納付させるというのが保釈保証金の趣旨です。したがって，当該被告人にとって「逃げても割に合わない（没収されると痛い）」金額が相当な保釈金額ということになります。

　これは，被告人の起訴事実（事件の内容）や身分関係（年齢，職業，収入等）にもよりますが，おおむね100万円から300万円がある種の「相場」感覚かと思います。したがって，被告人や親族には，若干多めに「200万円くらいは準備してほしい」との説明をする弁護人が多いと思います。もちろん，弁護人としては，後述の裁判官面接で具体的な金額を交渉することになりますので，できる限り負担の少ない金額で保釈をしてもらう必要があります。

　ここで「そんな大金ないです。借りる先もありません」という被告人や親族に対しては，弁護人としては「じゃあ無理ですね」との回答ではなく，次の制度については説明できるようにして下さい。いずれも「お金がない」被告人の保釈を可能にする制度ですので，保釈保証金の話をする際には，インターネット等で情報を収集しておく必要があります。

2　保釈支援制度

　保釈保証金を用立ててくれる第三者がいない場合に，被告人の関係者からの申込みによって保釈保証金相当金額を貸し付ける日本保釈支援協会等の機関があります。貸付（金融手続）のための審査があり，関係者（親族等）との立替契約の締結が必要ですが，審査手続や保釈決定後の入金もスピーディです。被告人及び関係者が希望するのであれば検討するのもいいと思います（具体的手続は，申込をする関係者向けにホーム

ページで分かりやすく案内しています）。

3　保釈保証書

　保釈保証金（現金）に代えて，有価証券や被告人以外の保釈保証書を提出することも可能です（刑訴94条3項）。親族（特に配偶者）や雇用主に協力を求めることができる場合には，この保証制度を利用することも検討すべきです。

　ちなみに，被告人やその家族から「先生，お願いですから保釈保証してください」と言われることもあるようです（特に私選弁護人のような個人的な関係性がある場合）。上記の身元引受（身元保証）や保釈保証については，身柄の解放の必要性緊急性によっては「まぁいいかな」とも思いますが，弁護士職務基本規程では，

> 第25条　弁護士は，特別の事情がない限り，依頼者と金銭の貸借をし，又は自己の債務について依頼者に保証を依頼し，若しくは依頼者の債務について保証をしてはならない。

と定めています。この依頼者の債務については，広く解されており，刑事弁護人が被疑者被告人の身元保証や保釈保証をすることも該当します。「特別の事情」が例外要件ですが，弁護人の職責として保釈金の保証は含まれないと考えるべきであり，そもそも，保証金の返還を受けられない事態が発生した場合には，依頼者（被告人）との間で債権債務（紛争）状態が生じる以上，仮に依頼された場合でも，同規程を説明し応じるべきではありません。

　なお，日本弁護士連合会でも保釈保証制度があります。これは全国弁護士共同組合連合会に対して，関係者（親族等）や弁護人が申込みを行い，保釈保証を行う関係者の保証債務（民法上は主債務）に対して，同連合会が連帯保証を行うものです。

第4　保釈請求手続

　具体的な手続の話をしましょう。時系列としては，以下の表のようなイメージです。

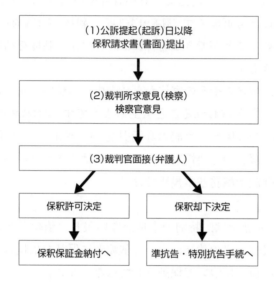

```
┌─────────────────────────┐
│  (1)公訴提起(起訴)日以降      │
│    保釈請求書(書面)提出       │
└─────────────────────────┘
            ↓
┌─────────────────────────┐
│  (2)裁判所求意見(検察)       │
│      検察官意見             │
└─────────────────────────┘
            ↓
┌─────────────────────────┐
│  (3)裁判官面接(弁護人)       │
└─────────────────────────┘
      ↓              ↓
┌──────────┐   ┌──────────┐
│ 保釈許可決定 │   │ 保釈却下決定 │
└──────────┘   └──────────┘
      ↓              ↓
┌──────────┐   ┌──────────────┐
│保釈保証金納付へ│  │準抗告・特別抗告手続へ│
└──────────┘   └──────────────┘
```

1　保釈請求書

　被疑者段階から弁護活動をしている場合には，検察官との会話で起訴日（公判請求日）は判明しているので，弁護人としては，速やかに，保釈請求書を提出できるように準備しておきます。最速であれば，起訴状が裁判所に提出されるタイミングと同時です。

　本書では，請求書の起案内容にまで触れることはしませんが，前述のように保釈請求は法律上の権利として詳細に規定されており（刑訴89条以下），どの要件に該当するのかは丁寧に主張する必要があります。特に，裁判所は公判手続の進行において，逃亡と罪証隠滅（4号，5号要件）が生じることを最も危惧していますので，身元の引受人の存在，保釈金準備と罪証隠滅（被害者，証人等への接触を含む）の危険がないこと

が保釈のカギを握ります。

　請求書の起案はもちろん，添付資料として，身元引受書，引受人陳述書，示談書（示談進行報告），同居者と同じ住民票，診断書等主張を補完する書面が重要になります。短期間の勝負であり民事事件等でよくある「追って主張します」や「書面と資料は追完します」では話になりませんので，注意してください。

2　検察官意見

　保釈判断に際しては，検察官の意見を聴くことが法定されており（刑訴92条1項），裁判所（裁判官）は保釈請求書を受領してからおおむね1日〜2日くらいで検察官について求意見を出し，検察官はこれに対して意見「相当・不相当・然るべく」を提出します。弁護人は起訴の前段階で，起訴の予定（起訴日）は確認しており，その際に「起訴された場合には保釈請求します」と会話しておき，感触を掴んでおくといいでしょう（起訴直後の保釈請求であれば，検察官意見の段階で公判担当検察官は決まっておらず，捜査担当の検察官が意見しています）。

　なお，検察官意見は書面で提出され，訴訟記録に編綴されるので，正式な意見書を確認するには，閲覧が可能です。

3　裁判官面接

　保釈請求書を提出する際には，「検察官意見の後で裁判官と面会します」との進行を伝えておきます（請求書の書面に希望を書いておく弁護人もいます）。その場合には，通常であれば検察官から意見書が提出されると，裁判所から日程調整がありますので，弁護人としてはできる限り早く裁判官との面接に臨みます。

　なお，裁判官は起訴されたばかり（第1回公判前）の被告人においては，情報がないことから，捜査に関与した検察官の意見をかなり重視しています。そのため，検察官意見が「不相当」である場合に備えて，

口頭でも相応の反論を準備しておく必要があります。

　裁判官は面接に際しては，弁護人の請求書と資料に目を通しており，検察官の意見を踏まえて，ある程度は訴訟進行に関してのイメージを掴んでいます。弁護人との面談で「保釈相当」の心証であれば，保釈金の話になりますので，用意できる金額や時期について具体的に説明します。特に，用意できる金額が裁判官の想定（多くは150万円～200万円程度）に満たない場合や，現金以外の方法（保釈金保証等）で用意する場合には，丁寧な説得が必要です。

　ちなみに，検察官意見の段階で既に保釈可能との心証を得ている場合には，裁判官から弁護人に対して直接電話があり，簡単な補充説明を求めた上で，早々に保釈保証金について「○○○万円と考えています」等の話が電話でなされることもあります。突然電話がかかってきますので，相応の対応ができるよう準備が必要です。

　無事に「保釈決定」が出た場合には，速やかに保釈金の納付手続を行います。裁判所によって時間帯や土日の受付等を含めて出納手続が異なりますので，担当部の事務官によく確認して下さい。通常であれば，保釈決定後直ちに現金納付し，勾留施設（警察署又は拘置所）に弁護人や家族が迎えに行くイメージです（東京地裁本庁であれば，出納課で保管金受領書交付と保釈許可決定書に保証金受領印を受け担当刑事部に提出すれば，その2～3時間後には釈放されます）。

4　抗告・再請求

　保釈請求が却下された場合には，準抗告（抗告手続）によって再度の審査を受けることができるのは，勾留決定・勾留延長と同じです。

　法律上，保釈請求には回数制限はありませんので，再度の請求をすることも可能です。タイミングとしては，説明してきたように「起訴後速やかに」が第一手です。この請求が通らない場合には，第1回公判期日後が第二手というイメージです。特に，否認事件（認否保留）においては，被告人の罪状認否と検察官の立証方針（請求予定証拠）を確

認してから，保釈することも多いようです。

　ただし，この間においても，事情の変更が生じた場合には再度の保釈請求をするべきです。起訴後第1回公判期日前で示談が成立した場合が典型かと思います。その際には，請求書で示談に関する方法を説明するとともに，裁判官面接においては，示談の経緯，証拠開示の進行（検察官が開示済みか否か），弁護人の立証方針等の話になると思いますし，身柄解放後の条件（被害者への接触禁止等）についても想定する必要があります。

第7節

公判準備のポイント

　第2章の刑事手続の流れでは，公判手続についてもその流れを解説しました。以下では，第2章では触れていない弁護活動におけるポイントについて，簡潔に追記します。

第1　起訴日の確認

　被告人が起訴されたら，直ちに起訴状を入手し，被告人がどのような事実や罪名で起訴されたのかを確認し，公判においてどのような弁護活動を行うのか検討する必要があります。

　そのためには，前提として，起訴日を確認しなければなりませんが，受任している被告人が起訴されても，検察官が弁護人に知らせてくれるとは限りません。また，裁判所係属部が弁護人に対し起訴の事実を連絡するのは，起訴日当日ではなく，起訴日から数日経過後となります（通常，裁判所書記官から，係属部・事件番号を知らせるとともに，公判期日の調整等について連絡があります）。

　したがって，身柄事件において早期に被告人の起訴日を確認するためには，勾留（延長）満期日を把握し，満期日までに検察官に直接連絡し，起訴日を確認する必要があります。担当検察官の上司の起訴決裁が下りていれば，起訴日を「予定」として教えてくれます。一方，在宅事件の場合も，検察官に対し，随時，捜査の進捗を問い合わせつつ，起訴の見込みや起訴日を併せて確認します。

　なお，被疑者が捜査機関から事前に起訴の見込みや起訴日を知らされていることもありますので，接見において，捜査状況を丁寧に聴取しておきましょう。

第 2　起訴状の入手

1　起訴状の入手方法

　検察官から裁判所へ提出された起訴状は，遅滞なく，その謄本を裁判所が被告人に送達することとされています（刑訴271条1項）。そこで，弁護人は，送達された起訴状謄本を被告人から入手することができます。

　もっとも，国選弁護の場合には，裁判所が起訴状の写しを交付する運用となっていますので，弁護人としては，裁判所係属部へ問い合わせて写しを入手した方が，被告人から入手するよりも早い場合が多いでしょう。

　なお，裁判所係属部を確認するためには，裁判所（刑事事件の事件担当係）に電話し，被告人氏名，罪名，生年月日等を伝えると教えてもらえます。

2　被告人から入手する場合

　身柄事件の場合，起訴状謄本は留置施設（警察署・拘置所）に送達されます。そこで，弁護人が留置施設に出向き，被告人から弁護人に対し「宅下げ」の手続をとります。すぐに接見に行けない場合は，あらかじめ被告人に対し，起訴状を受け取ったら弁護人に対して起訴状を郵送するよう依頼しておいてもよいでしょう。

　在宅事件の場合は，裁判所が，起訴状記載の被告人住所（原則として住民票上の住所）に起訴状謄本を送達します。この場合，特別送達（受領には本人等の署名が必要となる）によって送達されるので，被告人に対し，事前に起訴状が送達されること，必ず受領しなければならないことを伝えておきましょう。

　起訴状を受領したら，起訴状のコピーを取り，今度は，被告人から宅下げを受けた起訴状又は起訴状をコピーしたものを弁護人から被告

人へ返却（差入れ又は郵送）します。被告人においても，起訴状記載の事実を十分に認識しておく必要があり，そのため，被告人の手元にも起訴状がある方が望ましいからです。

第3　裁判所との期日調整

　起訴後，裁判所より，弁護人に対して，第一回公判期日の調整の連絡が入ります。公判前整理手続に付されていない事件については，起訴後1か月程度先の日程となることが多いでしょう。

　裁判所は，あらかじめ裁判所・検察官の予定を調整の上，いくつか候補日を打診します。弁護人としては，公判準備に要する時間や，被告人の身体拘束期間・保釈の有無，（わかれば）証人候補者の予定，弁護人の予定などをもとに回答することになります。

1　事案簡明な自白事件

　事案が簡明な自白事件の場合，多くは1回の公判期日で結審し，その1週間後に判決宣告日が指定されます。

　この場合，被告人の利益のためには，できるだけ早期の期日を調整し，早めに判決宣告まで手続を進めた方がよい場合が多いでしょう。特に，身柄事件（保釈なし）で執行猶予判決が見込まれる事件においては，早期身柄解放という意味でも，その要請は高まります。

2　公判準備に時間を要する場合

　前記1の場合であっても，公判期日を早く入れすぎて，十分な公判準備ができないような事態（示談未了，情状証人が調整できない等）は避けるべきです。

　特に，示談の成否は，被告人の量刑に大きく影響する要素の一つです。そのため，示談に時間がかかるが成立の可能性があるという事案

では，公判期日まで長めに時間を確保することも検討しましょう。

また，第1回公判期日までに示談が成立せず，審理が終結されそうだという場合には，同期日において，口頭で示談交渉の状況を裁判所に伝え，通常よりも少し長めの期間を空けて判決宣告日を指定してもらいます。そして，期日間に尽力し，示談成立に至った場合には，次回期日にて，弁護人から弁論再開を求め（刑訴313条1項），弁護側書証として成立した示談書を提出して，再度，示談成立を踏まえた弁論を行う方法が考えられます。

なお，このように，審理終結後の示談成立により弁論再開を求める場合は，手続の円滑な進行のため，期日前に裁判所・検察官に連絡して情報共有し，協力を得る必要があります。

3　その他の留意点

裁判所との期日調整の際，担当裁判官名，担当書記官名，直通の電話・FAX番号を聞いておくと，以後の連絡もスムーズになります。また，担当検察官がこの時点で不明であれば，担当検察官・検察事務官名，直通の電話・FAX番号を確認しましょう。

なお，裁判所に連絡をする際には，民事事件のように事件番号で特定して呼び出すより，被告人名で呼び出した方がスムーズに担当へつながるようです。

第4　検察官による証拠開示

起訴後しばらくすると，検察官又は検察事務官から弁護人に対し，検察官請求証拠の開示の準備が整った旨の連絡があります。弁護人としては，連絡を漫然と待つのではなく，起訴されたら，速やかに担当検察官に連絡し，早めの開示を促しましょう。担当の検察官は，検察庁の公判担当係に問い合わせて確認します。

検察官請求証拠は，検察官が公判を維持するために必要だと考える

証拠しか請求しません。そうすると，被告人に有利な証拠が必ずしも検察官請求証拠として提出されないことがあります。

　被告人に有利な証拠が存在すると考えられる場合には，検察官に対して，証拠の任意開示を求めるべきです。その場合，検察官に対して，「証拠あさり」という印象をもたれないよう，争点や立証趣旨をある程度示した上で，証拠の標目や，証拠の内容を特定し，検察官へ口頭又は書面で説明し，任意開示請求をするとよいでしょう。

第5　検察官請求予定証拠の閲覧・謄写

1　閲覧

　検察官から検察官請求予定証拠の開示の準備が整ったとの連絡があれば，速やかに，検察庁の記録閲覧係へ行き，記録の閲覧を行います。

　閲覧申請は，記録閲覧係に備え付けの閲覧申請書に，必要事項（被告人名，起訴状に押印される事件番号等），閲覧部分（通常は「全部」）を記載して提出します。このとき，起訴状や弁護人選任届の写し，弁護士の身分証明書（記章又は日弁連発行の身分証）を提示する必要がありますので，忘れず持参しましょう。確認後，書証一式（甲号証・乙号証）が交付されます。

　なお，甲号証とは，犯罪事実等に関する証拠で被告人の供述調書等を除いた証拠をいい，乙号証とは，被告人の供述調書，身上・前科関係の証拠をいいます。

　物証（犯行に使われた凶器など）がある場合，記録閲覧係にその閲覧を別途申し出れば閲覧することができますので，忘れないようにしましょう。

　また，事件によっては，防犯カメラの映像や音声が存在します。これらは，記録閲覧係に備え付けの再生機を利用して確認することができます。

2　謄写

　検察官請求予定証拠の閲覧には，前記1のとおり，検察庁へ出向く必要があり，手間がかかります。そこで，弁護人が十分に記録を検討するためには，記録を謄写し，手元に記録を置く必要があります。特別な理由がない限り，記録は全て謄写をしておくべきでしょう。

　検察庁における閲覧の時間が十分にとれない場合には，閲覧することなく，謄写のみ申請することもできます。この場合には，あらかじめ検察官に問い合わせ，書証の分量を把握し，謄写費用も勘案しておきます。

　謄写は，検察庁の記録係にて，所定の謄写申請書に必要事項を記載して申請します。事務員が代理として謄写申請することも可能です（この場合，起訴状，弁護人選任届の写し，弁護士の職印，弁護士会発行の事務員たる身分証明書，事務員自身の身分証明書（運転免許証等）が必要です）。

　謄写の方法は，①記録閲覧室に備え付けのコピー機（有料）で自ら謄写を行う，②持参したデジタルカメラやスマートフォン，タブレット等で撮影する，③検察庁の謄写係（謄写センターと呼ばれている庁もあります）に謄写を依頼する（有料で①より割高），の3つの方法があります。

　②に関しては，事務員にデジカメ等で撮影させることも可能です（この方法による場合，別途，弁護士から当該事務員に対する謄写の委任状が必要になる場合がありますので，事前に検察庁へ問い合わせて委任状の要否を確認しましょう）。

　また，③に関しては，白黒かカラーかを選ぶことができ，「カラーの証拠はカラーで謄写をする」と指定することもできます。実況見分調書や写真撮影報告書など，カラーの写真が添付されているものは，カラーで謄写した方がよいでしょう。

　②デジカメ等による撮影であれば，謄写費用はかかりませんが，①検察庁に備え付けのコピー機を使う場合や，③検察庁の謄写係等に依頼する場合には，1通当たり数十円の費用がかかります。このとき，謄写費用は，単純な事件でも数千円，複雑な事件や共犯者が多い事件などでは数万～数十万円に及ぶこともあります。私選の場合，謄写費

用は実費として依頼者に負担してもらうことが多いでしょうが，謄写代が高額になる可能性はあらかじめ説明しておきましょう。また，国選の場合には，法テラスに請求できる場合が限られる上（謄写枚数が200枚を超える場合等。事前に要確認），一旦は弁護士が立替払いをしなければなりません。

　書証に録画・録音媒体が含まれる場合の謄写方法は，検察庁に問い合わせてください。東京地検の場合，有料ですが，DVD-R や CD-R へデータをコピーしてくれます。

第6　証拠意見の検討

　実務上，裁判所は，検察官の請求する書証のうち，弁護人の同意があったものについては採用し，証拠調べが行われます。また，円滑な手続進行のため，第1回公判期日の1週間前には，裁判所及び検察官に対し，証拠意見の見込み（同意するか否か，不同意がある場合はその対象）を事前に連絡する必要があります。そのため，証拠が開示された時点で，事前に書証を検討し，同意するかどうか早めに判断しなければなりません。

　この点，一般的には，当該証拠書類の作成者又は当該供述調書の供述者を証人として尋問することによって，被告人が不利な証拠書類の内容を有利に変更させ，又は不利益を減少させることができるか，あるいは別に有利な証言を得ることができるか否かを基準に，同意の是非を検討することになります。

　具体的には，例えば，自白事件において書証の記載が被告人の認識と異なるところがなければ，当該書証について同意します。これにより，当該書証を公判期日において即日取り調べることができ，審理を円滑に進めることが被告人に利益となると考えられます。

　一方，否認事件における書証は，被告人に不利な証拠であるため，書類作成者や供述者を尋問して，被告人に不利な内容を有利に変更させ，又は不利益を減少することができる可能性を見込んで，書証を不

同意にすることを検討します。なお，否認事件であっても，全ての書証を不同意にするのではなく，被告人の認識や客観的事実に即した証拠は同意し，争点に絞った訴訟活動を行うことを心掛けましょう。

第7　刑事記録の取扱いに関する留意点

　刑事記録の取扱いに関し，被告人・弁護人は，公判手続やその準備等に使用する目的以外の目的で人に交付・提示等をしてはならないとされ，目的外使用が禁止されており（刑訴281条の4），違反した場合には罰則があります（同法281条の5）。

　もっとも，弁護人が，公判準備のため被告人に検討してもらうべく，当該記録を被告人に差入れ・提示することは，上記目的に沿った交付・提示です。むしろ，事件を一番よく知るのが被告人で，本人に記録を検討してもらうことが有益と考えられる以上，刑事記録の差入れは弁護活動としてあるべき姿ともいえます。

　ただし，刑事記録の目的外利用禁止と罰則の存在については，あらかじめ被告人にも説明しておきましょう。また，被告人に差し入れた刑事記録検討が終わった場合，被告人の目的外使用を防止する観点から，当該記録を宅下げするなどして回収することも検討するべきです。なお，回収方法として，例えば，差し入れた刑事記録に検討事項を直接書き込んでもらい，書き込みを入れてもらった物の宅下げを受けるという方法が考えられます。

　また，刑事記録はその検討に必要な範囲で差入れを行えばよく，全部を差し入れる必要はありません。事案によっては，差入れはせず，接見の際に証拠を示しながら，被告人に確認をしてもらう方法をとることもあります。

　さらに，刑事記録には，被害者ほか関係者の氏名，住所，電話番号，勤務先等プライバシー情報や，被告人家族しか知り得ない生育歴，病歴等，被告人自身も知らない情報が記載されていることもあります。立証に不要な部分は，あらかじめ検察庁においてマスキング処理が施

され，謄写されているものもありますが，改めて，弁護人においても
確認し，必要に応じてマスキングするか，差入れ・提示を控えること
を検討しましょう。特に，被害者の情報は，被告人に開示を望んでい
ない場合が多いため注意が必要ですし，その他，公判準備に必要のな
い情報についても漫然と開示しないよう留意しましょう。

第8　被告人との打ち合わせ

　公判に向けて被告人に説明し，特に準備が必要となる点は以下のと
おりです。

1　当日の手続の流れ

　公判期日の手続の流れ（第2章参照）については，被告人に対し，公
判期日までに全体を説明しておく必要があります。

　特に，あらかじめ聞かれることが分かっている冒頭の人定質問，罪
状認否等は確認しておきましょう。公訴事実は，被疑者段階から変更
となっている場合もあるため，改めて被告人に起訴状を提示して詳し
く確認しておきます。

2　証拠意見

　検察官の請求予定証拠については，謄写後，被告人に対し差入れ・
提示し（前記第7参照），被告人と内容を確認し，証拠意見を検討します
（前記第6参照）。同意することによって，被告人にどのような利益・不
利益があるのか（同意した書証はあとで争うことができず，判決の基礎になってし
まうこと等），十分に説明をすべきです。

3　被告人質問

　多くの自白事件では，通常は1回の公判期日（1時間枠）で結審となり，冒頭手続から証拠調手続，論告・求刑，弁論，最終意見陳述までが1時間以内に行われます。この場合，被告人質問に割ける時間は（反対尋問も同程度と想定し，他に証人がいない場合で），15分〜20分程度と想定されます。

　したがって，弁護人としては，争いのない部分は誘導尋問を駆使し，効率よく，争点を絞った被告人質問を行うための質問事項を準備しましょう。

　質問事項の数や被告人の答え方の癖などで時間がかかることもありますが，効率を求めるあまり，被告人に答えを丸暗記させることは避けましょう。

第8節

情状弁護

第1　示談ができない場合の弁護人立証

　被害者がいる事件では，示談の成否が量刑判断の重要な要素になりますが，犯罪事実や被害者の感情によって，示談が難しい場合も少なくありません。

　このような場合，弁護人としては，たとえ示談ができなくても，示談交渉の経緯を弁護人作成の報告書としてまとめ，証拠として裁判所へ提出することを検討します。この報告書は，示談ができないほどに被害感情が強いことを示すものともいえますが，一方で，被告人が被害者のために誠実な示談の申し出をしたこと自体，被告人に有利な事情となり得ます。

　報告書の提出に至らずとも，被告人質問の中で，示談交渉の経緯を被告人から語らせることも考えられます。

　いずれにせよ，被告人が示談交渉を全く行わなかったため示談ができなかったのではないことを示しましょう。

第2　情状証人

　情状証人には，具体的にどのようなことを供述してもらえばよいでしょうか。

　情状証人の多くは，被告人の普段の生活を知る近しい人物（家族や雇用主等）ですので，まず，被告人の「人となり」を供述させることが考えられます。漫然とではなく，公訴事実に関し，生い立ちや人となりがどのような意味を持つのかが明らかになるよう，質問を準備しましょう（例えば，普段は優しい性格，真面目，勤務態度は素晴らしい，などといった

長所があるが，酒で前後不覚になり罪を犯してしまったもので，一時的な要因であり十分改善できる等）。

　また，情状証人である家族が「なぜ被告人がこのようなことをしたのか分からない」との供述をすることがあります。本心としてはそうなのかもしれませんが，これでは，被告人のことを分かっていない者が，これから被告人の身元引受人が務まるのか疑問が生じます。そこで，弁護人としては，公判期日より前に，被告人に代わり，なぜ被告人が犯罪に手を染めてしまったのか，動機や経緯を丁寧に説明しておき，理解してもらうことが必要です。可能であれば，家族には被告人と接見や手紙のやり取りをするように促し，家族が被告人の気持ちに寄り添うことができるようにアドバイスします。

　その上で，被告人が社会復帰した後，どのように関わっていくのかを供述してもらうことになりますが，「今後しっかり監督していきます」といった抽象的な供述では足りません。例えば，生活苦が原因で罪を犯してしまったのであれば，今後どのように被告人の生活を援助していくのか，同居するのであれば被告人のどのような行動に気を配るのか，同居しないのであればどのようにして被告人と接していくのか，雇用主であれば勤務を継続しどのような仕事をやらせるかなど，具体的な供述をしてもらえるよう打ち合わせ，質問を準備しておきましょう。

第3　情状証人が確保できない場合の弁護人立証

　頼れる家族や雇用主がおらず，情状証人が確保できない場合もあります。そのような場合，被告人が社会復帰後，どのように生活をしていくのか，仕事や住居，当面の費用はどのように工面するのか等について，具体的に主張しましょう。

　例えば，就業していないのであれば，ハローワークなどの就労支援の機関を利用すること，生活保護の要件を満たす場合は手続をとること，頼れる者がいない場合は更生保護施設への入所を検討することな

どです。

　弁護人立証の方法としては，弁護人が関係機関との間でやり取りをした報告書を提出し，それをもとに被告人質問をし，本人に語ってもらうことが考えられます。被告人質問では犯罪に関する罪体（犯行の具体的内容）とともに，反省状況を踏まえてから情状面に関する質問を行い，「矯正施設に行かなかったらどうするのか」という疑問に具体的に答えさせることが重要です。そして，これらの内容が最終的に弁論要旨に反映されている必要があります。

　このように弁護人としては，情状証人が確保できない場合であっても，それに代わる立証の工夫をすることが求められます。

第4章

犯罪類型(1)
──財産犯(窃盗・特殊詐欺)

【本章のポイント】

> 　各論では，犯罪類型別・人的属性別の弁護活動のポイントを解説します。
>
> 　まずは検挙人員のうちもっとも割合の多い財産犯罪から，その大半を占める窃盗事件【事例1】と，近時増加している特殊詐欺事件【事例2】について確認します。
>
> 　事例を読み，同事件を担当した弁護人として，「何をするべきか」を考えながら解説を読んでみて下さい。

第1節　窃盗罪

【事例1　窃盗（万引き）】

> 　A（無職・住所不定）は，大型書店で書籍を窃取しようと同店を立ち去ろうとしたところ，警戒中の保安員に現行犯逮捕されました。逮捕から3日後に勾留され，弁護士が国選弁護人として選任され，同日に警察署において接見を行いました。
>
> 　逮捕事実（窃取行為）は争いませんが，同種前科を有しており，本件は執行猶予期間中の犯行であることに加え，逮捕事実以外にも，逮捕されてはいないが同種犯行を行ったということです。

第1　窃盗罪の特徴と弁護活動

本事例では，被疑者Aの年齢は分かりませんが，住所不定・無職

者です。いわゆる万引犯には，このような生活困窮者が，生活資金確保のために比較的安価ですが換金性の高い物品（人気漫画本等）を窃取する事例が少なからずあります。

　そして，この手の窃盗事犯では，弁護人選任の契機となった被疑事実ではない余罪が事後的に明らかになり，再逮捕や追起訴がなされるケースも多いため，捜査状況には常に気を配る必要があります。また，同種前科を有していることも多く，執行猶予期間内の犯行ではないか，累犯関係に当たらないかなどにも注意しましょう。

　加えて，実被害が生じている窃盗事犯において，被告人の処分ないし量刑の程度を決定づけるのは，何といっても「示談の成否」です。被疑者自身に反省を促して示談に向けた活動をいち早く開始することはもちろん，被疑者が示談をするための資産を有しているか，有していないのであれば親族や協力者から支援を受けることができるかなどについても可能な限り早い段階で確認し，示談交渉に臨む必要があります。

第２　親族との連絡

　初回接見後，警察署を出てすぐに着手すべきは，親族への連絡です。弁護人から連絡を取るべき人がいるかを確認してください。親族がいるようであれば，被疑者から電話番号又は住所を聴取し，可能な限り速やかに連絡を取りましょう。逮捕時に警察から，又は勾留後に裁判所から連絡済みのケースが多いのですが，事案の内容や本人の認否等の情報については基本的に知らされないため，改めて状況を説明するとともに，身元引受人となることができるか否かも確認します。

　被疑者が親族等の連絡先等を記憶していない場合には，所持品である携帯電話を一旦宅下げして親族の電話番号を確認したり（確認後は差し入れて戻します），警察から直接聴取します。

　親族がいて協力を得られる（身元引受人となることに応じてくれる）ことを確認できれば，一度面談するのが望ましいでしょう。仮に遠方に住ん

でいたとしても，身元引受人になることに応じてくれる関係性であれ
ば，接見のために一度は警察署を訪れるでしょうから，その機会に面
談を申し入れます。何度も面談できるとは限らないので，初回の面談
時に，あらかじめ身元引受書を準備して持参し，署名捺印を依頼して
受領しておきたいところです。

　一方で，被疑者が単身である場合などには，親族との縁が切れてし
まっていることもあります。被疑者から連絡を試みてもよい旨の意向
を聴取できれば，連絡を取り，協力を得られるかを確認しますが，何
らかの事情で，連絡を試みることすら拒む場合は，その意向に反して
まで連絡を強行する必要はないでしょう。この場合，単身で身柄解放
後の生活環境を調整できるかが肝になりますが，身柄解放後の生活環
境調整については後述します。

第3　余罪の確認

　弁護方針を定めるためには，逮捕勾留による身体拘束期間の見通し
を把握しておく必要があります。そのためには，被疑者の自白の有無
を問わず，捜査機関の捜査状況，特に余罪の嫌疑についての捜査状況
を確認しておきたいところです。基本的には，被疑者から警察官・検
察官の取調べ状況，引き当たり捜査等の捜査状況を確認しますが，弁
護人から検察官に対して随時電話連絡を行い，直接捜査状況を確認す
ることで，大まかな見通しについて回答を得られることもあります。

　本事例のような事案は，換金目的窃取であると考えられ，A自身が
窃取品を売却し，売却金を生活費として費消するという行動が身に染
みついてしまっているような状況も考えられます。逮捕される前にも
何度か窃盗をしたが，いつどこで窃取したか正確に記憶していないと
いうこともよく聴く話です。

第4　累犯の確認

　窃盗犯，特に万引き事案においては，被疑者が常習性を有していたり，同種前科・前歴を有することも少なくありません。累犯の有無は，執行猶予が付されるか否かの結論及び量刑に大きく影響するため，被疑者に対して見通しを説明するためにも，早期に確認し，執行猶予の要件について検討・説明をしておくべきです。

　累犯とは，一定の期間内に犯罪を重ね，再犯及び三犯以上等（刑56条，59条）に該当するものをいいます。再犯の基本的な類型は，懲役に処せられた者がその執行を終えた日から5年以内に更に罪を犯した場合において，その者を有期懲役に処するとき（刑56条1項）です。被疑者から，前科があり懲役刑に服したことがあることを聴取した場合には，当該懲役刑の刑期満了日を確認し，その日の翌日から起算して本件犯行の実行行為の日が5年以内に属しているか否かを確認します。この計算は公判手続に入ると非常に重要です。早期に確認して下さい。また，累犯に該当する場合，本件犯行に関する懲役刑の上限が2倍に増える（刑57条）ほか，執行猶予の可能性が絶たれるため（刑25条1項。ただし，執行猶予の可能性が絶たれるのは，刑期満了日の翌日から起算して本件の判決言渡し日が5年以内に属している場合であるため，累犯には該当するが執行猶予があり得るケース（5年経過前に犯行をしたが，判決言渡し日までに5年が経過していた場合）があることに注意してください），このことを念頭に，被疑者に対して見通しを説明することになります。

第5　執行猶予期間内の犯行

　Aのように，被疑者が同種前科を有しているが，その執行を猶予されたため懲役刑に服していない場合であっても，本件犯行が執行猶予中の犯行であるか否かも確認しなければなりません。執行猶予期間中の犯行の場合は，再度の執行猶予の要件が加重されるからです（刑25条2項）。具体的には，①本件の刑が1年以下の懲役又は禁錮であるこ

と，②情状に特に酌量すべきものがあることに加え，③前件の執行猶予に保護観察が付されていた場合には保護観察期間内の犯行ではないことが求められます。

第6　窃盗症（クレプトマニア）の可能性

Aのような生活資金確保目的の窃盗事件が多い一方で，近年では，被疑者が「窃盗（万引き）を止めたくても，意思の力では止められない」という場合，窃盗症（クレプトマニア）といわれる精神疾患（依存症の一種）に該当する可能性がある事件も増えています。また，初期の認知機能の低下（ピック病等）により，お店で欲しい物を見つけると，そのまま手に取って店の外へ出てしまう（認知力の低下により，お金を支払うという作業が抜けてしまう）という，脳の機能障害による窃取行為もあります。

こうしたクレプトマニアに該当する可能性を察知した場合や，認知機能の著しい低下が認められる場合には，被疑者に適切な医療措置を施すため，検察官に対して働き掛けを行うことを検討して下さい。詳細は第9章障害者の箇所を参照のこと。

第7　示談

示談の成否は被告人の処分ないし量刑の程度を決定づけるため，重要な弁護活動であることは既に述べたとおりです。

被疑者に対する接触の方法として最も一般的なのは，電話連絡を取り，一度面談の機会を得るという流れです。

被害者の氏名や名称等は，勾留状の記載から確認できます。被害者が店舗，法人等であれば，インターネット等で電話番号を調べ，当該電話番号に架電することができます。もちろん，念のため検察官に連絡を入れ，被害者の連絡先を照会したり，弁護人から連絡が入る旨の伝言をお願いしたりしておくと，交渉をスムーズに開始できます。

　コンビニやスーパーなどの大手店舗やチェーン店は，一律に示談に応じないと方針を決めているところが多いのですが，占有者は店舗の責任者個人であり（勾留状謄本には，同店店長○○の占有にかかる…と記載されているはずです），粘り強く接すれば，示談に応じてくれることもあります。

　一方で，被害者が個人である等，連絡先が不明の場合には，検察官に対し，「被疑者が示談したい意向を有しているため，弁護人から被害者に連絡したい」と連絡し，検察官から被害者に対してその旨を伝えてもらいます。そして，弁護人に被害者の連絡先を開示することについて被害者から了承を得られれば，検察官から連絡方法を聴取し，弁護人から被害者に連絡することになります。基本的に被害者が個人の場合は，勾留状等に記載された住所に直接連絡せず，この検察官からの連絡を待って下さい。

　なお，財産犯は被害額が明確ですから，弁償金額を比較的提案しやすいのですが，被害者が受けた被害額が被害品の時価に留まらない可能性があることは念頭に置いておきましょう。また，示談の成否が刑事処分の行方に大きく影響する以上，被害額以上の弁償を求められることも多くあります。

　示談を拒否されたとしても，最低限，示談の申出と謝罪文の送付はしておきたいところです。被疑者に所持金があったり，親族が支援してくれたりという事情があれば，被害金相当額を供託する，贖罪寄付する等の方法も考えられます。

　一方で，そもそも被疑者に保有資産がなく，親族の協力も得られないというケースも少なくありません。この場合，示談は現実的に難しくとも，謝罪文の送付だけでも検討しましょう。

第8　保釈（公判請求後）

　保釈の実務については，総論（第3章第6節）を参照して下さい。

　被告人自身は保釈金見込額を所持していない（所持していれば国選弁護

を依頼できない）ため，親族に依頼するか，一般社団法人日本保釈支援協会を利用することになります。親族からは弁護人預り口座に振り込んでもらって代理人が納付するか，弁護人とともに裁判所出納係に赴いて現金で納付することになります。

　保釈の可否は起訴事実ごとに検討されるため，余罪が判明しており追起訴が予定される場合には，全ての追起訴が完了した後に保釈請求を行うのが通例です。また，保釈金の額も，起訴事実の数によって決せられます。一般的には，1事件あたりの保釈金は150〜200万円程度だと思われますが，2事件あれば300〜400万円に膨れる可能性があることに注意が必要です。

　保釈金の額が決められる前には，通常，裁判官と面接又は電話によって協議し，保釈を許可でき，かつ被告人（ないし親族）が納付できる保釈金の額について調整されます（到底支払えない金額の保釈金額を前提に保釈を許可しても，その後の取下げの手続等煩雑になってしまうからです）。

第9　身柄解放後の生活環境の調整

　住居不定の場合には，理由を問わず身柄解放後の生活環境の調整，具体的には，更生緊急保護か生活保護の利用を検討します。

　更生緊急保護とは，刑事手続による身体拘束の解放後，親族からの援助や公共の機関等からの保護を受けることができない場合などに，緊急に，その者に対し，金品を給与・貸与し，宿泊場所を供与し，職業を補導し，社会生活に適応させるために必要な生活指導を行うなどし，その者が進んで法律を守る善良な社会の一員となることを援護し，その速やかな改善更生を保護する制度です（更生保護法85条）。

　公判を経て全部執行猶予の判決（保護観察無し）となった場合には要件を満たします。保護期間は原則として6か月です。利用するためには，公判開始後に検察事務官に申し出て，公判における被告人質問において更生緊急保護の要件を充たすことを確認し，証拠化する程度で足ります。更生緊急保護を利用すれば，宿泊施設の提供を受けられる

ほか，生活のための一時金の支給を受けられることもあります。

　一方で，更生緊急保護手続は，執行猶予付判決の言い渡し当日，宿泊すべき施設があるか等についても確認が行われるため，当日になって宿泊施設に空きがないことが明らかになることもあります。その場合には，生活保護の受給手続を検討します。民事法律扶助の制度を利用し，弁護士が手続を代理すれば援助を得られることもあるため，当該制度の利用も検討して下さい。生活保護の利用によるアプローチは，第8章を参照してください（当日の宿泊施設のあっ旋を受けることも可能です）。

第10　弁護方針

　自白事件であれば，執行猶予付き判決に向けた情状弁護に集中することになります。示談が成立していれば示談書を提出します。示談が成立していなくとも謝罪文などの提出を検討します。

　身元保証人がいれば，証人尋問を行いますが，同様の立場の証人を複数尋問する必要性はありません。

　被告人質問においては，いかに再犯の可能性が低いかに焦点を当てて質問を行います。同種前科や同種余罪が存在することが多いため，いかに本件を契機に犯罪と断絶できるかという観点から質問を構築することが望ましいです。

第11　公判後 （更生緊急保護）

　晴れて執行猶予付きの判決が得られた場合で，なおかつ住居不定で帰住先がない場合には，あらかじめ検察官に申し出ていたとおり更生緊急保護を利用することになります。判決日に検察事務官が傍聴しに来てくれるため，身柄解放後，検察事務官とともに更生緊急保護の手続を取ることになります。具体的には，保護観察所における面接，及び更生保護施設への入所手続等と続きますが，弁護人としてどこまで付き添い，見届けるかは，個別具体的に検討することになります。

詐欺罪

【事例2　詐欺（特殊詐欺）】

> 　A（20歳の男性，専門学校生）は，氏名不詳者と共謀し，高齢者をだまして現金の交付を受けようとしましたが，あらかじめ通報されており，警戒していた警察官に逮捕され，その目的を遂げませんでした。
>
> 　Aは，いわゆる特殊詐欺の「受け子」で，捜査の過程で別件の既遂事犯も発覚しています。

第1　振り込め詐欺の特徴と弁護活動

　振り込め詐欺に代表される特殊詐欺事案は，

> ・騙しの電話をかける「架け子」
> ・現金を受領する「受け子」
> ・現金授受の場面を見張る「見張り」
> ・ATMから現金を引き出す「出し子」
> ・受け子や出し子を現場まで送迎するドライバー役
> ・それらを統率する管理・指示役

など，役割分担がなされるのが通例，単独犯で成立することは想定しにくく，基本的に共犯関係が存在しています。

　分担される役割のうち，受け子，出し子，見張り役，ドライバー等は，指示役の指示を受けて受動的に関与しており，関与に至る経緯を

みても，荷物を運ぶアルバイトである等として，特殊詐欺であること
を秘して勧誘され，いずれかの時点で特殊詐欺であることに気が付く
ものの，その認識は未必的なものにとどまっていることも多いのが特
徴です。これらの役割を担う被疑者は，総じて，現金授受場面への関
与という一番摘発されやすい危険な役割を，甘言により軽い気持ちか
ら引き受けており，組織内の上位の者から利用されている面がありま
す（東京家決平27・4・2家判5号133頁）。これらの役割を担った被疑者は
若年であることが多く，未成年者（少年）であることも多いのも特徴
です。

　特殊詐欺事案は，被害額が時には数千万円になるなど，一般に高額
であること，欺罔方法も高齢者の親族を思う心情につけ込む悪質なも
のであることなど，いわゆる犯情的な面をみると悪質性が高いことが
多いです（前掲東京家決平27・4・2）。その一方で，指示役から指示を受
けて受動的に関与したに過ぎず事件の全容を知らされていない等の事
情から，被疑者が故意及び共謀を否認することも多く，犯罪の成否や
情状の判断については，弁護人としても十分かつ慎重に検討しなけれ
ばなりません。

第2　供述調書

　初回の接見においては，認否について確認した上で，被疑者が故意
を否認している場合には，既に取調べを受けたか，取調べを受けてい
るのであれば供述調書を作成したかについて確認したいところです。
なぜなら，後述するように，被疑者が犯行を積極的に意図していない
限り故意が認められないと誤解していることが多く，「何らかの犯罪
に関与しているかもしれないと思いました。」とか「今思い返せば，
犯罪であるかもしれないと薄々気付いていたと思います。」などと，
被疑者自身は否認しているつもりであるにもかかわらず，法的に解釈
すれば自白と解釈し得る供述調書を作成されている可能性が高いから
です。逮捕勾留当初は自白していながら事後的に否認に転じ，かつそ

の否認の主張が排斥されれば，マイナス情状として考慮されかねません。

第3　家族との連絡・接見禁止

　特殊詐欺事案に関わる被疑者は若年が多く，十分な資産を保有していないことも多いことから，両親や親族などの保護者の協力を得て，身元を引き受けてもらったり，示談金を援助してもらったりすることになります。被疑者が若年である場合には，保護者との関係がうまく構築できていない，又は悪化していることもあり，このような場合には保護者に連絡を取ることを拒む可能性もありますが，被疑者にとって最も頼れる存在は保護者であることを丁寧に説明することが必要です。また，保護者との関係性が不良であることに端を発し，生活環境や交友関係の悪化を招いていることも多いでしょう。この観点からも，逮捕勾留を1つの契機として，被疑者と保護者との関係性の修復も試みる必要があります。

　なお，特殊詐欺事案においては共犯関係が存在していることなどの事情から，接見禁止処分が付されていることも多く，両親などの保護者との接見まで禁止されるケースもあります。上記のとおり被疑者と保護者の関係性修復のために接見を認める必要性が高いと思われることから，接見禁止の一部解除を申し出ることも検討するべきです。

第4　示談・被害弁償

　特殊詐欺事案における処分及び量刑に大きく影響を与える要素も，やはり示談（ないし被害弁償）の有無です。

　示談を進めるにあたっては，まず，被疑者の意向を確認する必要があります。故意を否認している場合には，示談を進める意向は有していないはずです。また，故意を否認していない場合であっても，受動的に関与していたに過ぎないことから，自身のみが被害弁償をするこ

とに抵抗を示す場合もあります。いずれにせよ，自らが犯罪行為の一部を担ったことについての反省を促し，被疑者がどこかの時点で気付いて翻意すれば被害の発生を回避できたことなどを丁寧に説明し，示談の希望を示してくれるよう働きかけたいところです。

　実被害が生じている場合には被害弁償を行うことが前提となりますが，被疑者自身が十分な資産を有していることは少なく，保護者の協力を得る必要があるのが大半のケースです。とはいえ，被害額が数百万円，時には数千万円に上っていることもあり，保護者の資力をもってしても全ての被害を弁償できない場合もあります。この場合であっても，被害者保護を重視する近年の傾向を踏まえ，一部の被害弁償や謝罪の申入れ等，できる限り被害者の被害回復に向けた活動を行い，一部の弁償であっても検討しましょう。仮に資力との関係で被害弁償が全くできなかったり，被害者から示談を拒否されたりした場合であっても，弁護人としては，可能な限りの活動を行い，被害者対応の経緯を報告書にまとめるという方法も検討するべきです。

　通常，被疑者は被害者の連絡先を知りません。起訴後に検察官請求証拠の開示を受ければ，証拠から被害者の連絡先を入手することができる場合もありますが，マスキングされているなどの事情によって入手できない場合もあります。いずれにしても，被害者に示談の申入れをしたい旨を検察官又は警察官に伝え，まず検察官らから被害者が示談に応じる意向を示しているか否かを確認してもらうことが望ましいと思われます。なぜなら，被害者は，被害者自身，被害を受けたことについて，自らの判断能力不足であったという自責の念にかられていて，被害に遭ったことを家族等に打ち明けられずにいる場合があり，むやみに連絡を取ること自体が被害者の意向に反していたり，被害者が詐欺グループからの報復を恐れていて，被疑者の弁護人から連絡が入ることに対して精神的に動揺することがあるからです。示談の意向を検察官らに伝えれば，検察官らが被害者に連絡して弁護人に連絡先を開示して良いか確認を行い，了承を得られた場合には，弁護人に対して連絡先が開示されることになります。

　一方で，被害者が弁護人への連絡先の開示を拒み，一旦被害弁償の申出を断っても，冷静に考え直せば被害弁償を受け取っておいた方が良かったかもしれないと翻意することもあり得るので，時間を置いてから検察官らに再度確認を求め，被害者が翻意していないか随時確認しましょう。

　被害者に連絡を試みる方法としては，主に電話又は手紙がありますが，いずれの方法を取るべきかは，個別事情によるものの，検察官らが被害者の意向を確認する際に弁護人からの連絡方法についても確認していると思われることから，検察官らから被害者にとっての適切な方法を聴取することも検討して良いと考えられます。被害者に対して第一報を入れる際は，被害額の大きさや，被害者にとって大事な資産が詐取されたということに加え，被害者が親族を思う気持ちを踏みにじられたという強い被害感情や，詐欺グループからの報復を恐れる恐怖心を抱いていることに十分に配慮し，被害者の声に耳を傾け，謝罪の意思を丁寧に伝えることが肝要です。その上で，被害弁償が可能なのであれば被害弁償をしたい旨，被害弁償が難しい場合であっても謝罪の意思を伝えたい旨を伝えます。

　第一報を入れた後は，面談の機会を設定し，直接謝罪の意思を伝えた方が良いと思われます。面談場所は，弁護士会館や公共の場とすることが適切です。被害者が報復を恐れているなどの事情がある場合には，検察官や警察官の好意によることになりますが，検察庁や警察署の部屋を借りることも検討します。実際，担当検察官の自室で面談を実現したというケースもありました。

　面談には，実質的に被害弁償を行う保護者を同席させた方が望ましいと思われます。謝罪の意思を直接伝えられる上，被害者対応の経緯について公判期日において証言もできるからです。

　示談に応じてもらえなかった場合であっても，被害弁償金を供託することもできますし，示談交渉経過を報告書の形式で整え，公判において証拠提出するという方法もあります。

　また，同じ件で同じく身柄拘束をされた共犯の弁護人と連絡を取り

合える場合には，示談の進行状況や示談金の負担割合等について情報共有し，協力し合うこともできます。同じ事案の共犯であれば，通常同じ検察官が担当していることから，検察官に共犯の弁護人の連絡先を教えて欲しい旨依頼すれば，検察官から当該弁護人に対して確認の上，連絡先を教えてもらえます。

第5　故意・共謀の否認

　上記で述べたように，特殊詐欺の受け子や出し子の事案の場合，被疑者が指示役から指示を受けて受動的に関与したに過ぎず，事件の全容を知らない（特に，架け子がどのように高齢者をだましたのかについて知らない）という事情から，被疑者が，犯罪に関与しているとは知らなかったと主張し，故意及び共謀を否認することがあります。

　また，多くの被疑者は，「故意」とは犯罪行為を「積極的に意図したこと」だと考えており，指示役から詐欺であると明言されなかった，又は指示役に対して「詐欺でないのか」などという質問をして「詐欺ではない」との回答を受けたという事情のみをもって，犯罪行為の故意はなかったと言い張ることもあります。

　この点，未必の故意の成否が問題となった近時の裁判例として，他人の親族になりすまして行う詐欺の現金受取役を担った被告人が，氏名不詳者からの指示内容が現金詐欺であると認識した時点で，氏名不詳者との間に詐欺の共謀が成立するとされた事例（東京高判平27・6・11判時2312号134頁）や，多額の経費をかけて東京から松江まで赴き，スーツを着用し偽名を用いるなどして高齢者から現金を受領する役割を客観的には担った被告人について，本件特殊詐欺の指示役は，被告人と以前からの知り合いであり，被告人に対し，仕事内容の詳細を明示せずなし崩し的に依頼や指示を承諾させ，偽名の使用や高額な現金受領についても一定の説明をして信用させていたことなどから，被告人には，何らかの犯罪に関係するとの認識までは生じなかった合理的な疑いが残るなどとして，詐欺の故意が認められないとされた事例

（松江地判平 28・1・20 判時 2312 号 134 頁）もあるので参照して下さい。

　上記で述べたように，特殊詐欺事案において未必の故意が認められるか否かの判断は難しいケースもあり，被疑者の言い分が正しいか否かは慎重に検討する必要があります。

　しかし，いずれにせよ，犯行前の事実経過を丁寧に細かく確認し，当時の状況における被疑者の認識がどのようなものであったかについて入念に確認することになります。被疑者に故意があったか否かを確認するにあたっては，おおむね，以下のポイントに着目して事情を聞くとよいでしょう。

【故意の判断基準】

・指示役とはどのように知り合ったか
・どのような作業・仕事を依頼されたか
・指示役が被疑者に依頼する合理的な理由はあったか
・報酬をもらう約束はあったか
・依頼された作業内容と報酬額が見合っていたか

【受け子の場合】

・どのような服装を着ていくよう指示されたか，その理由を確認したか
・偽名を名乗るよう指示されたか，その理由を確認したか
・現金（封筒）を受け取るまでに，被害者とどのような言葉を交わしたか

【出し子の場合】

・キャッシュカードの名義を確認したか，なぜ確認しなかったのか
・引出し行為を依頼される理由を確認したか，なぜ確認しなかっ

> たのか
> ・マスクやサングラス等を着用したか，なぜ着用したのか

　これら1つ1つの事情に沿って被疑者の認識を確認した結果，被疑者に故意が認められない可能性が高いという判断に至ることもありますし，一方，これらの確認の過程で，被疑者自身が自らの認識が甘かったことを認識し反省の念を抱くようになることもあれば，実はある時点から詐欺であることに気付いていたなどと自白に転ずることもあります。受け子や出し子の場合は，自ら積極的に犯罪行為を望んだわけではないものの，当該被疑者の行為が介在していなければ，又は被疑者が翻意して通報していれば，被害の発生を防げたし，そうすべきであったということを，懇切丁寧に被疑者に理解させることが必要です。

　また，被疑者から事情を聴取する際は，客観的な事実なのか被疑者の主観に過ぎないのかには注意を配って下さい。若年層の被疑者によくある傾向として，自らの記憶を正確に伝達する能力の欠如・不足があるからです。

　例えば，本事例で被疑者Aから

「ずっと電話で指示を受けており，おばあちゃんに会う直前にスズキって名乗れって言われて，もうおばあちゃんも目の前にいてどうしようもないから，そのままスズキですって言ったんですよ」

と供述していたとします。しかし，細かく踏み込んで事情を確認すれば，実は，最寄り駅から現場に向かっている最中は指示役と電話をしながら歩いており，現場の100メートル手前に着いたところで高齢者の特徴を教えられるとともに偽名を名乗るように指示されて電話を終え，そのまま現場に向かったところ情報を受けていたとおりの高齢者がいたため近付き，偽名を名乗り，封筒を受け取ったという客観的な流れであったことが分かることがあります。つまり，「直前」，「目の前にいて」，「どうしようもないから」などという供述は，被疑者の主観又は言い訳に過ぎず，結局は詐欺と気付いて翻意する機会は与え

られていたにもかかわらずなお犯行に及んだ，つまり故意を推認できてしまうということが分かるのです。

　本事例のように判断能力が低い若年層が，詐欺グループに目を付けられ，犯罪行為の一端を担わされているという構図になっており，被疑者自身が被害者でもあるという一面は否定できないとも言えます。しかし，通常の判断能力を有していれば踏みとどまったであろう機会には何度も直面しているのであり，被疑者の行った犯罪行為を正当化することはできません。

第6　余罪の存在

　特殊詐欺事案の場合，被疑者は詐欺グループに属しているか，詐欺グループに目を付けられ利用されていることが多いため，逮捕された事案の他にも余罪を有していることが非常に多くあります。本人の自白によって明らかになることもあれば，逮捕された共犯の自白によって明らかになることもあります。

　被疑者が自ら余罪を自白した場合，余罪の存在を捜査機関に明らかにするか否かは非常に悩ましいところです。打ち明ければ単純に被疑事実が増えることに加え，逮捕勾留期間が延びることも容易に想像されたからです。しかし，被疑者を真に更生させるためには，やましいことを隠して有利な判決を得るよりも，全て洗いざらい明らかにした上で，真摯に反省すべきと考えます。究極的には被疑者の意向によることになるため，上記の考慮要素を丁寧に被疑者に伝え，被疑者が決断することとなります。

　本件事例のAも，「捜査の過程で別件の既遂事犯も発覚」とあるように，ある事件の被疑者弁護の過程で，別の事件について捜査（再逮捕）されることは，こと振り込め詐欺事件においてはよくあります（それだけ組織化常習化しています）。弁護人と被疑者との信頼関係を前提に，「他にどのくらいやったか」を正直に話してもらうことは，捜査機関に申告（場合によっては自首）するかはともかく，自身が受けている弁護

事件において，逮捕勾留期間の見通しや，示談金の確保や時期等を判断するには重要です。

第 7　共犯又は知人の関与の存在

　上記でも述べたように，特殊詐欺事案は，通常，共犯関係が存します。また，当該事案について共犯関係にはなっていなくとも，1人で指示役その他の詐欺グループに引きこまれることは少なく，指示役を紹介した身近な知人や先輩がいることが通常で，当該知人等が本件に関与していなくとも，別件で特殊詐欺事案に関わっていることが多いものです。多くの被疑者は，知人等の存在や，紹介ルートについて明らかにしたがりません。これは，知人についてかばいたいという気持ちのみならず，先輩や指示役につながる紹介ルートについて報復を恐れる気持ちを有していることが原因のようです。

　そのため，指示役や詐欺グループ本体からの報復の心配がないことは丁寧に説明する必要があります。被疑者は，指示役に住所を知られていることが多く，また，指示役から，指示役や紹介ルートについて捜査機関に情報を提供すれば被疑者のみならず家族にも危害を加えるなどと言われていることも多く，被疑者は指示役や詐欺グループからの報復を恐れているからです（少年事件によくあるケースで，身分証明書の写しを取られている場合があります（家判14号13頁））。しかし，通常，特殊詐欺に関与する氏名不詳者は，捜査の手を逃れるために，受け子や出し子に対する指示をする際はプリペイド携帯を使用し，偽名を用いてやり取りをする等，いつでも受け子や出し子との関係を断ち切れるように対処しています。当該氏名不詳者は，受け子や出し子が逮捕される可能性を有していることは重々承知の上で，逮捕されたことを察知するや否や，受け子及び出し子側から自らの情報を辿れないようにするのです。氏名不詳者としては自らに捜査の手が及ぶのを防ぐために関係性を断ち切ることが最優先なのですから，このような中，あえて被疑者に再び近付き報復し，報復によって捜査対象となる可能性を引き起

こすことは，まずありません。

　以上のことから，被疑者が自らの犯行を認めている場合には，共犯関係や紹介ルートについても洗いざらい自白するように促したいところです。

第8　身柄解放に向けた活動

　被疑者・被告人が就業又は就職している場合には，退学又は解雇されないよう早期の身柄解放に向けた活動を取る必要があります。この視点は，どの犯罪も同じです。手続については，総論（第2章，第3章）を参照して下さい。

　しかし，上記で述べたように余罪が存することが多く，かつ，被疑者が共犯関係や紹介ルートを明らかにしていなかったり，明らかにしていたとしても裏付け捜査ができていなかったりして，早期の身柄解放に向けた活動は難航することが多くあります。

第9　情状弁護

　特殊詐欺事案は，組織的かつ計画的に遂行される犯罪であって，子を思う高齢者の心情につけ込んでだます卑劣な手法が取られることに加え，被害額が時には数千万円になり，受け子や出し子であっても犯罪の完成に不可欠な役割を果たしていることなどから，一般的に犯情は極めて悪質であると評価される事案です。詐欺事件という枠組みで捉えるのではなく，社会的な問題であることは，弁護人としても注意が必要です。

　また，未必の故意が認定されながらも被疑者が否認していることを捉え，被告人が反省しておらず規範意識が欠如していると判断されることが多いのも特徴です。しかし，多くの事案において被疑者が犯行全体に関与しているわけではないことは繰り返し述べてきたとおりで，弁護人としては，被疑者が組織の中でどの程度重要な位置を占めてい

たのか，被疑者がその程度犯罪の全体像を認識しており反対動機形成の機会は与えられていたのか等について十分に調査し，裁判所に伝えるべき情状の有無について十分かつ慎重に検討しなければなりません。

実際に，10 年程度前であれば，特殊詐欺事案は非常に悪質な犯罪として認知されていたため，一般予防の観点も考慮され，特殊詐欺事案は全て実刑にされていたような運用はありました。現在も原則実刑とされる運用に変化はないものの，被害弁償をしているような事案で執行猶予が付されているものも散見されるようです（「現代型非行の処遇—特殊詐欺を素材として—」家判 14 号 15 頁）。

この点，刑事裁判ではなく少年審判の事案ではありますが，近時，少年院送致とした現決定を取り消した近時の高裁判決が参考になると思われますので，幾つか紹介します。情状弁護の参考にして下さい。もっとも，少年院送致と判断した原決定を是認する抗告審が圧倒的多数であることは念頭に置いて下さい（家判 14 号 16 頁）。

東京高決平成 27 年 6 月 24 日（家判 8 号 97 頁）では，被害額が 4,500 万円以上であること，送致されているだけでも 9 件の詐欺に関与したことに加え，少年が約 2 か月にわたって多数回の詐欺を繰り返し，共犯少年が逮捕された後も詐欺を続けていたこと等を考慮して第 1 種少年院（当時は中等少年院）送致とした原審に対し，「当該非行以前の問題行動は限定されていたこと，少年が家に自分の居場所がないとの思い込みから家庭から離反し共犯少年に誘われて本件非行に及んだものの，2 か月弱で詐欺グループとの接触を断って自宅に戻り，その後は詐欺グループからの誘いを断り，正業に就いて働く姿勢を示してアルバイトをしていたことに加え，本件の身柄拘束を経て少年が母親の愛情を実感するに至っており少年と家族との関係には改善の兆しが見られることや，少年が本件非行を深く悔いている等の事情を考慮し，」原決定を取り消し差し戻しています。

東京高決平成 27 年 9 月 9 日（家判 8 号 97 頁）は，事案が悪質重大であることに加え，少年が手っ取り早く多額の金銭を得たいという自己中心的な動機から，受け子という犯行の完遂に必要不可欠な役割を果

たしたことを考慮し，第 1 種少年院送致とした原審に対し，「反社会
的集団や保護処分歴があるような人物との交友がないこと，補導歴も
万引き（審判不開始）及び喫煙によるものに限られること，クレジット
カードの不正利用等の問題もあったが公的機関を含めた周囲からの適
切な指導の機会を欠いたまま逸脱行為が繰り返されたに過ぎない余地
があること，本件非行は逮捕前日から開始されたものであって関与の
程度は限定的で，かつ短期間のことであったこと，また保護者による
監護が一応期待できる状況にあることを考慮し，」原決定を取り消し
差し戻しています。

　東京高決平成 28 年 6 月 15 日（家判 10 号 113 頁）は，特殊詐欺事案が
悪質であることに加え，被害額が 400 万円と比較的高額であったこと，
受け子という犯罪完成のために欠くことのできない役割を果たしたこ
と，また受け取った荷物に 400 万円が入っていたことを確定的に認識
した後も逃走しており，犯罪を遂行しようとする強い犯意があったこ
とを考慮し，第 1 種少年院（短期処遇勧告あり）送致とした原決定に対し，
「被害金が還付されており実質的には未遂に近い事案であったこと，
少年は犯行の全容を知らされておらず，約束されていた報酬が 3 万円
の低額にとどまっていたことから共犯者の中では末端に位置するもの
とし，関与の程度や期間に照らすと，社会内処遇が許されない保護重
大な非行であるとは必ずしもいえないとした上で，非行性が進んでい
るとはいえないことや，保護者による保護環境が大きな問題がないこ
とも指摘し，」原決定を取り消して差し戻しています。

　本事例の A も 20 歳の若年者であり，以上の裁判例を参考にして，
被告人の有利な事情を検討するべきです。その際に考慮すべき主なポ
イントとしては，以下のものが挙げられると思います（当然ながら，こ
れらに限られるものではありません）。

〈考慮すべきポイント〉

・犯罪関与の程度の強弱
・事件の全容をどこまで知っていたか，関与の期間の長さ

・報酬又は利得の程度
・不良交友関係の断絶の有無
・保護者の監督等の生活環境
・本人の就労・就業意欲

　特に，刑事公判の事件においては，責任非難の対象となる重要な要素は，犯罪被害に起因した実行行為の具体的内容（犯行態様）と因果の程度（寄与度）です。

　Aについても，一連の犯罪行為において，どの程度関与していたのかという点を軸に，具体的役割（犯行態様）を見極めて下さい。幸いにして本件は未遂であり（余罪はありますが），本件においては，被害発生に起因する実行行為の関与の程度は低いことにまずは注目して下さい。

　最後に，新人弁護人の弁論を聴いていると，稀にですがいきなり情状面に注目して，被告人がどれだけ反省しているかを述べた上で，上記であれば，「不良交友関係の断絶，保護者の監督等の生活環境，本人の就労・就業意欲」と中心に組み立てる弁護要旨を見かけますが，犯罪行為（被害）→犯罪人物（更生）というアプローチは結構重要です。

　これは，判決理由が必ず犯罪の成立（事実認定）から始まることからも分かると思います。是非ともご留意下さい。

第**5**章

犯罪類型(2)
――性犯罪

【本章のポイント】

> 　本章で扱う事例は，第3章の事例と似ています。痴漢，盗撮，児童ポルノ等，この手の性的事件は当番弁護士として待機していると，頻繁に配点されます。
>
> 　被疑者は突然逮捕されていますので，本人のニーズ（優先順位）をいち早く把握し，弁護活動を展開することがポイントです。
>
> ※なお，本事例と解説は，その性質に鑑み，なるべくリアルな弁護士活動を紹介・解説するため，女性弁護士が扱った事例を基に担当者弁護士自身の目線で執筆されています。「自分ならどうするか」という視点で読んでみて下さい。

【事例　強制わいせつ（電車内痴漢）】

> 　被疑者A（40代男性会社員）は，通勤電車内で女性（20代前半）の胸部等を触るなどのわいせつ行為をしました。
>
> 　Aには，派遣社員の妻（休職中），大学入学予定の長男，私立高校進学予定の長女がいて，自宅をローンで購入したばかりです。わいせつ行為をしたことは認めており，「早期に示談を成立させたい」とのことです。

第1　性犯罪の特徴と弁護活動

　盗撮や痴漢による強制わいせつ行為は，被疑者が無職徒労の身の上ではなく，毎日同じ時間に通勤通学している，学生やサラリーマン等，いわゆる「普通の人」が多いのが特徴です（被疑者の家族や関係者，職場の人間にとっても驚かれることが多いです。）。しかし，社会的な非難の度合いが強く，性犯罪に対する世間の目も年々厳罰化しているのは感じます。

　よって，被疑者本人を軸として，その家族，職場関係者，被害者，

その家族に関するアプローチが必要となりますし，各人物とのやり取りでも悩みが出てくるのが特徴です。

第2　初期段階の活動方針

1　弁護方針

　性犯罪，わいせつ事件に限りませんが，会社員が逮捕されている場合には，家族構成や経済的状況からしても，勤務先解雇を回避する必要が高いと考えられます。時間との闘いですので，勾留決定後に被疑者国選弁護人として受任するよりも先に，私選援助で受任し勾留請求却下の活動が必要です。法テラスを利用する場合には，第2章第2節を参照して下さい。

　通常，接見翌日が勾留請求，翌々日に勾留質問当日となるため，直ちに活動を開始します。逮捕当日の接見時に弁護人選任届を取得し，翌日，私選援助の手続，検察へ弁護人選任届の提出を済ませます。弁護人選任届提出時に担当検事を確認します。

2　家族への連絡

　被疑者から妻の電話番号を聴取しておき，接見後すぐに電話をし，現在の状況の説明，家庭内・勤務先の状況の確認を行い，勾留請求却下のために妻が身元引受人となること，及び勾留請求却下のための事情，証拠を収集することを依頼します。

　逮捕後，妻であれば警察から連絡が行っていることがほとんどであるため，事情を知った上でなお弁護活動に協力してくれるかどうかの意思確認を行います。協力が得られることが確認できれば，勾留請求，勾留質問までは時間がないことを説明し，勾留請求前までにできるだけの事情，証拠を集めるよう依頼し，できれば当日中，遅くとも勾留質問前日までに面談での打ち合わせを行えるよう調整する必要があり

ます。

　性犯罪ということで，対応する家族が妻や母のときは，かなり動揺している場合がほとんどですから，無理に被疑者の身柄解放に協力させようとしたり，協力して当然，というような姿勢で対応したりすることは避けるべきです。ただ，既婚者であれば夫が逮捕されたことで今後の生活に対し大きな不安を抱いている状況にあるので，まずは身柄解放をし，勤務先を解雇されることのないように活動することが必要ということについては妻も考えが一致する場合が大半と思われます。いずれにせよ弁護人からの丁寧な説明が必要になります。家族，特に被疑者が家計を担っており，未成熟子がいるような場合には勾留を回避すべき必要性は極めて高いはずです。そうなると身元引受人となることはもちろん，勾留請求却下のための証拠集めも家族の協力が重要になってきますので，家族の被疑者に対する心情や今後への不安を十分理解しながら，勾留回避に向けての協力要請を行うことが必要不可欠です。

　ただし，この段階で，被疑者の具体的な認否や，行為の具体的内容を，家族にどこまで伝えるかについては慎重に判断すべきです。接見時に家族にはどの程度説明するかを被疑者に確認をとっておくことは当然ですが，「詳しいことを聞かせてほしい」と言われても，あくまで被疑者の了解を得ている範囲で，かつ家族の態度に応じて，必要な範囲で説明をするに留めておきます。「昨日接見したばかりでまだ十分認否は確認できていない。」というような説明をしてその話題を回避することも時には必要かと思われます。

3　勾留請求阻止・却下の活動（検察官対応）

(1)　勾留請求しないよう求める意見書の作成

　被疑者との接見で確認した事情，妻との電話で確認した事情に基づき，担当検事に連絡を入れ，まずは口頭で勾留請求はしないよう意見を述べます。もちろん勾留請求前ですので，速やかに動いて下さい。

妻には前日のうちに，勾留の要件を欠くこと，勾留の必要性がないこと（勾留による不利益が大きいこと）を裏付ける住民票，被疑者の給与明細，妻が休職中であることがわかる資料，長男の大学・長女の高校入学手続要綱（入学と，必要な費用の金額，支払期限などがわかるもの）などを取得するよう指示し，午前中に打ち合わせを行います。この際，身元引受書を必ず作成して下さい。聴取した事情，用意が間に合った資料をもとに勾留請求をしないよう求める意見書【※書式4（291頁）】を作成し，担当検事にFAXします。

　一方で，この事例の場合（強制わいせつの嫌疑）であれば，勾留請求されることがほとんどであるため，同時に勾留請求却下を裁判所に求めるための活動の用意を進めます。

(2)　職場との調整

　本事例であれば，通常は，逮捕当日，無断欠勤を心配した職場の上司や同僚から連絡があり，直接の上司，人事担当までは事情が知れるところとなるはずです。妻とはこれら会社との連絡内容を協議し，その内容を被疑者に伝える必要があります。

　一方で，家族（妻）からは，「まだ勤務先とは連絡をとっていない」，「連絡がきたがとっさに風邪で倒れたなど嘘をついてごまかした」というような状況で，どうしたらよいかと聞かれることがあります。弁護人としては非常に難しいところです。

　積極的に弁護人が虚偽の説明（言い訳）をするようすすめるべきではありませんが，勾留請求が却下される可能性があり，それが翌日に迫っている場合には，結果が出るまでは逮捕されたという事実を勤務先に伝えないという方法も有用かも知れません。却下となれば被疑者自身に対応させる，勾留決定となってしまえばそのときに被疑者と今後の対応を検討し弁護人において対応をしていくということも一つかと思います。会社への情報提供（内容）を最終的に決めるのは，本人と家族ですので，よくコミュニケーションを取って下さい。

4　勾留請求却下の意見書（裁判所対応）

　3の動きと並行して，あらかじめ，勾留請求却下の意見書を作成する必要があります。裁判所に対しては，用意できた限りの証拠を付して，できるだけ具体的かつ詳細な意見書を作成し提出することが必要です。実務的な感覚では，痴漢事件の場合には勾留請求却下となることも少なくないため，意見書【※書式5（293頁）】は丁寧に作成する必要があります。

　そして勾留質問当日の午前11時ごろ，意見書一式を地裁刑事勾留担当（東京本庁であれば，刑事14部）に提出し，裁判官との面談を希望することを伝え，連絡を待ちます。裁判官との面談はできるだけ行うべきですが，どうしても都合がつかない場合には，より一層，意見書は入念に作成しておくことが必要です。休日の場合には休日窓口での対応となりますが，面談や，結果の連絡を受けられるよう，弁護人は担当書記官に自身の連絡先を伝えておくことを忘れないようにしましょう。

5　在宅事件への移行

　当番弁護士から身体拘束中の被疑者の弁護人となる際，法テラスの援助制度（勾留前）や被疑者国選弁護制度（勾留後）にて受任していた場合には，身柄の解放によって，「在宅事件」となります。引続き弁護人活動をする場合には，新たに，弁護人選任契約を締結する必要があるので，注意して下さい（公的な援助制度はありません）。

第3　被害者対応

1　被害者への連絡

　被疑者が示談を希望する場合は，できるだけ早く担当検事にその旨

を伝え，被害者の意向，連絡先を確認する必要があります。以下，本事例が在宅事件に移行したことを前提に解説します。

　検察官としても，勾留請求が却下されているので，事件の処理方針は気になるところです。弁護人が連絡を入れるより先に，担当検事より連絡があり，「示談についての意向」を確認されることも多いと思います。まずは，示談を希望していると伝え，被害者の連絡先と連絡の可否の確認を依頼します。その際，被疑者弁護人から謝罪と示談の意向を伝えるために連絡したいということと，弁護人の事務所名，弁護士名，電話番号も伝えておいてほしいということを依頼しておきます。弁護人から被害者に対して連絡を入れるのか，被害者から弁護人の事務所に連絡してもらうのか，あくまでも被害者に選択してもらうようにしましょう。

　通常は，検察官が被害者に対して，「弁護人が謝罪・示談のための連絡を希望しているので，連絡先（携帯番号）を教えていいですか？」と照会しているので検察官から連絡先を教えてもらうことになります。

　検察官から「被害者に連絡して結構」との連絡が入り次第，速やかに被害者に連絡し，まずは弁護人の自己紹介と，弁護人であることを説明した上で，すぐに謝罪をすることが重要です。

　ただし，どのような謝罪をするかは，被疑者の認否の内容次第であり，一部でも否認しているような場合や，被害者の主張と被疑者の供述内容に食い違いがある場合には，弁護人が勝手に被疑者の意向とは異なる内容を認めるような謝罪にならないよう，注意が必要です。被害者が行為態様などに言及していないうちに弁護人の方から先行して具体的な話をすることも避けるべきです。

　被害者の方から，「あんなことをしておいて」「自分がやったことは認めているんですか」と語気強く責められることもありますが，被疑者が認めていないとか，これまで聞いたこともないような内容であれば，やんわりと「今回はご迷惑をおかけしました」とか，「お怒りは伝えますので」などといって，そうした話題から一旦離れるようにします。

　相手の様子や連絡を取る時期にもよりますが，受任直後であれば「まだそういった内容の深いところまでは確認できていない」とか，「警察や検察の調書は，私は見られないので，Ａさんがこれまで話されていた内容は今初めて聞きました」などといってやむを得ず話を逸らすこともあります。

　示談交渉に際しては，被害者より，被疑者の家族構成，勤務先など踏み込んだ情報を聞かれることがよくあります。これを聞かれるままに弁護人が答えることは，守秘義務との関係で疑問です。例えば，示談をするか否かを判断する事情として，家族，被扶養者，特に子どもがいるかどうかを確認する，示談金の金額を検討するにあたり被疑者のおおよその収入を確認する，ということはあり得ることですが，家族や勤務先に予期せぬトラブルを巻き起こしかねないことは注意して下さい。回答しないことで示談交渉を打ち切られるようであっても場合によっては仕方がないとして下さい。弁護士としての個人情報保護に関するバランス感覚は重要です。

2　本人以外との示談交渉

　性犯罪（痴漢や盗撮を含む）においては，当然のことながら被害者が精神的ショックを受けており，示談の場に親族や恋人，友人が関与してくることがよくあります。被害者の女性が単独で弁護人とやり取りすることの方が少数かも知れません。

　被害者が，本人以外の者を示談交渉の窓口に指定する場合には，その相手が被害者とどのような関係なのか，どういった人物かを確認し，示談交渉を代わりに行うことが妥当な相手かどうかを検討すべきです。もちろん，被害者が未成年であれば親権者（保護者）が対応することは当然であるし，成人していても学生であれば全くおかしなことではありません。しかし，両親や祖父母，兄弟などの近い親族や，それに類するような近しい人物ではなく，第三者で身元も不確か，というような相手の場合には，事情を確認し，一度連絡をとった際の対応をみて，

交渉の相手方として妥当なのかどうかを判断する必要があります。た
だ，そもそも性犯罪を受けた被害者が加害者側の弁護人と自ら交渉を
行うことは極めて精神的につらいことであるのは当然ですので，ある
程度は柔軟に受け入れつつ，不適切な相手だと感じた場合には，面談
の際は被害者も同行してもらうなど慎重に対応し，そのような相手と
の交渉はできない，とはっきりと伝えるなどの対応も時には必要とな
ります。

　交渉に応じるとしても，示談書の締結は被害者本人にしてもらう必
要があるということを説明し，示談金の金額や示談書の内容が決まっ
た後は，弁護人から指定口座に振り込み送金し，入金を確認した後に
示談書署名押印済みのものを被害者本人から返送してもらうという方
法を取っています。

3　示談金の金額

　示談交渉で最も重要となり，示談の成否を分けるのが示談金の金額
です。
　示談交渉に際しては，必ず事前に被疑者との間で，

---

①　すぐに用意できるのはいくらか
②　家庭内や親族の協力は仰げるか
②　その上で最大いくらまで用意できるか

を確認しておくことを忘れないでください。
　わいせつ事案の場合，示談の成否が起訴不起訴を大きく左右するこ
とになるため，被疑者がどうしても不起訴にならなければならない事
情があれば（勤務先が不起訴でない限りは懲戒処分を下すとしている等），ある程
度高額の示談金を用意することになる可能性や，借り入れが可能であ
れば，被害者の希望する金額を受け入れた方がいい，という説明をし
ておくべきですし，被疑者が用意できる金額があまりに少額の場合に

は，「そもそも示談は難しい」ということをあらかじめ伝えておくことも必要です。

4　検察官との連絡

　示談交渉中は，被害者との交渉，そして被疑者との打ち合わせや被疑者の家族，勤務先への対応などに気を取られがちですが，検察官へのこまめな報告を忘れないようにしなければなりません。

　示談の成否は終局処分の内容を大きく左右する重要な事情ですので，検察官も示談の進捗や，成立しそうなのかどうかといった点には大きな関心を寄せています。いつまでも弁護人から報告がなければ，検察官は示談が成立する見込みがない，あるいは極めて低いと考え，起訴する方向で手続を始めてしまうかもしれません。しかし，多くの場合，たとえ示談交渉に時間がかかっていても，交渉の経過がこまめに報告されていればそのような事態は防げるように思います。

　起訴となれば勤務先を解雇されるなどというような大きな不利益が被疑者に生じる可能性があるため不起訴としなければいけないような場合には，検察官に対し，真摯に示談交渉を行っていること，時間がかかってはいるが被害者とコミュニケーションは取れていることなどを伝え，放置をしているとか，示談交渉が暗礁に乗り上げているわけではないことを知ってもらうことが重要です。

　報告する時期は，あまり内容の軽重にはこだわらず，動きがあったとき，というイメージを持っていただくと良いと思います。これまで解説してきたように，①検察官から連絡先を聞いたあと，被害者と連絡がとれたこと，②被害者より，窓口をほかの方（父親など）に指定され，その方と連絡をとったこと，③その方と面会したこと，面会時のやり取りの内容，再度面会をする約束をしたこと，④面会内容を被疑者に伝えたこととそれを受けた被疑者の対応（謝罪文を書く，金額を検討し用意した），⑤被害者側へ示談条件を提案したことと具体的な提案内容，被害者の回答（反応），⑥被害者への支払い完了と示談書締結の報告，

示談書の送付，というように，新たな動きがある都度，検察官には具体的な日付を示した上で報告を入れることが望ましいです。

　また，示談交渉が進んでいるというような，被疑者にとって有利な事情となる場合の報告は不起訴処分とされるためには大変重要であることは当然ですが，交渉が奏功せず示談成立が困難な場合で，その理由が，被疑者が不誠実な態度をとった，資金を全く用意できなかった，十分な条件を提示できなかった，などということではないときには，より一層，報告が重要となります。不成立の理由が，専ら被害者側の事情である場合，具体的には，被害者と全く連絡がとれない，被害者があまりに常識では考えられないような示談条件を提示した，不当な要求をしてきた，被害者が指定した代理人が弁護人として交渉相手とするには不適当な者だった，というような場合などがありますが，そうした場合には，被疑者は誠実に示談を申し入れ，交渉をする意思を有しており，できる限り被害者の希望に添えるよう努力したのであり，示談成立に至らなかったことは被疑者が原因ではないということをしっかりと伝えるようにしてください。示談が成立しなかったことは不起訴を目指す被疑者にとって非常に不利な事情ではあります。しかし，その事情が専ら被害者側にあるという場合には，検察官においてもある程度そうした事情があれば，示談不成立だから起訴，と一刀両断するのではなく，ある程度考慮し，判断しているという印象です。

　また，こまめに，かつ具体的な報告は，被疑者の終局処分を大きく左右するものといえますので，決して怠らないよう注意してください。示談が成立したからといって，油断してはいけません。示談の成立は弁護人から報告しなければ検察官の知るところとはなりませんので，成立後は直ちに検察官に対し，示談書を添えて成立した旨の報告を入れてください（示談が成立したにもかかわらず，いつまでも不起訴処分とならないままだと，勤務先としては，起訴されるのではないか，実は起訴されているのではないか，など被疑者に対し不信感を抱くようになります）。そして，示談成立を報告した後は，速やかに被疑者を不起訴とすべきことを記載した意見書を作成，提出し，不起訴を求めます。在宅事件の場合には，示談成立の

報告，意見書の提出から処分結果が出るまで，ある程度の時間がかかることがあります。

　そして，終局処分の結果，不起訴となった場合には，不起訴通知書を取得してください。不起訴となった旨は検察官から弁護人に電話で伝えられます。書面での告知がされるわけではありませんし，待っていれば書面が届くということもありませんので気をつけてください。

　勤務先が処分結果を受けて懲戒処分を行う予定である場合（起訴の場合には解雇となる可能性が高い場合），不起訴になったことを被疑者が口頭で報告するだけでは足りず，そのことを裏付ける書面を提出するよう指示される場合がほとんどです。もし明確な指示がなかったとしても，検察官作成の通知書があるとないとでは信用性が全く違いますので，必ず提出しておくべきでしょう。ただし，不起訴通知書を示す際には，弁護人からその記載内容について説明することが必要です。不起訴通知書をみた勤務先担当者から，「不起訴となった理由が書いていない」「不起訴となった理由を確認したい」と問い合わせがあることもあります。しかし，不起訴通知書は，文字通り，「不起訴となったこと」を通知するためのもので，単に不起訴となった旨の記載しかなく，不起訴処分・起訴猶予の別や，不起訴処分とされた理由までは記載されていません。そのことをしっかりと説明するようにしてください。

　また，国選弁護で不起訴となった場合には，終了報告書を提出する際に疎明資料として不起訴通知書を添付する必要があります。

　不起訴通知書の取得方法は，検察官に電話で不起訴通知書が欲しいということを伝えます。不起訴を告知された電話でそのまま不起訴通知書の発行を求めるのがよいと思います。そうしますと，検察官から，いつ取りに来るか，と聞かれるか，あるいは○日以降に出来上がると伝えられるので，弁護人が検察庁に行ける日を伝えます。予定していた日に検察庁を訪れると，不起訴通知書を受け取ることができます。当たり前のことですが，職印を忘れないよう気をつけてください。

第4 弁護活動中の被疑者，被疑者家族対応

1 被疑者との関係性に関する注意

　被疑者によっては，示談成立により不起訴となった後，勤務先など
で不利益処分を受けそうになったりした場合に「自分は何もしていな
かった『えん罪』だけど，不起訴にするため，早く終わらせるために
と弁護士がいうから黙って示談した」などと言い逃れをしようとする
者もいます。

　懸命に示談交渉をした弁護人としては辛いところですが，そうした
場合に備え，弁護活動に不適切な点はなかった，被疑者の意向を確認
し，それに従い活動した，といえるように記録を残しておくよう心掛
けましょう。勾留中であれば接見における自分のメモや手控えなどで
きることは限られてきますが，身柄拘束されていない在宅事件の場合
には，被疑者への連絡はメールを利用し，常に報告，確認，了解の上
で活動するとよいと思います。自らの身を守るためにも，被疑者との
コミュニケーション，そして記録を残すことはとても重要です。第2
の3で述べた，検察官への報告も，いざ被疑者が陥れるようなことを
述べている場合には疎明資料として大いに役立ちますので，積極的に
書面，メールなどを利用し，記録を残しておくとよいと思います。

2 勤務先対応のポイント

　上記1でも説明したように，会社員などの場合，勤務先における懲
戒処分との関係で勤務先から直接問い合わせがきたり，ヒアリングの
申し入れが来たりすることがあります。被疑者からそうした連絡が勤
務先からそちらにいくので対応してほしい，とか，自分ではうまく説
明できないので説明してほしい，というようなことが，担当部署や担
当者の名前等とあわせてあらかじめ報告が来ている場合には，ある程
度対応をすることそれ自体は問題ないと思われます。しかし，必ずし

も被疑者が，弁護人にしている説明と同じ説明を勤務先でもしているとは限りません。何かを隠したり，自分に都合のいいように（虚偽も交えて）説明していたりする場合もあり得ます。「自分は無罪を主張していたのに弁護士がそこは黙って示談しておけと言ったから従っただけで何もしていない」というようなことを言っている場合も，実は少なくありません。

　そのため，「不起訴になったと聞いたが，本当か」というような，被疑者の利益となり，回答しても問題がないような簡単な内容である場合はともかく，基本的には，問い合わせが来た場合には安易に回答しないようにすべきです。まずは問い合わせの目的を確認し，質問事項の趣旨や意図を十分説明してもらい，その上で，「まずは被疑者に確認し，私から回答するか否かも含め改めて連絡します」と対応するなどし，被疑者に連絡を入れるようにすべきです。場合によっては「弁護士としては依頼者（被疑者）以外の方に説明することはできません」と，確認せずともその場で拒否してしまうことも必要です。また，被疑者からの依頼を受けて勤務先に説明したり質問に回答したりする場合や，被疑者が回答してよいと了承した場合であっても，できるだけ電話対応ではなく被疑者同席の面談や，書面でのやりとりをするようにし，回答をする場合には書面か口頭かを問わずあらかじめ質問事項をもらっておき，被疑者に回答案を確認させ明確な了解（書面やメールが好ましいです）を得た上で，そのとおりの内容で回答する，という方法をとるなど，工夫が必要です。

　弁護人が被疑者の立場を危うくするようなことがないよう，そして逆に自分の身を守るためにも，勤務先などとの対応では十分に注意をする必要があります。

3　被疑者家族からの問い合わせ・定期的連絡

　被疑者の家族から問い合わせがくることもよくあることです。しかし，いくら家族とはいえ，被疑者本人ではない以上，被疑者の了解を

とらずに，事件の経過について詳細を回答することは控えるべきです。これは弁護士の業務一般にいえることですが，特に性犯罪の場合には，被疑事実の詳細について家族（妻である場合が多いようです）には話していなかったり，多少の嘘や誤魔化しがある場合も多いようです。そんな時に，弁護人がうっかり話してしまっては，被疑者とのトラブル，家族関係の悪化を招く危険があります。今後の身元引受人，監督人，示談金の工面への協力者を失う結果となり，被疑者に大きな不利益を与えかねません。離婚となり，弁護人にその責任がある，と糾弾してくるかもしれません。基本的には，回答はしないようにすべきです。

　ただ，勤務先と異なり，家族の場合は「本人以外には言えない。」「本人の了解がないと言えない。」などとあまりにも強く拒否してしまうと，何か隠し事があるのではないか，言えないことがあるのか，と疑いを抱かせる可能性もあり，結局逆効果となることもあります。家族の協力が得られなくなり，弁護活動に支障が出れば依頼者の不利益となりますので，勤務先等とは異なり，対応にはある程度配慮が必要です。

　しかも，性犯罪ということで，妻や母親は，非常に精神的に疲弊した状態，追い詰められた状態になっています。そのような妻などに対して，冷たく機械的な対応をするのは問題です。もちろん，弁護人は被疑者のための弁護人ですので，家族の対応をどこまでするべきかということは悩ましいところではあります。しかし，被疑者が明確に拒否しているとか，望んでいないというような場合を除いては，性犯罪の被疑者家族に対しては，ある程度寄り添うという姿勢で臨むべきです。被疑者が身柄拘束中であればなおさら，積極的に被疑者の様子を報告したり，今後の流れ，検察官や被害者の態度などを，被疑者の意向に反しない（了承を得た）範囲で，できるだけ丁寧な説明をするように心がけます。また，事案によりますが，気軽に電話をしてきてもらって構わないと伝えたり，面会して話をしたり，時には被疑者への不満や愚痴などの話し相手になるなどし，不安を取り除くよう対応することも必要です。身柄解放，不起訴処分，起訴された場合の情状，

いずれにせよ家族の存在は非常に重要です。家族対応は，適切に行えば必ず被疑者の利益となることと思いますので，事案に応じ，柔軟な対応をするように心がけるべきだと思います。

どのような事案でも同じですが，弁護士には守秘義務がありますので，そうしたことを丁寧に説明するとよいと思います。間違っても被疑者の了解もなく安易に回答するなどということだけはしないよう，くれぐれも心掛けておきましょう。

4　定期的連絡

被疑者の身柄が解放されても，弁護人としては，終局処分がなされるまでは被疑者の気を引き締めさせておかなければなりません。単に勾留がなされなかっただけでまだ被疑者であること，被害者がいる事件であり示談交渉中であることを十分認識させるためにも，特に大きな報告や問い合わせがなくても，こまめに連絡を入れるようにすべきでしょう。

また，性犯罪，特に痴漢の場合には，被害者に対し，事件現場となった場所，被害者が利用する時間帯の電車やバス，駅や路線そのものを利用しない，という約束を申し入れている場合も多いと思います。気が緩んでくると，今までの習慣で該当する電車を，つい利用してしまうこともあります。その結果，被害者と鉢合わせしたり，目撃されてしまっては元も子もありません。しっかりと約束を守っているかを定期的に確認し，もし守っていないのであればその理由を聞き，今後は厳守するようアドバイスするべきです。

第**6**章

犯罪類型(3)
――薬物犯罪

【本章のポイント】

> 　薬物犯罪は，その検挙者数からしても，当番弁護士等ではかなりの確率で担当することになります。しかし，薬物犯の大半が特別法犯事件であり，その刑法犯と異なり，構成要件が細かく，所持，使用，譲渡等の類型別に刑罰が定められています。
>
> 　そのため，薬物犯については，いかなる構成要件に該当し，どのような刑（上限）が適用されるのかを把握し，何が争点になるのかを被疑者に説明しなければなりません。
>
> 　ただし，本章の事例では，各特別法犯の細かい構成要件を解説するのではなく，典型的な事案のイメージを掴んだ上で，薬物犯罪で必要なポイントを理解して下さい。

【事例　覚せい剤所持・使用（覚せい剤取締法事件）】

> 　Aは，深夜の繁華街で警察官の職務質問を受け，所持品検査に応じたところ，所持していた覚醒剤（小さい袋に小分けされていた粉末）を発見されました。その後，警察署に任意同行され，尿検査を受けたところ，尿の中から覚せい剤の成分が検出されたことから，覚せい剤の使用・所持で逮捕されました。

第1　薬物犯罪の特徴と弁護活動

　薬物事犯は「被害者なき犯罪」と呼ばれ，法定犯の典型犯罪です（被害者のある犯罪は多くが自然犯です）。そのため，被害申告や通報が捜査の端緒となることは少なく，ある意味で見えない（見えてはいけない）犯罪のため，使用行為はもちろん，譲渡や所持も地下化します。

　一方で，薬物の使用や所持が，法定犯（違法）として規制されている最大の理由が，「依存」機能であり，ある意味では，犯罪者が被害

者となる側面があります。覚せい剤使用罪（特に常習使用者）の弁護活動をしている際に，被疑者に「やめることはできないの？」と聞いてみると，「先生も一度やってみな。脳が覚えているので，自分の意思でなんか絶対に止められないよ。」と，背中がゾッとするようなやり取りもあります。実のところ，逮捕された覚せい剤中毒者の大半は，「止められるなら止めたい」と思っていることは弁護人としては注意するべきです。

　このように，根の深い犯罪類型である薬物犯では，その所持や使用の実態，依存症の具体的状況等は，客観的証拠からは明らかにならないことも多く，被疑者・被告人からの聴き取りがポイントになります。

　薬物犯罪者（薬物依存者）とのコミュニケーションというと，特に接見に慣れていない弁護士には難易度が高いと思いますが，以下のような犯罪の概要，性質，そして再犯（依存）に対するアプローチを念頭に，目の前の被疑者や被告人に，弁護人として寄り添う必要があります。

第2　薬物犯罪の動向

　まずは，我が国において覚せい剤事犯を初めとした薬物事犯が，どの程度検挙されているのかについて，大まかな数字を確認して下さい。

1　覚せい剤取締法違反

　平成29年の覚せい剤取締法違反の検挙人員は1万284人（毎年1万人前後）であり，覚せい剤の押収量は1136.6kg（前年の約4分の3）でした。しかし，近年は1回の押収量が数百kgという事件もあり，これらは外国の船から日本の沖合で小型船に小分けして積み替える，いわゆる「瀬取り」として国内に持ち込まれる予定だった薬物のようです。

　検挙人員の動向は，昭和29年に5万5,664人とピークを迎えた後，昭和32年頃から1,000人を下回る年が続き，昭和45年から平成17

年頃まで増加傾向と減少傾向を繰り返し，平成18年以降は毎年1万人を超える程度で横ばいが続いています。

2　大麻取締法・麻薬取締法・あへん法違反

　平成29年の大麻取締法・麻薬取締法及びあへん法違反の検挙人員は3,218人（前年比約2割増）と平成26年から増加傾向にあり，押収量は270.5 kg（前年比約7割増）でした。平成29年の検挙人員の年齢としては，20代（1,174人）と30代（1,038人）が多く，両年齢層で73.5％を占めます。

　特に，近年では人気俳優や元アイドルグループのメンバーによる大麻取締法違反事件が大きく報道され，若年層（未成年者）による同法違反の検挙数も増加していることには特に注意が必要です。本事例では，覚せい剤事犯を扱いますが，大麻や麻薬・向精神薬の所持・使用の実態も，かなり身近に迫っています。

3　危険ドラッグに係る犯罪

　危険ドラッグとは，規制薬物又は指定薬物に化学構造を似せて作られ，これらと同様の薬理作用をもつ物品をいいます。危険ドラッグは，平成25年12月に医薬品，医療機器等の品質，有効性及び安全性の確保等に関する法律（薬機法ともいい，改正前は薬事法）が改正され，これらの所持使用等が処罰の対象となりました。また，平成27年3月には関税法の改正により指定薬物の輸入が新たに禁止されています。

　危険ドラッグに係る犯罪の検挙人員は，平成24年以降増加を続け，平成27年には1,196人とピークを迎えた後平成28年から減少し，平成29年は651人でした。

第3 覚せい剤事件の種類と特徴

　以下では，事例に従い，もっとも検挙件数の多い (第2の1データ参照)，覚せい剤取締法の概要について解説します。

1　所持罪

　覚せい剤取締法は，特定の者を除き，覚せい剤の所持を禁止し (覚せい剤14条)，単純所持で長期10年以下の懲役です (覚せい剤41条の2第1項)。

　覚せい剤取締法違反では多い類型であり，営利目的での所持は短期1年以上，500万円以上の併科刑があり (覚せい剤41条の2第2項)，非営利目的の所持よりも法定刑が重く規定されています。

2　使用罪

　覚せい剤取締法は，特定の者を除き，覚せい剤の使用を禁止し (覚せい剤19条)，長期10年以下の懲役です (覚せい剤41条の3)。

　覚せい剤の使用方法は，主に①吸引，②注射，③嚥下(えんげ)が挙げられます。このうち，吸引は最も一般的な使用方法であり，アルミ箔に覚せい剤を乗せ下から火であぶって発生した気体を吸って摂取するものです。注射は，医療用の注射器・注射針を使用し，水で溶かした覚せい剤を静脈に注射して覚せい剤を摂取するものです。注射による摂取は，直接血液に覚せい剤の成分が入るため，少量でも効果を得られやすい一方，使用者の身体に注射痕が残るといった特徴があります。嚥下は，覚せい剤をそのまま口から摂取する方法です (覚せい剤は苦味があるといわれています)。この方法によると，身体に注射痕が残りません。これらは，使用罪の起訴状 (公訴事実) にも使用方法として記載されます。

3　譲渡罪・譲受罪

　覚せい剤取締法は，特定の者を除き，覚せい剤の譲り渡し及び譲り受けを禁止しており（覚せい剤 17 条 3 項），営利目的でのこれらの行為は，非営利目的での行為よりも法定刑が重くなっています（覚せい剤 41 条の 2 で，それぞれ使用罪と同一の刑です）。

4　輸出入・製造罪

　覚せい剤取締法では，全ての者に覚せい剤の輸入及び輸出を禁止し（覚せい剤 13 条），また，厚生労働大臣から許可を受けた者を除き，製造を禁止（覚せい剤 15 条）しています。短期 1 年以上の有期懲役です（覚せい剤 41 条 1 項）。

　営利目的での輸出入・製造は，法定刑が無期懲役を含んでいるため（覚せい剤 41 条の 2），裁判員裁判対象事件となる点は注意です。覚せい剤取締法違反事件の裁判員裁判では，制度施行から平成 30 年 3 月末までの間で 880 人の裁判が行われており，うち 835 人が有罪判決を受け，30 年以下の懲役刑 1 人，25 年以下 4 人，20 年以下 37 人，15 年以下が 128 人，10 年以下 448 人，7 年以下 179 人，5 年以下 25 人，3 年以下 9 人，執行猶予 4 人（うち保護観察 2 人）となっています。裁判員裁判による判決量刑は軽くありません（裁判員裁判の実施状況については裁判所ホームページ参照）。

第 4　薬物事件に見られる捜査の特徴

　ここからは，覚せい剤取締法事犯を念頭に，薬物事件の捜査についてポイント解説します。弁護活動の前提となるので流れを把握してください。

1 捜査の端緒

(1) 職務質問

　薬物事犯は，不審な言動に対する職務質問や，自動車検問，所持品検査等で不審物が発見され，これが捜査の端緒となることがあります。

　このような場合，警察は，犯罪の嫌疑ある者に対し警察署へ任意同行を求めた上，尿の任意提出を求めて簡易鑑定を行ったり，不審物が覚せい剤等の違法薬物であるかを確認するため予試験を行ったりし，反応が出た場合には，その場で逮捕することになります。

(2) 共犯者の捜査

　覚せい剤取締法違反等で逮捕された者が取調べを受けた際に，被疑者と覚せい剤を使用したことや，被疑者から覚せい剤を授受したことを供述することで，被疑者の犯行が明らかになることがあります。その場合，共犯者の供述調書が作成され，当該供述に基づいて被疑者の自宅に対する捜索差押などがなされ，薬物等が発見されて逮捕につながります。

(3) 別件逮捕

　被疑者が銃砲刀剣類所持等取締法違反や道路交通法違反などの薬物犯罪以外の事件で逮捕や捜査を受けた際，身体や車内から薬物が発見されることが端緒となり，覚せい剤取締法違反等で再逮捕される場合もあります。

2 逮捕手続

　薬物事犯の逮捕経緯としては，既に述べたとおり不審者として職務質問や所持品検査を受け，その際に薬物のような粉末の所持が発見され，当該粉末の予試験を行ったところ覚せい剤等の反応が出たとして，所持罪で現行犯逮捕となるケースが多くみられます。

　また，捜査機関が職務質問を行った者の言動から覚せい剤使用等の嫌疑を抱いた場合は，尿の任意提出を求め，任意提出に応じなければ令状を得て強制採尿手続を行うこともあります。そして，尿の簡易鑑定を行い，鑑定の結果，薬物の陽性反応が得られれば，緊急逮捕を行うというケースもあります。

　さらに，捜査機関が何らかのきっかけで事前に薬物事犯の情報を入手し，捜査を行った後，逮捕状をとって通常逮捕するケースや，被疑者を一度帰宅させ，任意提出された尿の鑑定結果が出た後に，通常逮捕をするというケースもあります。この点，一度解放された被疑者が数か月後に通常逮捕される場合もあります。

3　鑑定

　薬物は，吸引や注射等いかなる摂取方法であっても必ず血液に吸収されるため，薬物を使用したかどうかは血液を調べることで分かります。しかし，そのためには300 ml 前後の血液を要するほか，また薬物の成分が血液に留まっているのは30分から数時間であり，その後は腎臓で処理され体外に排出されてしまいます。そこで，被疑者の薬物使用の確認には，通常，比較的長時間薬物の成分が残存する尿（覚せい剤は通常の摂取であれば2〜3日，常習であれば10日前後であれば検出されます）や毛髪を鑑定することとなります。

(1)　尿検査

　捜査機関は，薬物使用の嫌疑がある被疑者に対しては尿の鑑定を行います。

　尿鑑定を行うには，少なくとも10 ml 程度の尿を必要とするため，被疑者から尿を任意提出してもらうか，被疑者が任意提出を拒んだ場合には強制採尿を行って尿を収集します。

　尿の任意提出の手順としては，捜査員が被疑者自身に採尿容器を渡し，当該容器の洗浄，内部に残存物がないかの確認，当該容器の封緘

シールへの署名指印，容器の封緘をさせます。このように，一連の採尿手順は被疑者自身が行い，捜査員が行う場合には被疑者の面前で行います。また，それらの採尿の様子を写真撮影するなど，容器に被疑者の尿以外の物が混入したり，被疑者自身が中身をすり替えたり，また捜査員が中身をすり替えたなどの指摘がなされないよう配慮されています。

　一方，被疑者が任意提出に応じない場合には強制採尿が行われますが，強制採尿は適切な手続の下で適法とされています。強制採尿は，捜査機関が令状を請求し発付された令状に基づいて被疑者から強制的に尿を採取するものですが，令状を示された被疑者は，最終的には強制的に採尿される（カテーテルを使用し痛みを伴う）前に，自発的な尿の採取に応じることが多いようです。

(2)　毛髪鑑定

　被疑者の覚せい剤使用の確認には，ほとんどの場合に尿鑑定が用いられますが，尿鑑定では被疑者の最終の覚せい剤使用後，数日程度しか覚せい剤成分を検出することができません。これに対し，毛髪は，長さによっては長期間の薬物使用の事実を確認でき，再鑑定も可能です。一方で，毛髪に薬物が蓄積されるには相当回数の薬物の使用が必要であり，また毛髪は汗などの外部からの影響を受けやすく，毛髪が伸びる速度には個人差があることなどから，毛髪鑑定のみで特定の薬物の使用の事実を証明することは困難です。そこで，毛髪鑑定は，尿鑑定の鑑定結果を補強したり，尿鑑定のみでの立証が難しい場合に，用いられたりするのが一般的です。

(3)　予試験

　嫌疑をかけた者が覚せい剤のような白い粉末を所持していたとしても，実際にその粉末が覚せい剤などの違法薬物なのかは，警察官が外観から即座に判別することはできません。

　そこで，警察官は，その場で試薬キットによる予試験を行い，簡易

かつ短時間のうちに当該不審物が覚せい剤や麻薬等の違法薬物かどうかを判別しています。予試験の種類には，主にシモン試薬試験，Xチェッカー試験・マルキス試薬試験があります。

　もっとも，予試験はあくまでも簡易な鑑定方法であるため，捜査機関は予試験により不審物が覚せい剤などの違反薬物であると確認した後に，被疑者を現行犯逮捕又は一度身柄を解放するなどし，さらに当該不審物を本鑑定によって鑑定します。

⑷　本鑑定

　被疑者から採取した尿や毛髪は，警察官から科学捜査研究所に送られ本鑑定がなされます。

　尿と毛髪の本鑑定は，不純物を除去し，薄層クロマトグラムによる検査，マルキス試薬，シモン試薬による検査，ガスクロマトグラフィー質量分析計による検査等専門的科学的検査によって行われ，その精度は高く，証拠として提出された鑑定の効力を否定する場合には，弁護側で反証が必要です。

4　身体検査

　薬物の使用は，注射による方法で摂取するケースが多いことから，警察官は職務質問の際に当該不審者の腕などに注射痕が残っていないかを確認することがあります。その際，当該不審者が警察官による確認を拒否した場合は，身体検査令状によって強制的に確認することもあります。

　弁護人としても，被疑者が薬物を使用していないとの主張をしているが，被疑者の主張に疑問を持つ場合には，接見時に被疑者の腕を見せてもらうといったこともあり得るところです。なお，注射痕は両腕の内側にあることが多いのですが，注射痕を気にして手の甲や足の裏などに注射している者もいます。

第5 薬物犯罪の弁護活動のポイント

1 受任・初回接見

　弁護士が薬物犯罪の弁護を行う場合は，当番弁護や被疑者国選弁護として受任することが多いでしょう。

　当番弁護であれば，配点連絡票の罪名には「覚せい剤取締法違反」としか書かれておらず，被疑者と接見するまでは，所持罪なのか使用罪なのか，譲渡罪なのか等違反の内容が不明ですが，被疑者国選であれば勾留状謄本の写しがもらえるため，被疑事実の大まかな内容を把握することができます（なお，被疑事実の日時や場所に幅がある場合，被疑者が黙秘ないし否認している場合がほとんどです）。

　そのため，弁護人は，被疑者との接見で，まず被疑事実の具体的な内容やどのような内容で取調べを受けているのか，その内容に思い当たることがあるかどうかを確認する必要があります。薬物犯罪（特に覚せい剤取締法違反）の場合は，特に捜査機関による逮捕までの経緯が複雑であったり，被疑者から様々な弁解がなされたりすることが多いため，被疑者の話をよく聞く事が重要です。

　さらに，薬物犯罪では再犯が多いことから弁護活動の見通しを立てるためにも同種前科の確認は必要不可欠です。

　また，薬物犯罪の情状弁護においては，被疑者が再犯を犯さないことを検察や裁判所に説得的に示す必要があり，そのためには環境調整が重要であるところ，環境調整を行う前提として被疑者の薬物使用歴，家族構成，就業先，家族や就業先の連絡先及び連絡の可否の確認を行うとよいでしょう。

　本件の事例では，弁護士はＡとの初回接見に行き，まずは被疑事実を確認した上で，覚せい剤の使用，所持の認否の確認を行い，逮捕に至るまでのＡが受けた職務質問及び所持品検査，任意同行，尿検査，逮捕の状況を聞き取ります。

　さらに，Ａの同種前科の有無，Ａの就業先，家族の連絡先について

の聞き取りと連絡をとることの確認を行い，Aに取調べなどで注意すべき点を助言します。

2　弁護方針の決定

　弁護人は，被疑者の認否や弁解を聞いた後，薬物の所持や使用等の被疑事実そのものを争うのか，所持や使用の事実を認めて情状による量刑の軽減を求めるのか，弁護方針を慎重に検討し，活動することになります。

　この点，薬物犯罪では，「職務質問の後無理矢理警察署に連れて行かれた」，「尿検査の際に尿がすりかえられた」，「知らない間に知人に覚せい剤を摂取させられた」，「所持していたものが覚せい剤とは知らなかった」など様々な弁解がなされ，その中には，犯罪事実，故意や重要な証拠の証拠能力に対する否認も含まれます。

　特に，薬物犯罪は，職務質問や所持品検査が捜査の端緒となることが多く，任意捜査から逮捕に至るまでの手続，例えば長時間の任意同行での留め置きや身柄への有形力の行使の問題，尿などの証拠収集の過程が適法であったかなど，捜査手続における問題が発生しやすいところで，弁護人として十分な検討が必要です。中にはにわかには理解しがたい，合理的には成り立ち難い弁解も存在することもあります。また，捜査手続などに違法性の疑いがあっても同種前科のある被疑者などは早く手続を済ませたいなどの思いから主張をしなくてよいと述べる被疑者もいます。

　一方で，被疑者の弁解に合理性が認められ無罪となる事件も相当数あることから，弁護人はその内容について本人から綿密に聞き取りと検討を行い，一定の合理性があると思われる場合には，不起訴ないし無罪判決を求める積極的な弁護活動を行うこととなります。

　そこで，弁護人は被疑者の弁解を軽視せず，よく耳を傾け，その内容について十分な検討をし，被疑者との対話を重ね方針を決定していくこととなります。

本件の事例でも，弁護人はＡに対し，被疑事実の認否の他，職務質問や警察署への任意同行に関してＡに言い分はないのかなどに留意し，もしＡが「職務質問の際に無理矢理ポケットの中に手を入れられ覚せい剤を確認された」などの事情を述べた場合には，無罪主張を検討すべきでしょう。

3　裁判例 （違法収集証拠排除等）

　違法収集証拠の排除法則については，受験時代の刑事訴訟法で再三勉強していると思いますが，たとえ薬物の所持・使用が違法であっても，これらを裏付ける証拠の収集に著しい違法があった場合には，証拠能力が否定されます。言うまでもなく，この法則は将来の違法捜査の抑制という重要な判例理論ですので，弁護人としては薬物犯の構成要件に該当する被疑者からの弁解でも，その内容によっては，堂々と無罪を主張する必要があります。

　判例で確立されてきた理論ですので，各裁判例の認定要素を把握しておくことが重要です。以下では，薬物犯罪の代表的な弁解に則して関連する最近の裁判例を紹介します。判決文中の認定事実と評価を引用しますので，実際の事件に遭遇した場合の判断の参考にして下さい。

⑴　捜査の適法性に関する判例

　薬物事件の弁解として多いのが，「捜査の適法性」に関する弁解であり，違法収集証拠排除法則の適用が問題となります。

　薬物事件では，捜査の端緒が職務質問や所持品検査であることから，それらの手続やそれらに続く任意同行の適法性などに問題があると認められるケースがあります。捜査が違法であると判断された場合には，その後の手続で収集された証拠について違法収集証拠の問題となり，当該証拠が重要な証拠であって他に公訴事実を証明する証拠がない場合には無罪となります。

裁判例 捜査自体が違法とされ，違法手続によって得られたその後の鑑定結果等の証拠能力も否定された事例
大阪高判平成30年8月30日裁判所ウェブサイト
覚せい剤の自己使用事案で，職務質問の際に両腕に注射痕を認めた被疑者について，警察官が被告人を自宅まで追随し，令状無く建物に立ち入った上，被告人が居室に入りドアを閉めようとしたところを約10分間にわたって押し問答を続け，ドアを手足で押さえる有形力の行使をしてドアを閉めさせなかった。その後，令状が発付されるまでの1時間半もの間，建物内に留まり被告人の様子をうかがっていた警察官の行為について，一連の捜査手続の違法性は重大であり，このような行為の後に請求し発付された強制採尿令状によって押収された尿は違法な行為を利用して入手されたものであるから，その尿鑑定に関する鑑定書の証拠能力は認められず，よって覚せい剤使用の事実は認定することができないとして無罪とした。

裁判例 捜査は違法であるが，その後の手続によって得た証拠の証拠能力は否定されないとした事例
大阪高判平成16年10月22日判タ1172号311頁
覚せい剤自己使用事案で，職務質問の際に被告人の前に警察官3名で立ちふさがり，しゃがみこむ被告人の脇に警察官が腕を差し込んで被告人を無理やり立たせた上，嫌がる被告人の腰をつかむなどしてパトカーに乗せ，警察署に連行した。このような警察官の被告人の警察署への任意同行は限度を超えた違法なものであり，被告人による尿の任意提出も当該任意同行に引き続いて警察官が被告人を留め置いた状況でなされたものとして違法性を帯びるが，被告人が尿の提出に応じる意思を示した後は帰宅したいとの意思を明示に申し出ていないこと，警察官も警察署に留まることを強要する言動に及んでいないことなどからその程度が重大で令状主義の精神を没却するものとまでいえず，尿の鑑定書を証拠として許容することが相当でないとはいえないとして有罪とした。

裁判例 捜査の違法性を否定した事例
東京高判平成22年11月8日判タ1374号248頁
覚せい剤の自己使用事案で，警察官が職務質問を行った被告人に尿の提出を求めたところ，被告人がこれに応じなかったため，強制採尿令状をとるまで

の間職務質問を行った場所に留まるように説得し，その際，被告人車両の前後にパトカー２台を駐車し，警察官３，４名が少し離れたところに待機しており４時間後に発行された強制採尿令状に基づき採尿した。これについて，裁判所は，令状の発布までは３時間５分かかっているものの著しく長いとまではいえず，警察官による被告人の留め置きの態様も被告人の意思を直接抑圧する行為はなく，被告人の所在確保の要請が高まっている段階であったことからすれば，警察官は令状請求手続を進めており令状主義の潜脱の意図は認められないとして本件留め置きは適法であり尿鑑定の証拠能力を認め有罪とした。

(2) 証拠物（採尿）に関する判例

　尿に関する被疑者の主張として，証拠となった尿が，捜査員によって他の者の尿と取り違えられた・すりかえられた（薬物反応が出た尿は自分のものではない）というものや，尿に後から尿以外のものが混入した，などの弁解があります。これについては，弁護人，被告人の採尿の過程や鑑定が行われるまでの保管状況に問題がなかったかを確認する必要があります。

裁判例 警察官によって第三者の検体とすり替えられた可能性
①浦和地判平成４年１月14日判タ778号99頁
覚せい剤の自己使用事件について，被告人が大便所内で尿を採取して提出したところ，警察官は便所内で直ちに当該容器の封入の手続をせず，取調室まで容器を移動させた。その際，当該容器が被告人の見えない場所に持ち運ばれた時間があり，その間に警察官によって第三者の尿とすり替えられたとの主張について，裁判所は，警察官が被告人を有罪に追い込みたいとの動機があること，被告人の取調べ時に他の被疑者から採尿した尿を取調室に保管していたこと，一旦被告人の尿を廃棄していること，予試験を別室で行ったなどの事情から警察官の証言の信用性を疑問とし，尿鑑定の証拠価値及びそれを基になされた被告人の自白の信用性を否定し無罪とした。
②東京地立川支判平成28年３月16日判例集未登載
覚せい剤の自己使用事件について，鑑定対象となった尿が被告人の尿ではないとの主張に対し，被告人の尿を入れた容器に氏名を記載せずに冷蔵庫で

20日間放置したこと，強制採尿の際に虚偽の調書が作られていたことから，捜査は極めてずさんで信用できず，他人の尿とすり替えた可能性を否定しきれないとし，当該尿鑑定には関連性がなく，他の証拠がないことから無罪とした。

(3)　輸入した薬物が覚せい剤だと知らなかった（故意がない）との弁解

　被告人の主張として，覚せい剤の輸入事件などでは，自己が所持していたものが薬物であるとの認識がなかったという弁解があります。この点，裁判例では，覚せい剤の輸入の事案等について，輸入する薬物の名称を特定して認識していなくとも，その対象物が違法な規制薬物であるとの概括的認識を有していれば，規制薬物の輸入，所持等についての故意を認めるのに十分としています。具体的には輸入の経緯，状況等から覚せい剤かもしれないと認識していたと認められるかが問題となります。

千葉地判平成19年8月22日判タ1269号343頁
営利目的の輸入事件について，被告人が所持していたスーツケースの内部に覚せい剤が隠匿されていたという外形的事実に争いはないが，スーツケースは，金を運搬する仕事を知人に依頼されて引受け，そのために預かったものであり，被告人は覚せい剤などの規制薬物が隠匿されていることは知らなったと主張した。これについて，被告人が覚せい剤の隠匿を知っていたことを強く疑わせるとしつつも，被告人が金を運搬する仕事としてスーツケースを預かったとの供述は信用でき，被告の知人に対する言動等その他の事情を総合考慮すると被告人の弁解を排斥することはできず，未必的にせよ故意があったと認めることはできないとして，無罪とした。

(4)　意思に反する・不知に関する判例

　覚せい剤の使用では，意思に反して無理やり第三者によって覚せい剤を使用させられた，また，知らない間に飲食物などに混入していた

ことで覚せい剤を摂取してしまったなど，自己の意思で覚せい剤を摂取したのではないという弁解があります。この場合，被告人の尿中から覚せい剤成分が検出されていても，被告人と覚せい剤との結びつきを示す事情や覚せい剤の意図的な使用を疑わせる言動等がない場合には，被告人の生活状況等や意図的な使用を推認することを妨げる特段の事情について慎重な検討が必要です。

①東京高判平成 14 年 7 月 15 日判時 1822 号 156 頁
覚せい剤自己使用の事案で，被告人は，男性客から自己の意思に反して注射により覚せい剤を摂取させられたとの主張について，被告人の供述が客観的事実と一致することや被告人に前科前歴がないことなど，被告人の弁解を裏付ける諸事情などからにわかに排斥できず，また覚せい剤の使用については，被告人が覚せい剤の使用に同意していたのであろうことではなく，間違いなく同意していたといえなければならないことからすれば，本件では同意の下に注射されたと断ずる根拠はなく，被告人が覚せい剤を自己の身体に摂取したのは，その意に反した他人の強制によるものであると合理的な疑いを差し挟む余地があるとして，無罪とした。

②東京高判平成 28 年 12 月 9 日判時 2232 号 109 頁
覚せい剤自己使用の事案で，被告人が第三者により覚せい剤が混入された飲食物を知らずに摂取したとの主張について，被告人の尿から覚せい剤成分が検出されたが，被告人には覚せい剤を購入する資力があるとは考え難いこと，被告人の周囲に覚せい剤とのつながりを有しその飲食物に覚せい剤を混入させるような行為に及ぶことを想定し得る複数の人物が存在したことなどの事情を考慮し，被告人が第三者により覚せい剤を混入された飲食物をそれと知らずに被告人が摂取したという合理的な疑いがあるとして，無罪とした。

(5)　共犯者の供述に関する判例

　覚せい剤に関する共犯事件において，共犯者の供述が被告人の覚せい剤取締法違反事件の捜査の端緒及び証拠となるケースがありますが，被告人が実際に当該覚せい剤取締法違反に当たる行為を行っていない場合には重大な問題となり，被告人としては共犯者の供述が虚偽である旨主張することとなります。具体的には，共犯者とされる者の供述の変遷の有無，供述の内容自体やその内容が他の事実や客観証拠に整

合するか，また本来であれば供述しているべき内容が供述されていないとの事情や虚偽供述の動機などを総合考慮し，その供述の信用性を判断することが必要です。

①東京高判平成24年12月14日東高刑時報63巻283頁

覚せい剤の密輸事件について，被告人らが当該覚せい剤密輸事件に関わったことを内容とする共犯者の供述が虚偽であるとの主張について，共犯者は捜査機関から接見勾留執行停止などに関して便宜な取り計らいを受けるために，捜査側の意に沿うように被告人らが資金提供役や連絡役として事件に関与したとの虚偽供述をし，虚偽であるがゆえに不自然，あいまいな供述をした疑いがあり，その供述を信用することができないとして，無罪とした。

②大阪高判平成7年6月14日判タ894号279頁

覚せい剤の営利目的所持事件について，被告人が覚せい剤所持及び共犯者との共謀は行っておらず共犯者の供述は虚偽であると主張した事案について，共犯者の証言には看過できない矛盾や変遷，明らかな虚偽，共犯者が密輸について重い責任を負担するにもかかわらず報酬は折半とするなど内容の不合理性がある上，単独での営利目的所持という重い刑責を軽減するために虚偽供述をして被告人を共犯者にする動機も認められ，これら証拠価値を減殺する諸事情を考慮すると共犯者供述は全体として信用性を認めることは困難で，その余の証拠の証拠価値も乏しいとして，無罪とした。

4　無罪主張を行う場合

　薬物犯罪では，被疑者の弁解に合理性が認められ無罪となる事件も相当数あることから，被疑者（被告人）が何らかの弁解を述べた際には，弁解内容を綿密に聞き取り，検討を行い，合理性があると思われる場合には，不起訴ないし無罪判決を求める積極的な弁護活動を行います。

　違法な捜査が行われている場合には，まず弁護人は捜査機関に対して，違法捜査が行われている旨の主張及び抗議を行い，被疑者の早期解放を求めます。そして，弁護人は捜査機関への主張と並行し，違法な捜査手続に関する証拠を作成します。例えば，検事正や警察署長への具体的な捜査手続に関する内容証明郵便を作成し送付したり，違法

捜査の状況について被疑者本人や関係者，目撃者などから供述を聴取し書面化するなどです。

　一方，被疑者に対しては，捜査の違法性等，無罪主張を行う場合には捜査機関の取調べが厳しくなる可能性があることから，捜査手続について事実と異なる自白などを行わないよう注意し，接見についてもできる限り頻繁に行う必要があるでしょう。

　例えば，本件の事例においてＡが前述の例のように「職務質問の際に無理矢理ポケットの中に手を入れられ覚せい剤の所持を確認された」，「任意同行を拒否したのに，大勢の警察官に取り囲まれ，パトカーに押しこまれるように乗せられ警察署に連れて行かれた」などと主張しているのであれば，その旨を書面化し捜査機関に対し抗議し，同行者や目撃者がいればその者から事情を聞き取り，書面を作成することとなります。

5　情状弁護（被告人が公訴事実を認めている場合）

　被告人が公訴事実を認めている事件では，情状弁護を行い，回復に向けた環境やその他の生活環境を整え，初犯であれば執行猶予判決を目指し，また再犯で法律上再度の執行猶予が付される可能性がある場合には，執行猶予判決が得られるよう活動し，執行猶予の要件を満たさない場合には，量刑の減軽を求めることとなります。

　薬物犯罪では被害者が存在しないため，被害弁償や示談といった情状弁護はありません。情状としてもっとも重要なのは，被告人の真摯な反省と，被告人が二度と薬物に関わることはないと誓い，再犯可能性がないということを，根拠をもって具体的に示すことです。

　被告人の反省という点では，被害者がいないことから，被疑者・被告人において違法性の認識や反省の意識が薄いことも決して少なくありません。弁護人としては，そのような被告人に対して，接見などを通して根気強く反省を促すべきでしょう。特に，被疑者・被告人に家族がいるケースでは，逮捕，起訴されたことに対する家族への影響な

どを話すことで，被告人に反省の意識が生まれるといったこともあります。被告人に真摯な反省の態度がみられる場合には，被告人の反省文や陳述書を作成し，証拠とすることも検討しましょう。

なお，いくら反省していると主張しても，被告人が覚せい剤の入手経路や関係者について明らかにしていなければ，裁判所としては，被告人が真摯に反省しておらず，再び薬物に関与するであろうという心証をもつことは免れないでしょう。一方，被告人が覚せい剤の入手経路や関係者を明らかにすれば，その後被告人がそれらの関係者から覚せい剤を入手することは難しくなりますし，捜査機関がそれらの情報を把握することで覚せい剤の流通経路を1つ消滅させる可能性もあることから，被告人の薬物と縁を切ろうという意思，反省を強く感じさせるものとなり得ます（被告人によっては，入手経路や関係者を明らかにすることで，それらの者から報復を受けるのではないかと心配する者もいますが，その場合には警察に相談し，事件前に生活したり，出入りしていた場所から離れるといった手段も検討しましょう）。

また，薬物犯罪は，当初気軽な気持ちで関わる者が多いことから，被告人には，最初に使用した時の状況やその後常習化し，逮捕に至るまでの過程，さらに公判となり実刑などのおそれがあるまでに至ったことを振り返り，現在の心境や決意を具体的に整理してもらうとよいでしょう。そして，薬物からの離脱について被告人の具体的な心構えを裁判官に認識してもらうとともに，治療プログラムにも反映させることができます。

さらに，薬物事件に関与する被告人は，交遊関係や家族関係，就業先，収入が不安定であるなどの問題を抱えており，それらの状況が被告人の覚せい剤の使用や譲り受けや譲り渡しに影響しているケースも少なくありません。そこで，被告人の再犯防止のためには，生活環境の改善が必要不可欠であり，そのために，弁護人は家族（特に被告人の生活全体を監督し助力できる家族の存在は重要である）や職場，更生施設などと連絡をとるなど，可能な限り被告人の社会復帰のための準備をし，その状況が分かる資料や証人を証拠として用意することとなります。

加えて，被告人の生活環境の改善とも重なりますが，薬物には依存性があることから，被告人の再犯防止のためには，薬物の依存性を治療することが必要不可欠です。そこで，後述するような，薬物依存治療を行う医療機関，薬物依存者の回復施設や自助グループなど被告人が利用できる施設を探して利用を促し，更生につなげる活動も重要です。

　このほか，薬物事件のような被害者が存在しない犯罪については，贖罪寄付を行って情状酌量を求めることもあります。

6　保釈請求

(1)　薬物事件の保釈の特徴

　いかなる事件でも，被告人の身体拘束からの解放は，弁護活動にとって重要な活動の一つです。

　特に薬物事件で，被疑者が薬物の使用を認めている場合には，被疑者が薬物依存の症状を有しているときに治療が必要なことはもちろん，薬物からの離脱や更生の可能性を示すため，社会復帰の環境を整えることが重要です。そこで，保釈制度を活用して被告人の身体拘束を解放し，公判までの間に薬物の治療や依存症からの回復のプログラムを準備することができるに越したことはありません。

　もっとも，一般的にも保釈は簡単に認められる訳ではない上，特に薬物犯罪においては，保釈が認められるのは相当に困難を伴います。最近の報道でも覚せい剤取締法違反事件の被告人が保釈中に逃走したり，公判期日に出廷しなかったりした事件が大きく報道されており，今後の保釈決定の判断にも影響しかねない状況です。

　薬物犯罪で保釈が認められない理由としては，刑事訴訟法89条の必要的保釈の除外事由のうち，常習性（3号）と罪証隠滅のおそれ（4号）が存在するケースが多いことが挙げられます。

　3号は，常習として長期3年以上の懲役・禁錮に当たる罪を犯す者には厳しい処分が予想されること，また，そのような者の規範意識は

極めて低いと考えられることから，逃亡のおそれがあるとして必要的保釈の除外事由とされています。そして，同種前科がある場合のみならず，同種前科でなくとも被告人が実際に違法行為を繰り返していた場合には，ここにいう常習性が認められる上，薬物事件の特性として被告人は薬物に関する違法行為を繰り返すことが多いこと，また薬物に依存性があることなどから，保釈中に被告人が再度薬物を使用する可能性が相当程度あると判断され，3号の常習性が認められやすいといえます。

また，薬物犯罪では，一般に，被告人が否認をしていたり，あるべき証拠品のうち発見されていないものがある場合には，保釈中に薬物違反に関わる証拠品を廃棄隠匿することが予想されることや，薬物違反には必ず被疑者以外の関係者が存在することから，起訴までに捜査対象となっていなかった関係者との間で口裏合わせをしたり，公訴事実の対象となった薬物以外の薬物その他の証拠品を廃棄・隠匿するなどの可能性があり得ることが懸念され，裁判所が4号にいう「罪証隠滅のおそれ」を認めるケースが多いのです。

そこで，弁護人としては，薬物事件の保釈にあたり，裁判所がもつこのような懸念点や，被告人の環境が整っていないにもかかわらず釈放されることの問題点を意識し，これらに対する具体的な対応策を提示できるよう保釈の準備及び保釈請求を行う必要があります。

(2)　保釈の考慮要素

権利保釈除外事由（3号・4号）以外には，一般的に裁判所が保釈を認める際には，以下の点を重視しています。

① 被告人の公訴事実の内容の軽重及び公訴事実に対する認否の状況
② 捜査の状況（起訴時までの証拠品の押収状況）
③ 薬物の入手経路や関係者が明らかになっているか
④ 薬物事件との親和性や前科前歴の有無

⑤　釈放後の生活環境（居住場所，身元引受人などの有無）

　そして，被告人が公訴事実を否認している，同種の前科前歴があり実刑となることが見込まれる，暴力団関係者であるなどの事件では，保釈は認められにくい傾向があります。もっとも，罪証隠滅のおそれは，公判の進捗状態によっても変わることから，保釈請求のタイミング（起訴直後か，証拠調べ後か）によっても保釈の判断が変わることもあります。

　弁護人としては，これらのことを検討した上で，保釈請求が認められる可能性はあるのか，認められたとして保釈金を準備することは可能なのか，保釈請求にはどのような主張や準備が必要なのか（裁判所はどのような点で常習性や罪証隠滅のおそれを懸念するか，それをあらかじめ手当てすることはできるか）などを，被告人や家族と十分に検討する必要があります（その他，保釈請求については，第3章第6節を参照してください）。

第6　薬物依存の治療

1　薬物使用の症状

　薬物使用者は，多くの場合，知人に誘われるなど軽い気持ちで使用し，その後徐々に定期的にまた習慣的に薬物を入手し使用するようになり，さらに薬物の使用が自己の意思ではコントロールできず止めたくてもやめられないという状態になるといったように，最初はごく気軽に使用したことから始まります。

　薬物使用によって起こる問題として，薬物使用後に幻覚や妄想を引き起こす中毒症状と薬物使用を止めたいという意思があっても止めることができなくなる依存症状の2つがあります。

　幻覚や妄想などの中毒症状は，精神科医療機関で治療が行われます。治療には向精神病薬を用い，中毒症状の状態によって通院又は入院措置を取ります。一方，依存症の治療は，薬物の欲求や人の薬物をまた

使ってしまうかもしれないという不安感をなくし，本人を薬物がなくても生活できる状態に，意識や環境を整えることが治療となります。

2　薬物依存者への対応（弁護人のスタンス）

　刑事事件の経験が浅い弁護士が薬物犯の事件を扱う際に，被疑者はかなり怖い存在に映ります。特に，反社会的団体（暴力団や密売人）に属していたり，所持罪の頻回受刑歴があったりする場合には，世間では裏の世界で活動する人物とコミュニケーションを取る必要があります。その中で，上記1でも挙げたように違法薬物の中毒症状がある被疑者や，薬物依存者については，社会福祉分野のアプローチが重要になってきます。

　意外かもしれませんが，精神保健及び精神障害者福祉に関する法律には，5条で「精神障害者」の定義がありますが，「統合失調症，精神作用物質による急性中毒又はその依存症，知的障害，精神病質その他の精神疾患を有する者」です。例えば，うつ病，双極性感情障害，神経症性障害（パニック，社会恐怖，広場恐怖，適応障害，強迫性障害，転換性障害，PTSD 等），アルコール依存症，そして「薬物依存症」も該当するのです。そのため，精神障害者福祉手帳の交付対象でもありますし，精神障害者として，投薬や対処療法が行われるのです（障害者といっても，身体障害や知的障害とは異なり，回復が可能であり，「治療」が行われるのが精神障害の特徴です）。

　そのため，弁護人としては，薬物（特に覚せい剤）に関する中毒症状や依存症が認められる場合には，次の社会資源の下で治療のプログラムを受けるという福祉的な視点が不可欠です（刑罰だけでは解決にならないという特殊性があります）。

3　依存症治療の社会資源

　薬物依存からの回復には，薬物の影響を受けている身体の回復，薬

物による中毒症状としての幻覚妄想からの脳の回復，薬物への依存症や乱れた生活習慣を正常化する心の回復，薬物によって壊れた人間関係の回復といった段階があるといわれます。

このように薬物からの回復には長い道のりとなりますが，それを支える資源としては，医療，自助グループ，そして家族が存在します。

各自治体のホームページなどでも，薬物依存に関する情報や官民に関わらず地域の薬物依存に対する支援を提供する団体や講習を紹介しています（例えば，東京都福祉保健局では本人に対する依存症回復支援プログラムのほか，家族を対象とした薬物相談家族教室なども開催しています）。また，薬物依存者の家族に対する薬物依存や薬物依存者に対する対応方法を学ぶ講習や相談などの支援が存在し，都道府県に設置された精神福祉センターに相談窓口があります。弁護人としても薬物事件を担当する上で，これら「出口」支援の情報収集は重要です。

(1) 医療機関

医療機関として，薬物などの依存症を専門的に扱う医療機関があります。薬物の依存症に対して医療機関で行われる治療は，物理的に薬物から離れた規則正しく安定した生活をし，解毒，治療プログラムを受けることなどによって行います。

(2) 自助グループ・カウンセリング

実際に依存症からの回復には長い過程を要するため，同じ薬物依存症を有する者同士が互いに地域で支え合うことも回復にとって重要です。このような目的をもった自助活動としては，「ダルク」等があります。仲間同士で共同生活を送り，薬物の使用を止めることに成功した者が依存症から抜けられない者を手助けし薬物を使用しない生活を入寮や通所という方法で目指すリハビリテーション施設です。

(3) 家族や地域

薬物依存の治療には医療機関や自助グループの利用も有効ですが，

それらとともに家族の協力も重要です。薬物の依存症はふとしたきっかけで再び薬物に手を出してしまうことが多く，継続的に本人の監督や支援する者がいることでそれを防ぐことができます。

第**7**章

犯罪類型(4)
――交通犯罪

【本章のポイント】

> 　多くの刑事事件が「故意犯」であるのに対し，交通犯罪の類型は基本的に「過失犯」です。しかし，過失運転による発生した結果（被害）として，死傷という大きな結果が発生するケースや，多額の損害金を伴うことが多い点で，弁護人としても複合的な考察が必要です。
>
> 　本章では，他の章とは異なり，より具体的な事件（自動車運転過失致死）を設定し事例検討を加えながら，交通事件の弁護活動の概要を解説します。自分だったら弁護人としてどうするか？という視点から読んで頂ければと思います。

【事例　交通事故】

> 　Aは45歳の会社員（営業契約社員）で，運転歴25年，過去10年は無事故無違反です。仕事で運転中，幹線道路から高速道路との合流地点に差し掛かったことから，右ウインカーを出して本線3車線の走行車線（左車線）に合流したところ，合流地点の前方300 m付近で走行車線（左車線）が路面工事を実施していたことから，更に右車線（中央車線）に進路変更しようとしました。
>
> 　しかし，工事現場から50 m手前付近で中央車線に入りかけたところ，中央車線後方から走行してきたトラックに衝突され，工事現場で作業していた作業員2名を跳ね飛ばし，1名を加療3か月の骨折の重傷，1名を出血性ショックで死亡させました。

第1　交通犯罪（データ）

1　交通事故の発生件数，負傷者数の推移

　我が国の交通事故の発生件数及び負傷者数は，平成17年をピークに減少の途をたどっています。死亡者数も，過去30年では減少傾向となり，平成29年は，3,694人（前年比210人減）と，昭和23年以降，最も少なくなりました（平成30年版「犯罪白書」）。

　一方で，65歳以上の高齢者の交通事故は増加しており，特に認知機能や身体機能の低下から運転操作ミス（アクセルとブレーキの踏み間違い等）を原因とする自動車事故が多発していることは報道のとおりです。

　冒頭（第1章）に説明した犯罪発生の現場及び刑事弁護における高齢化傾向は，自動車運転に起因する交通事犯においても顕著に表れていることは弁護士としても意識しなければなりません。

2　交通事犯に関わる新法の創設

　従来，交通事犯は，刑法の業務上過失致死傷罪，近年では自動車運転過失致死傷罪（あるいは危険運転致死傷罪等）がその対象法規でしたが，平成26年5月に，自動車の運転により人を死傷させる行為等の処罰に関する法律が創設され，交通事犯は刑法ではなく，同法により，罰せられることとなりました。

　まず，刑法における危険運転致死傷罪が刑法から移され（自動車運転処罰法2条1号ないし5号），新たに通行禁止道路において重大な交通の危険を生じさせる速度で自動車を運転させ人を死傷させる類型が同罪に追加されました（自動車運転処罰法2条6号）。加えて，従来の危険運転致死傷罪の適用には至らないようなアルコールや薬物の影響を受けて正常な運転が困難な状態で人を死傷させた類型が，危険運転致死傷罪の新たな類型として追加されました（自動車運転処罰法3条）。

　また，アルコールや薬物の影響を受け正常に運転することに支障が

生じた状態で自動車を運転し人を死傷させた場合においてアルコールや薬物の影響等が発覚することを免れる行為が過失運転致死傷アルコール等影響発覚免脱罪として新設されました（自動車運転処罰法 4 条）。

　自動車運転致死傷罪も刑法から移設され過失運転致死傷罪として規定され（自動車運転処罰法 5 条），さらに，危険運転致死傷罪，過失運転致死傷罪及び過失運転致死傷アルコール等影響発覚免脱罪を犯した時に無免許であった場合に刑が加重される規定も新設されました（自動車運転処罰法 6 条）。

　これらの法整備は，近年自動車運転に関わる重大犯罪が相次いだことを受け，従来の法律では，必ずしも適切な処罰ができないという事態に対応したものです。今後は，自動運転制御の機能を有した自動車が増え，また，自動運転のレベルも進歩が予測されるため，交通事犯をどのように刑罰法規の対象とするか，法改正等には注意が必要です。

3　検挙者数（平成 29 年）※以下のデータは全て同年

　自動車の運転により人を死傷させる行為等の処罰に関する法律の検挙者数は 45 万 9,771 人，刑法による検挙者数は 5,530 人です。同法の検挙者数のうち，約 99.5％に当たる 45 万 7,824 人は過失運転致死傷罪による検挙であり，さらにそのうち約 99.3％に当たる 45 万 4,747 人は，致傷事案です。また，同法 2 条の危険運転致死傷罪による検挙は 350 人であるのに対し，同法 3 条の危険運転致死傷罪による検挙は 252 人です。

　検挙後の処理区分について見ると，危険運転致死傷罪は，74.7％が公判請求となり，一般事件の公判請求の割合が 22.9％であることと比べ，非常に高い割合で公判請求がされるという特徴があります。過失運転致死傷罪等では，86.2％が不起訴であり，一般事件のそれ（51.6％）と比べても，不起訴となる割合が顕著に大きいといえます。同罪の起訴率は 10％強（公判請求が 1.2％，略式命令請求が 9.6％）に止まり，直近 20 年を見ても起訴率はほぼ横ばいで推移しています。

危険運転致死傷罪における態様別の公判請求人員を見ると，総数408人中，アルコールや薬物の影響を受けた類型が261人（うち飲酒等影響が129人，飲酒等影響運転支障等が132人）であり，約64％を占めます。

4　刑期

　危険運転致死傷罪のうち，致死の事案については，刑の言渡しがあった31人全員が有期懲役の実刑を受けています。致傷の事案については，341人中，33人が実刑でした。これに対し，自動車運転過失致死傷罪及び過失運転致死傷罪（自動車運転処罰法5条に規定する罪に限る）においては，4,021人中，約2.8％に当たる114人が実刑（内致死事案については78人，致傷事案については36人）でした。

第2　逮捕勾留段階の弁護活動

1　身体拘束されるか否か

　先に見たとおり，死亡事案か否か，また，態様が悪質（危険運転等）か否かで，処罰結果が大きく変わり，身体拘束されるか否かも同様であると考えられます。また，交通事犯に限らず，居所が不明確であったり，事故後の行為から逃亡や証拠隠滅の可能性が高いとされるケースでは，身体拘束の可能性が高くなります。

2　身柄の解放活動（ポイント）

　基本的には，一般的な事件と同様です。しかし，冒頭で述べたとおり，多くの犯罪類型（刑法典）が故意犯を原則としているのに対し，自動車運転犯罪は「過失犯」を基本としています。そのため，被疑者としては（多くは運転免許を所持している善良な市民です），過失行為によって身体を拘束されるという点で，ショックが大きく，自動車を運転してい

た自分が手錠を掛けられる結果に，「どうしてこんなことに」と大きく混乱しています。

　弁護人としては，交通事犯に対しては，勾留の必要性がないこと，また，勾留によって，著しい支障が生じることを粘り強く交渉すべきです。そして，交通事犯の性質上，突発的な事件で被害者とは面識がないのが通常であり，また，ほとんどが過失による致傷事案で比較的軽い刑責となることが多いため，一般事件よりも，身体拘束されるケースは少ないのですが，身元引受人を用意し，被告人本人に出頭を誓約する旨の文書を作成させるなど，しっかりと準備をするようにします。

3　事例検討

　本事例のＡは，運転歴や違反歴からしてもベテランの優良ドライバーであり，45歳という年齢からしても運転能力（反射神経や視認，動作一般）にそれほどの衰えはないはずです。ただし，現在の高齢化社会においては，Ａよりも高齢で，とっさの視認と動作（高速道路上で前方の工事現場車線を回避する運転技術）を要する場面での事故は増えています。冒頭のとおり，高齢者ドライバーの重大事故が大きく報道されており，今後も注意が必要です。

　Ａにいかなる過失があったのかは，事例だけでは分かりませんが，優良ドライバーでも，高速道路を逆送する等，従来ではあまり見かけなかった事故が起こる時代です。本件の運転態様でも，少なくとも過失の域を出ない（故意や重過失ではない）と思われます。しかし，1名を重傷，1名を死亡させるという極めて重大な結果を引き起こしているので，場合によっては逮捕され，車両の状況，運転者の精神・身体状況等を含めて詳細に捜査が行われることは覚悟するべきです。

　一方で，Ａは現役の会社員（契約社員）であり，この日も仕事で運転をしながらいつもと同じ日常を送っており，犯罪を起こす意思（故意）など全くないはずです。そのため，自動車運転上の過失によって人を

死傷させていますが，仕事上の身分もしっかりしていますし，偶発的事故であることから，被害者との関係性もありません。つまり，逃亡や罪証隠滅のおそれはほとんどありません（ただし，混乱した被疑者が自殺を図るリスクには注意してください）。

　弁護人としては，このような背景事情を踏まえて，「捜査にはいつでも協力する」というスタンスで，逮捕された場合には身柄の解放を求めます。段階別ではおおむね以下のような活動がポイントになると思います。

(1)　逮捕勾留前

　弁護人選任届を出し次第，担当の警察官（交通部）に捜査の進捗を照会します。悪質性を基礎付ける事項（アルコール反応や車両の状態）については，事故現場でチェックしていると思いますので，本件が「過失犯」であり，しかも後続のトラックに衝突されていることを説明し，直ちに在宅事件にするよう申し入れます。

　その際には，家族や職場の身元引受書【※書式3（290頁）】，と誓約書（いつでも出頭する旨の約束）を提出することが必須です。本件が仕事中に発生した事故であることから，職場の責任者（経営者）にも協力を取り付け，警察や被害者への対応を求めるべきです。

(2)　検察官送致・勾留決定後

　身体を拘束された状態で検察官に送致された場合には，(1)を踏まえて担当検察官と交渉します（交通の身柄事件の場合，警察段階では取りあえずは事件と被疑者を検察官送致し，「弁護士先生は検察官と話してください」とする対応が多いと思います）。

　検察官に対しては，「急いで勾留請求しなくとも，在宅で捜査を尽くし，事故の詳細について明らかにするべきであり，被疑者はいつでも捜査には協力，出頭する」旨を説得します。勾留請求や勾留決定の段階においては，担当裁判官に「身体の拘束」が例外である旨を粘り強く述べ，決定（勾留決定，勾留延長決定）が出た場合には，刑事訴訟法

に基づき，準抗告の手続を行うべきです。

　特に本事例では，逃亡や罪証隠滅のおそれがないという法律上の要件について主張することはもちろん，死傷結果が全てＡの過失に起因するものではないことについても主張するべきです。そのためには，事故の具体的対応については，弁護人としても被疑者に聴き取り，可能な限り調べるべきです。事例で明らかになっている事実関係は多くありませんが，例えば，以下のような事実関係については，公判に備える意味でも早い段階で把握してください（具体的公判準備は第4参照）。

・事故当時の時間帯（薄暗さ），天候
・事故現場の視認状況（何メートル前で気が付いたか）
・走行スピード
・車載カメラの有無（捜査機関の確認状況）
・方向指示器（ウィンカー）を出したタイミング
・後方トラックの視認状況，スピード
・被害者の状況（当たった段階でどう見えたか）

---

(3)　公判請求後

　本事例のような交通事件で，勾留期間（最大20日間）で証拠を全て揃えて公判請求することは少ないとは思います。しかし，勾留満期前に公判請求（起訴）された場合には，速やかに保釈請求の手続を行うべきです。保釈請求手続については，第3章（第6節）を参照して下さい。

　本事例のような死亡事故のケースでは，被告人が過失態様を否認した場合には，第1回公判期日が行われる前に保釈請求しても，検察官が争ってくるケースが多いと思います。しかし，公訴事実の認否と保釈の可否に関しては，刑事訴訟法上は無関係ですので，ここは根強く権利保釈・裁量保釈を主張するべきです。

第3 損害賠償 (示談交渉)

1 保険等との関係

(1) 自賠責保険，任意保険

　交通事故に関係する保険には，加害者側の保険として，自賠責保険 (人損に限ります)，任意保険 (人損に対しては対人賠償保険，物損に対しては対物賠償保険) があります。被害者側の保険としては，代表的なものとして人身傷害保険 (人損)，車両保険 (物損) があります。加害者側の保険会社が支払う保険金も，被害回復のための賠償金として考えられるため，保険適用の有無は情状面で極めて重要です。自賠責保険は強制加入で，任意保険はその名のとおり加入は任意ですが，自賠責保険では，定額かつ低額の基準の保険金しか支払われないことがほとんどであり，被害回復に十分ではありません。

　任意保険に加入しておらず自賠責保険金を上回る賠償を加害者が負担できない場合には，情状は悪くなります。強制加入保険の自賠責保険にすら加入していない場合には，別の法規 (無保険車) に抵触しますので，より情状は悪くなります。

　また，被害者が加入する保険の適用 (例えば人身傷害保険) により，被害者に保険金が支払われる場合，自賠責保険の限度額を超えた部分は，加害者 (あるいはその加入する保険会社) へ求償がされることになるので，実質的には加害者による被害回復がされたと見ることができます。

(2) その他公的給付金

　交通事故による死傷案件の医療費，賠償金においては，(1)のとおり自動車保険 (自賠責，任意) が真っ先に浮かびますが，被害者が勤務中や通勤中であった場合には，労働災害保険の対象となります。本件でも，被害者2名は道路工事中でしたので，死亡や受傷については，労働災害給付金の支給対象となります。また，重傷者の医療費についても，交通事故 (第三者加害) による保険金支給なのか，労働災害による

保険金支給なのかはチェックが必要です。さらに，本件のような重症
者（全治 3 か月）が生じた場合には，後遺障害の問題と障害年金の問題
も発生します。

　刑事弁護人は，これらの公的給付に関しての視点が欠けている場合
がありますが，弁護士である以上，2 で説明する示談交渉においては，
当然のことながら損害賠償金以外にどのような給付金があり得るのか
は重要です。特に，損益相殺や調整の対象となる保険金や年金につい
ては，本書では扱うことはできませんが，関連書籍等を参考にチェッ
クすることは必須です。

2　被害者との示談交渉と保険金

　通常，加入する保険会社からの保険金（賠償金）は，民事上の賠償で
あり，保険金の上限がない限り，保険金で賠償が全て賄われることと
されます（ただし，死亡による逸失利益や休業損害金に関する保険金の支払について
は，1 で触れたように，保険会社は労働保険金の支払状況等を勘案して，調整がなされ
ます）。

　しかしながら，保険会社からの保険金は，被害者の治療が全て終わ
り，後遺障害の等級や過失割合等の協議，そして各求償関係の処理が
終わった際に支払われるものであり，治療に数か月から数年かかるよ
うなケースでは，損害が補填されるのは事故から数年たってからとい
うケースも少なくありません。

　その前の段階で，刑事手続は終結していることがほとんどであり，
いまだ被害が回復されていない状況で，刑事処分の判断を受けること
となります。そのため，刑事事件の公判段階において，交通事故の示
談を成立させ，示談書（宥恕文言や清算文言）を取得することは，実は相
当に難しい作業です。

　繰り返すとおり，被害者の賠償金の確定時期と，刑事上の処分の確
定時期には，タイムラグがあります。このような場合，保険会社から
の保険金とは別に，刑事上の示談金の一時金ないし見舞金として，被

告人負担で，被害者との間で刑事分野での示談をする可能性もあります。ただし，支払う場合には，当該一時金や見舞金が，事後保険金で賄われるのかは，保険会社との間でよく確認しておく必要があります。仮に，補填されない性質の金銭である場合には（純粋な見舞金），被疑者・被告人又は出捐者に対して，その支払の性質を含めて詳細に説明する必要があります。なお，保険金の支払実務においては，重大事件（特に死亡事故や重傷事案）については，速やかに一時金が支払われるケースも多くありますので，こちらも保険会社とよく会話するべきです。

3　被害者（家族）への対応

　交通事件において，被害者側と接触する際に注意するべきは，被害感情が「極めて強い」ケースが非常に多いという点です。

　弁護士は刑事事件を検討するにあたり，損害法益と行為態様から事件に入るため，「自動車運転過失」の類型は，故意犯よりも軽いかのような感覚を持つ場合があります。しかし，交通事故は知らない者同士が，「加害者・被害者」となっている点で，被害者側にとっては，「突然に不合理・理不尽な犯罪に巻き込まれた」との被害感情があります。特に，被害者が死亡した場合や重い後遺障害が残った場合，加害者に危険運転やアルコール運転等の事実がある場合には，被害者とその家族の怒りは相当なものです。最近では，認知症と思われる運転者が，アクセルとブレーキを踏み間違えたと思われる結果，複数の被害者が死亡したような事件で，報道自体が「なぜ逮捕しないのか」という論調で，世間の認識では殺人罪に匹敵するかのような強い被害意識がクローズアップされていました。弁護人としては逮捕の必要性に関する議論はさて置き，そのくらいに被害者が突然にして生命身体を害されたという事実は，本人と家族に重く圧し掛かります。

　弁護人としては，こうした被害者側の感情に配慮し，本人又は代理の親族による直接的謝罪（場合によっては葬儀への参列）や，手紙等書面の交付，そして示談交渉においては，注意が必要です。

　特に，本事例のように多重（複合的）事故や，過失態様に関して争いがある場合には，具体的過失に関する説明はできませんし，ましてや示談金について，例えば「対人無制限の保険に加入していますので，全て保険会社に任せています」との説明をするのみで，お見舞いや謝罪をしないことも不誠実です。

　個別具体的な検討になりますが，交通事件の場合には，公判期日での立証方針（特に争う事実がある場合）を踏まえつつ，特に被害者側の心情に配慮した謝罪，お見舞い，示談交渉を心掛けてください。

4　事例検討

　本事例においては，後方トラックとの共同不法行為となり，Aの過失及び後方トラックとの負担割合が民事上の争点になりそうです。しかも，Aは勤務中であり，使用者責任（民715条）で，Aの雇用主（会社）も損害賠償責任を負担します。

　損害保険実務上は，A運転の自動車と，後方から来たトラックの各過失態様，そして負担割合が決まらなくとも，過失が大きいとされる方の保険会社がまず対応するということが通常ですが，事故態様に大きな争いがあり，どちらの過失割合が大きいか明らかでない場合には，任意保険会社の対応が遅れる場合もあります。

　また，2でも述べたとおり，被害者救済という視点から，労働災害保険等，各種の保険，年金等の公的給付金が考えられます。

　刑事弁護人としては，これらの金額確定は相当先になることを念頭に，取り急ぎ「謝罪・反省」の意味での金銭支払を検討する必要があります。本事例では難しいところですが，Aにいかなる過失（割合）があったのかを協議し，A自身で（自腹で），見舞金や一部損害賠償金を支払う意思があるのかをよく確認してください。なお，その際には被害者が受け取るべき給付金（自動車賠償責任保険金，任意自動車保険金，労働災害保険金，休業損害保証金，後遺障害保険金等）を勘案することはもちろんですが，いまだ不確定である給付金を，示談交渉の検討事項に入れる

ことは（例えば，被害者との間で「労災が下りるので給与損害金は支払いません」等
のやり取り），トラブルになります。基本的には，民事の損害賠償に関
する合意・支払の代理権はないというスタンスで，あくまで刑事事件
の示談金として捉えるべきです。

　何より，示談交渉に関しては，弁護人としての判断が遅くなること
は，被害者にとっては，被害感情が増す事由となります。

　交通事件における被害者との示談に当たっては，まず任意保険の支
払状況を確認するとよいでしょう。その上で，公判段階の防御方法に
応じて，示談の具体的内容を検討するべきです。

第4　公判弁護活動

1　事案の把握

　交通事犯では，過失行為が問題となることがほとんどであるので，
まず，事故の態様及び事故直前の行動を子細に把握する必要がありま
す。第2の事実関係以外にも可能な限り整理して，事実関係をピック
アップしてください。

　例えば，本事例では，Aの過失にかかわる事項としては，

> ・合流後，第2車線に車線変更する際にウインカーを点灯させて
> いたか
> ・点灯させていたとして，合流時に点灯させたウインカーを点灯
> させっぱなしだったのか，改めて点灯したのか（後者であれば点
> 灯させた場所はどこか）
> ・第2車線に変更しようとした際に，右後方確認をしたか。確認
> していたとして，その際後方トラックはどの位置に見えたのか
> ・合流時及び車線変更時の速度はどれくらいだったか
> ・前方に工事現場があることを確認したのはどの位置か
> ・工事現場の存在を知らせる表示の有無

・事故時の天候

・事故の時刻（夕刻以降であれば，A及び後方トラックのヘッドライトの点灯
　状況）

・後方トラックの速度

　これらは，証拠として提出される実況見分調書や，供述調書で確認
ができますが，受任のタイミングによっては，すぐに見ることができ
ないこともあります。そこで，受任後すぐに，A本人には，詳細に聴
き取りを行い，Aの過失の内容及び程度，A以外に事故発生に寄与し
た要素の有無及びその程度を把握するように努めます。

　そして，交通事件においては，「現場」の具体的状況を知っている
ことが，確実に弁護活動のヒントになるはずです。できる限り，事故
発生時に近い状況（交通量，時間帯，天候等）を確認するために，現場に
行くべきです。なお，高速道路や交通量の多い複数車線の確認や，現
場で画像や動画を撮影する場合には，他の自動車や通行人とトラブル
にならないように注意してください。

2　事例検討

　本事例においても，現場は高速道路上ですが，できる限り現場の状
況は確認するべきです。ただし，事例は事故発生当時に道路交通工事
を行っていますので，普段の交通量から工事車線が減った場合の状況
は推認せざるを得ません。しかし，太陽の位置（運転時の眩しさ等），車
幅，視認状況等を知ることは，現場の高速道路を走行してみるだけで
も十分価値があります。また，近年では市販の地図のほか，インター
ネットで提供される地図（Google Map）で現場を検索し，航空写真・衛
星写真（Google Earth）から，周辺図を含めて確認する作業は必須です。

　その上で，机上に戻り，既に実況見分調書が証拠開示されているの
であれば，時間を掛けて精査し，被疑者被告人から聴き取った事実関
係と，自身で確認した現場の状況（イメージ）との整合性を整理します。

次の段階では，やはり過失割合です。これについては，「別冊判例タイムズ38号」を参照するのがよいでしょう。類型的な事故態様に応じて，基本過失割合が設定されており，個別事情を考慮する修正要素も記載があります。例えば，本事例では，高速道路上の走行車線から走行車線への進路変更に当たるため，基本過失割合は，Aが7割，後方トラックが3割となります。

　これに速度や，視認状況等の個別事情を加味し，本件事故の原因及びそれに対するA自身の過失割合（寄与度）を検討します。

　例えば，A自身の過失割合を下げる要素として考えられることは，

・後方トラックの大幅な速度超過
・後方トラックの居眠り，脇見運転その他別動作（携帯やスマホ）
・日没や雨天であった場合で，後方トラックが無灯火等
・合流地点から工事現場までの距離（短い等）
・工事現場の存在を知らせる表示がない又は不適切
・工事現場の作業員・警備員の立ち位置（本線道路寄りか等）
・その他，視認状況・路面状況・眩しさ等

といったことが考えられます。

　あくまで一例であり，実際に被疑者被告人から聴き取り，現場の状況を確認すると，多くの弁護ポイントが出てきます。例えば，車線変更のパイロン（赤い三角コーン）や表示板がどのように並んでいたか，交通誘導員（警備員）がどの位置で誘導灯（赤い警備ライト等）を振っていたか等，通常の道路では存在しない，例外的な工事現場に関する事実はかなり気になるところです。こうした事実の抽出作業こそが，交通事件の弁護活動の重要部分です。

3　執行猶予，罰金刑を取るポイント

　本件は，危険運転には当たらないと考えられ，過失運転致死傷罪の

適用を受ける事案となると思われます。冒頭に見たように，過失運転致死事案の場合，実刑を受けるのは，司法統計上（平成 29 年）は 2.8%であり，多くは，執行猶予ないし罰金となっています。

　刑を軽くするためにすべき弁護活動は，一般事案と同様，犯罪行為事実及び情状事実に分けて考えるとよいでしょう。

　前者では，A 自身の具体的な行為の評価，A 以外に本件事故に起因する事情があること，またその事情の寄与度が大きいことを立証することになると思われます。後者では，自動車運転を今後控えることや，今までは無事故であったこと，任意保険による賠償がされること，本人の反省が深いことを立証することになるでしょう（こちらも，あくまで解説のための一例紹介です）。

第 5　その他（行政事件，保険等）

1　行政処分と刑事処分

　交通事故を起こすと，刑事処分とは別に，行政処分の対象にもなり，過去 3 年以内に加算された点数の合計で処分が決まります（過去に処分を受けた回数も考慮され，過去に処分された回数が多いほど，低い点数でも重い処分を受けることとなります）。例えば，一度も処分を受けたことがない場合には，6 点で免許停止 30 日，15 点で免許取消 1 年という処分がされることとなります。この点数制度の詳細は，運転免許更新時の教本でも交付されていますし，公安委員会のホームページでも詳しく案内されていますので，参照してください。

　本件は，死亡事故ですが，死亡事故の場合には，安全運転義務違反で 2 点，死亡結果の付加点は低くとも 13 点ありますので，死亡事故で免許取消となります。ただし，処分が決定する前に意見聴取の機会が与えられ，個別の事情によっては，処分が軽くなることもあります。

2 任意保険 (弁護士費用特約) と弁護士保険

　任意保険に，弁護士費用特約が付帯されることが多くなりましたが，多くの場合，この特約でカバーされる弁護士費用とは，賠償義務者に対し損害賠償請求をする場合の弁護士費用に限られており，加害者となり刑事手続を受ける場合の弁護士費用は，この特約の対象外です。ただし，一部の保険会社では，平成30年1月より，弁護士費用特約に「刑事弁護士費用条項」を新設し，対人事故における刑事弁護士費用を補償する保険が提供されています。各弁護士会でも日弁連のLAC（リーガル・アクセス・センター）を通じた刑事事件の弁護士紹介に対応できる制度を整備しています。

　なお，交通事故に限らず広く法律問題にかかる法律相談や弁護士費用をカバーする弁護士保険も普及し始めていますが，交通事故加害者の立場で，刑事手続を委任する場合の弁護士費用については，保険の対象外ですので注意が必要です。

3 犯情が重い交通事故事案 (危険運転や飲酒等)

　近年，自動車を故意に暴走させ複数人を死傷させる事件，アルコールや薬物の影響下で，正常な運転ができない状態で自動車を運転し人を死傷させる事件や，飲酒をしていたことが発覚するのをおそれ発覚を免れようとして救護義務に違反する事件等が多く見られたことを受け，これらを適切に処罰するため法整備がされたことは冒頭で述べました。

　これらは極めて犯情が重く，処罰も一般的な事故事案と比べ極めて重いものとなります。ただ，それだけ，要件も厳しく，故意の認定，アルコール保有度等の立証が容易ではありません。刑事裁判での争点にもなるでしょう。

4　その他

　事故態様が争われるような場合等には，検察側から，工学鑑定の結果が証拠として出される場合がよくあります。弁護側も，私的鑑定をするなどして，これに対抗する必要がありますが，場合によっては，実車両を用い，再現実験をする事案もあります。

　また，捜査側が作成した資料である実況見分調書が，証拠として提出されますが，実況見分の図が極めて杜撰であったり，数値の誤記があったり，現場で捜査官による誘導がなされていたり，というケースが少なくありません。

　受任のタイミングにもよりますが，可能であれば実況見分に立ち会うことも有益です。

第**8**章

人的類型⑴
—高齢者犯罪

【本章のポイント】

> 本章からは属人的な側面から犯罪を捉え，①高齢者，②障害者についての弁護活動を解説します。
>
> まずは，我が国が直面している高齢者社会，そして，これに伴う検挙者の高齢化問題を解説します。犯罪類型としては窃盗犯が多数ですが，累犯が多く，貧困や孤独が背景にある点が特徴です。

【事例　高齢者の犯罪（窃盗）】

> Aは，65歳の住所不定・無職の男性です。
>
> この1か月程度，東京都内の繁華街でネットカフェに寝泊まりをしていましたが，所持金が1,000円程度になったことから，大型書店に立ち寄り，換金目的で人気コミックスを窃取したところ，その場で店員に取り押さえられました。

第1　高齢者犯罪の特徴

　高齢者犯罪の特徴として挙げられるのが，大半は窃盗罪であり，特に，店頭販売における軽微な万引事犯が多いことです。また，常習的に窃盗を繰り返している頻回検挙者や受刑者も多く，中には若い頃から窃盗を繰り返すうちに高齢者となってしまうケースもあります。こうなると，更生社会復帰自体が極めて難しいというのも，高齢者犯罪の問題点です。

　事例のケースでも，仕事がなく金に困った高齢者が生活資金を得る目的で換金性の高いコミックスを窃取しています。少年事件でもよくあるケースですが，安易に金銭を得ることができることから，子どもや高齢者にとっても比較的ハードルが低いのかもしれません。

第2　行き場のない高齢者

　高齢者の窃盗事案は，通常は単独犯であり共同正犯や従犯を見ることはあまりないと感じます。これは，社会で孤立した高齢者が「生活のため」安易に目に付いた商品に手を伸ばすことが多いからです。仕事がない，頼れる家族や友人がいない，地域でも孤立している高齢者に，「お金もない」という背景事情があり，高齢者を犯罪，特に窃盗へと走らせている現状があると言えます。

　逆に言えば，就業先や家族・友人，地域社会（福祉のセーフネット）に恵まれていれば，高齢者が犯罪者となるケースはかなりの確率で防ぐことができます。ここが高齢者犯罪を担当する上での大きなポイント（弁護方針の視点）です。そのためには，高齢者を保護する社会的なシステム（高齢者福祉）に関する知識が必要不可欠になるのです。

第3　高齢者からの情報収集

　弁護人が被疑者と接見し，最初に確認するべきは犯罪事実（被疑事実）等の行為の側面であることはもちろんですが，事実に争いがない（自白事件）場合には，高齢者は，これまで長い生活の歴史があり，成育歴・学歴・職歴や家族等の人間関係が複雑なケースが多いはずです。そのため，人を軸とした情報収集と，それに対応した福祉情報の収集が欠かせません。

　マニュアル化できるほど単純な作業ではありませんが，最低限必要な視点をチェックリストにするならば，次のような項目です。

□身上（家族）関係　　　□職歴（働く能力）

□身体状況（病歴）　　　□地域との関係性

□高齢者福祉との関与

→・社会保険（介護・医療）の有無

> ・社会扶助（生活保護）の有無

(1)　身上（家族）関係

　高齢者の場合でも，配偶者や子どもの存在の有無で環境調整が大き
く変わることはもちろんです。民法上の扶養義務もありますが，身元
引受人や示談金の出捐者，継続的な生活の監督者として極めて重要な
キーパーソンです。一方で，独身・子どもなしという場合であると，
社会的な孤独を抱えているケースもあります。この場合，直接的な人
間関係（配偶者・直系卑属）から一歩後退した兄弟姉妹に頼れる人がいる
かが重要になります（なお，念のため断っておきますが，独身・子どもなしという
身上が，犯罪を誘発しやすい視点というものではありませんし，弁護士がこうした偏見
を持つことはあってはなりません。あくまでも，罪を犯した高齢者がその孤独の背景事
情として単身者であるケースには注意を要するという視点です）。

　我が国でも50歳段階の独身者（以前は生涯未婚率と表記していましたが，50
歳を基準とします）の割合はこの30年でも急増しており，今後は65歳
以上の単身高齢者が増加することが予測されます。単身者への社会的
アプローチ（特に高齢独身犯罪者へのアウトリーチ）は，普通のこととして考
えていく必要があります。

　本事例でも，まずはAに親族（妻や子ども）がいるかという事実は最
重要であり，同親族が同居しているのか，近くに住んでいるのか，遠
方に在住等疎遠であるのかは接見の早い段階で確認する必要がありま
す。

(2)　職歴（働く能力）

　被疑者と話す際には，これまでの職歴を丁寧に聴き，特に直近2〜
3年においては，どのような仕事で生計を立てていたのかが重要な情
報になります。

　本事例のAにおいても，聴いてみると，例えば，1年前までは肉体
労働をしていたが，会社の寮を出されるほどに身体が衰えた等の事情

からネットカフェ難民になったのかもしれません。原因は必ずあるはずです。

　逆に，現在就業しているような高齢者であれば，職場との調整が付くのであれば再度の就業自立が可能であることから，ここを中心に早期に環境を調整する必要があります（休みが長期化するにつれ，職場復帰は難しくなるのはもちろんです）。

(3)　身体状況（病歴）

　高齢者の弁護をする上で，気に掛けるべき事項としては「持病」があります。犯罪行為の背景には，「孤独・貧困・病気」があるケースが本当に多いことはご承知のとおりかと思います。また，犯罪で検挙される高齢者は，健康保険証がなかったり，あっても僅か1割の自己負担金が払えなかったり，と医療機関にかかっていること自体が少ないと感じます。

　「どこか調子の悪い所はありますか」「最近病院に行ったのはいつですか」「大きな病気（手術や入院）の経験はありますか」という端緒から，被疑者の健康状態を把握することも重要です。弁護人は医者ではありませんが，刑事勾留施設に入っている被疑者は，極めて医療と遠い位置にいます。病歴や投薬状況からどこか悪いところがあるのだろうかという視点を持つことは，被疑者の身柄解放活動や情状弁護をする上でも重要です。

　どんな薬を飲んでいましたか，という質問に対する被疑者の応答で，例えば「デパケン（てんかん）」「テグレトール（統合失調症）」「アリセプト（認知症）」といった病歴を把握できることもあります。薬の名前から調べることも有効です（もちろん，薬から確定診断された病名が導き出されるものではありません）。

　本事例のようなケースでも，例えば，Aは仕事ができないほどに足腰が痛い・目がかすむというような自覚症状を説明することがあります。こうした場合には，視覚に何らかの問題を抱えていることも考えられ，「身柄解放後に直ちに就業するという選択肢は難しい」という

見通しを立てる必要があります。

　そのような場合には，確定診断は医師に任せることが必要ですが，警察署や拘置所で拘留期間中に医療ケア，特に正確な診断を受けることが告げられることは，まずありません（血液検査等を行っても検査結果の書面が交付されたとはあまり聞きません）。

　そこで弁護人としては，Aの病歴や投薬状況に注意を払い，症状が悪化（進行）している場合には，捜査機関に上申等を検討するべきです。

　展開事例として実際にあった事案を挙げます。

　上記の例のように「ネットカフェに泊まるようになってから，目があまり見えなくなった」という被疑者がいました。「老眼では」と考えがちですが，何らかの原因で神経障害が出ているケースもあります。そうした申告には，視界がぼやけるのか，視野自体が狭いのか，もっと聴き取る必要があります。

　この被疑者の事案では，「喉が異常に乾く」「指先の感覚がない」といった主訴に加えて，接見するたびに目が見えなくなっていたことから，典型的な糖尿病の症状であり，聞いてみると「仕事を辞めるまでは糖尿病の薬を飲んでいたけど，1年位放置していた。ネットカフェで寝泊まりしていたけど，ネットの字がかすんで見えないので変だなと思っていた」とのことでした。

　結局，血液検査の結果，糖尿病が進行しており，失明寸前の状態でした。糖尿病は「シ（神経障害）・メ（視覚障害）・ジ（腎機能障害）」と進行しますが，こうした一般的な留意事項が，被疑者の今後の生活改善で極めて重要になることもあるので，できる限り配慮するべきです。

(4)　地域との関係性

　次に，被疑者はどのような地域でどのくらいの期間生活していたかも重要な情報です。一定の地域で継続的に生活していたのであれば，行政機関（福祉課や福祉事務所），町内会，民生委員等が介入していた可能性もあります。住民票の移転記録（戸籍の附表）も重要な情報です。

逆に，学校卒業後に就業して以来，定住したことがないような被疑者は，地域社会の枠からはみ出しているケースがあり，そうなると身柄解放後にどこの地域に繋ぐかという判断が難しいことになります。いわゆる住所不定・無職の場合には，逃亡のおそれ（刑訴60条各号ほか）があるとされ，勾留請求が認められることが多いのはご承知のとおりです。

そして，なぜ高齢者の場合に地域性が重要になるかというと，高齢者の場合，年金や介護保険，生活保護等の社会保障制度が生活基盤の生命線になるケースが多く，こうしたセーフネットの対応は管轄の自治体（区市町村）が基準となります。転居を繰り返すと，自治体間の手続の狭間に陥り，適切な社会保障を受けることができなくなるケースが散見されるからです。

事例Aの場合も，ネットカフェで寝泊まりしていたとして，働いていた場所，出身地，卒業した学校，現在の本籍地・住民票の場所，土地勘があるエリアといった地域的な地盤を探ることが必要です。仮に，真の根無し草のような生活をしている場合には，健康保険証の管轄自治体はどこか，免許証の書換えはどうしていたのか等の関連事実から聴き取るべきです。例えば，Aは30年以上も職や居住地を転々としているのであれば，単に帰属意識が低いのか，何らかの事情（人間関係のトラブルや借金等）によって，職業や居住地を変えざるを得ないのか等の視点から見極めが必要です。

こうした情報によって，次の高齢者福祉の利用エリアが決まることになります。

第4　高齢者福祉

1　社会保障制度

高齢者の刑事司法において，実際に刑務所に行く事案（実刑）は，凶悪犯罪や重大犯罪ではなく，その多くが窃盗であり，しかも高齢者

の窃盗罪では，累犯や頻回受刑者の割合が多いこともデータ上に表れています。

　要するに，社会に居場所はない高齢者の行き場として「刑務所」が社会資源になっているという側面があります。刑事政策としては皮肉な話ですが，刑罰を科す刑務所が，高齢者の寝食と健康な生活を保障する，福祉施設たる機能を担っているのです。

　こうした現状を踏まえて，被疑者被告人段階で適切な福祉につなぐという視点が高齢者の弁護では必要となり，弁護人として，刑罰を科す刑務所以外の「社会的資源」を十分に知っておく必要があります。

　そして，一口に「福祉」といっても高齢者の場合，医療から介護保険制度（要介護や要支援），生活保護，自立支援，更生保護，医療観察にわたるまで広義の概念であり，当該被疑者にどのような福祉が適切なのかは，専門職（介護支援専門員や社会福祉士等）でもない限り極めて見極めが難しいところです。しかし，身体拘束中の被疑者から自由に長時間にわたって話が聴けて，逮捕から判決までの，いわば長期的な「線」の関係で関わることができるのは弁護人だけです。これは，福祉の現場であれば担当のソーシャルワーカーのインテーク（事案把握）やアセスメント（事案分析）を行っていることと同じです。

　そこで以下では，最低限知っておくべき「高齢者福祉」の社会保障制度について解説します。

　日本の社会保障制度は，大きく分けて社会保険と社会扶助に分かれます。

2　社会保険（介護保険・健康保険）

　日本の社会保険は，①年金保険，②雇用保険，③労働者災害補償保険（労災），④介護保険，⑤医療保険の5種類です。財源は保険料で，保険事故の発生で金銭給付が行われます。①の年金保険も「働けなくなった（多くは年齢）」という条件で年金支給が開始されるのです。本書の刑事弁護実務で重要となるのは，後者④介護保険と⑤医療保険か

と思います。

　④介護保険は，平成9年の介護保険法制定に基づく保険制度で，「要支援（1・2）」「要介護（1～5）」に認定を受けた65歳以上の高齢者（1号被保険者）に対しては，介護給付と予防給付の介護保険サービスが受けられる制度です。なお，介護保険料は40歳以上の医療保険加入者（全国民に加入義務があります）からも保険料を徴収しており，65歳未満の介護保険加入者を2号被保険者といいます。我が国の1号被保険者は3,382万人（平成27年末厚労省データ）で，極めて多いと言えます（超高齢社会）。1号被保険者で要介護・要支援認定を受けた人は約607万人です（同データ）。また，65歳未満の2号被保険者でも，特定疾病（※16種類）の場合には要介護認定を受けることができ，実際に2号被保険者で特定疾病介護認定を受けている人も14万人います（同データ）。※末期ガン，関節リウマチ，筋萎縮性側索硬化症，パーキンソン病，脊髄小脳変性症，糖尿病性神経障害（腎症及び網膜症），脳血管疾患等。

　⑤の医療保険は，健康保険・船員保険・共済組合・国民健康保険・後期高齢者医療保険の5制度保険に分かれます。健康（協会けんぽと組合健保）・船員・共済（公務員と私学教職員）の3制度が職域保険（被用者保険），国民健康保険が地域保険，後期高齢者医療保険は75歳以上が加入する制度です。①年金保険，②雇用保険，③労働者災害補償保険（労災）に関する具体的解説は割愛しますが，①も20歳以上が加入し，毎年ねんきん定期便を受け取っているはずです。②③は労働問題を扱ったことのある弁護士には馴染みかと思います。特に，年金（国民年金や厚生年金）に加入している場合には，障害年金の受給が可能ではないか，また，働けなくなった原因に関して，労災認定を受けることが可能ではないか，については，常に意識する必要がありますし，情状弁護に際しての重要なポイントになり得ます。

　本事例Aも，「体が悪くなって働けない」というのであれば，犯罪の背景には「就労不能」があります。就業先が雇用契約で期間等の要件を満たせば②雇用保険，③労災保険（雇用者に加入義務があります），の給付を検討できます。要介護認定がなされる状況であれば，65歳で

あるAには介護保険給付もあり得ます。何よりも，これ以上の病状の進行がないように，健康保険を利用した適切な医療が求められます。

　なお，事例のAは高齢者ですが (65歳)，先の事案のような視覚障害の場合には，たとえ50歳でも，2号被保険者特定疾病 (糖尿病による神経障害等) による介護保険給付があり得ます。また，視覚障害が進行している場合には，身体障害者として障害者年金給付や福祉サービスの給付を受けることもあり得ます (障害者支援については第9章)。

　しかしながら，以上に紹介した制度は全て「保険」であり，保険料の支払がないと給付が受けられないというのが建前です。

　このような事情を補完する制度が，次の社会扶助制度です。

3　社会扶助 (生活保護)

　福祉分野では社会扶助といった場合，公的扶助 (生活保護)，社会手当 (子ども手当，児童扶養手当等)，各種サービス (高齢者や障害者への給付金) を含んで捉えます。保険制度と異なり保険料 (掛金) をいう概念はなく，財源は税金です。給付の条件には，所得制限と資力審査がありますが，原則として誰でも給付を受けられます。中でも生活保護制度が重要で，被疑者が貧困や高齢，障害，病気等で就業できない場合には，この制度が更正社会復帰の生命線となります。生活保護は，①生活扶助，②教育扶助，③住宅扶助，④医療扶助，⑤介護扶助，⑥出産扶助，⑦生業扶助，⑧葬祭扶助の8種類があります。

　我が国の生活保護率は1.69％で，約164万世帯・約215万人が保護を受けています。このうちの半数が65歳以上の高齢者です。生活保護というと，「不正受給」のニュースが報じられ，国民の意識にも「自業自得」のような意識がありますが，保護率が2％未満というのは先進国では最低レベルであり，本来必要な国民に制度が届いていないのが現状です。犯罪者，特に高齢者が検挙され受刑者となるケースでは，適切な生活保護のセーフティネットから漏れていることが多いのです。

もう一つ，「悪いことをして生活保護？」という考え方は国民感情としては分かりますが，高齢者を刑事施設（拘置所・刑務所）に収監し刑罰を科すコストと，生活保護を受給して静かに暮らすコストとでは，使う税金の金額や何より社会的な安全性を考えると，後者の方が桁違いに優位です。近時の日本においては，行くところがないので刑務所もやむを得ずという発想に，福祉という視点は，被疑者被告人の一番近くにいる弁護人こそが持つべきです。

そこで，刑事弁護で重要なのは，①生活費，③住宅費，④医療券です。被疑者の身柄が解放された場合に，申請する地域ではどのくらいの生活費と住宅費が認められるのかはあらかじめ調べておくべきです。

本事例のＡも，「働けない」身体状況に，何らかの病状や老化があるものの，この症状が介護認定や障害者認定まで進行していないのであれば，この①③④の給付を受けることで安全・安心に地域で暮らすことができます。

第5 社会福祉資源

以上見てきた福祉制度を前提として，弁護人は被疑者の身柄が釈放された際に，どこに繋ぐかというソーシャルワークも弁護活動の一環となります。

問題は，その「どこ」なのかという社会資源ですが，これは法律家の守備範囲を超えます。特に，介護保険，医療保険，生活保護は制度改定も多く，細分化されており（数年で運用が変わります），弁護士がマッチングして制度設計を行うことは難しいのが現状です。そこで，弁護人としては，聴き取った事情（インテーク）を基に，家族等の人的資源を踏まえて，地域の福祉拠点に相談に行くことが重要になります。この拠点としても，社会保険と社会扶助に大きく分けて考えるといいかと思います。

社会保険（介護・医療）としては，介護の分野に繋ぐ場合には，地域包括支援センターがあります。これは，地域住民の保健医療の向上・

福祉の増進を包括的に支援する機関で，特に「介護認定」の申請を支援する重要な役割を持ちます。

　医療保険に加入している（健康保険証がある）場合は，診断を受けた病院が社会資源の端緒となります。その際，病状について医師や看護師に相談するのも大切ですが，今後の生活方針については，大きな病院であれば生活相談員や医療ソーシャルワーカー（MSW）という専門職が配置されています（社会福祉士や精神保健福祉士の資格保持者が多い）。医療機関への生活相談を端緒として，改善更生プログラムを立てるのも重要です。

　社会扶助（生活保護）としては，地域の福祉事務所が拠点です。地域の福祉窓口で生活保護担当に問い合わせると，担当者に繋がります。近時は，各区市町村単位でホームページがあるので，生活保護対応でアプローチするといいと思います。

第6　具体的弁護活動①（捜査段階）

　Aに対する接見のポイントは，総論（第3章）でも述べていることが原則です。そして高齢者である場合には，これまで解説したような視点から，じっくりと事情を聴き取ってください。福祉のアウトリーチ（インテーク）のような視点です。特に，高齢者の場合には，「ゆっくり・はっきり」会話する必要がありますが，信頼関係（ラポール）形成にはある程度時間がかかることはやむを得ないところです。上から目線で「生育歴・学歴・職歴・家族関係」等を聴いたとしても，初回ではまず教えてもらえないと思いましょう。しかし，この人間の背景事情が弁護活動を展開する上で，重要なのです。

　捜査段階では「身柄の解放」がメインとなりますが，示談等の基本的なスキルは総論（第2章・第3章）でも言及したので，ここでは，高齢者の被疑者段階弁護のポイントに絞ります。

1 人的関係

　最初に確認するべきは，人的資源です。同居の家族がいればその人間関係を軸に，身柄の解放活動に入ります。被疑者の同意を得た上で家族に連絡し，弁護士として刑事手続説明，身柄解放に必要な手続（身元引受書や誓約書）に協力してもらうよう面会します。この際には，家族の立場に寄り添って，今後どうするべきかを一緒に考えることが重要です。

　実務上，同種前科前歴がないのであれば，在宅に切り替える可能性が高いはずです。なお，国選弁護人（法テラス契約）である場合には，身柄の解放（在宅事件）になった場合には，国選弁護人の身分も消滅しますので，解放後の立ち位置にご留意ください。

2 地域・就業

　家族と地域で居住していれば，窃盗事件で罪証隠滅や逃亡のおそれは少ないはずです。即時の身柄解放を求め，勾留に対しては準抗告等の対抗手段に出るべきです。家族がいない場合も，職場との連携が取れるのであれば（雇用主の身元保証が一番効果的），家族と同じように協力を取り付けることができます。

　しかし，住所不定・無職となると，人的資源や地域・就業資源が見込めません。どのようにフォローするか次の段階を考えます。

3 高齢者福祉

　Aのようなケースで，被害金額は少ないながらも（Aの窃取物はその場で返還されている），ネットカフェ難民であると身柄の解放が極めて難しくなります。社会的に逃亡のおそれが高いからです。

　そこで，身元が警察署や拘置所等の勾留施設にあっても，介護保険や生活保護に繋ぐことができないかを検討するべきです。例えば，不

起訴処分になった場合には，「○○福祉事務所の担当者に情報提供済であり，直ちに生活保護の申請ができる状態です。生活保護が下りるまでの期間は，○○生活支援施設への入所を調整済です」という内容の上申書や福祉担当者との面会記録が不起訴裁定の重要ポイントとなる場合もあります。

　要介護認定や医療扶助の必要性が見込まれるのであれば，早期の司法手続のレールから，福祉のレールに移動させることが，社会的にも重要である旨の視点を捜査機関（検察官）とも共有する姿勢で臨むべきです。

第7　具体的弁護活動②（公判段階）

　窃盗罪での初犯や被害金額が少ない場合には，公判請求がなされることは稀です。しかし，前記第6の事例で不起訴処分となればいいのですが，そうでない場合には，略式命令で罰金刑が科されることが多いかと思います。しかし，そもそも貧困状態で万引きした被疑者に罰金が払えるケースこそ稀です。

　そうなると，公判請求をしてきますが，高齢者の窃盗事案のような事件は，通常は軽微な犯罪であるため，簡易裁判所での公判となり，1回で審理が終結します（東京簡裁であれば45分で1区切りです）。

　ここでの弁護活動は，実刑がまずないという裁判ですので，弁護人としては自白事件であるなら，行為態様や被害金額，反省状況を述べることも基本として重要ですが，何よりもこの被告人が「行くべき場所」を明らかにすることは重要です。執行猶予にせよ，罰金刑にせよ，判決と同時に身柄が解放されますので，その後にどのような福祉に繋いだかを丁寧に弁護人として立証することになります。この作業は前記第6で述べたことと同じです。

　自宅で家族と同居しているなら，情状証人として家族を証人申請し，監督を誓ってもらいますが，そもそも孤独な高齢者の犯罪ではその人的資源が枯渇しています。常習累犯窃盗や頻回の無銭飲食は「行き場

と金のない」高齢者犯罪の典型です。特に，初回か執行猶予期間後の
ような犯罪であるから，適切な福祉に繋ぐことで刑事司法から脱却で
きます。

　Aのようなケースでも，あらかじめ然るべき福祉と連携しているこ
とを軸に弁護方針を組み立てることで，執行猶予懲役刑や罰金刑の判
決後の処遇（社会資源の有無）を想定して，弾力的な求刑を行っている
ようです。Aのような換金目的の窃盗犯であれば，略式命令で罰金
30万円くらいを覚悟するべきですが，公判請求後の福祉的アプロー
チが整ったことから，執行猶予を前提とした短い刑を選択したり，未
決拘留日数の算入上限まで罰金額を落として求刑したりするケースも
ありました。

　若干裏ワザのようですが，例えば，Aが40日間拘留されていたと
して，罰金20万円の求刑・判決としながらも，未決拘留日数1日を
5,000円に換算算入することで，結局0円で判決後即時に釈放する等
の進行もあります。公判を担当する検察官との交渉がポイントです。

第8　社会復帰支援室

　これまで解説してきたような高齢者福祉に関するアプローチは，検
察庁内部にもあり，東京地検では平成25年に「社会復帰支援室」が
設置されています。

　同部署は，検事，検察事務官，社会福祉アドバイザー（社会福祉士）
のチームで動き，不起訴の処分や，罰金，執行猶予の判決が見込まれ
る被疑者・被告人のうち，家がない，身寄りがない，仕事がない，障
害や依存症を抱えているといった，再犯防止のために環境調整が必要
な人を対象にしています。

　要するに，本書で解説した「福祉に繋ぐ」という作業を捜査機関が
担っています。同支援室の最近の取扱案件は分かりませんが（ちなみに，
設置後の3年間で1,800件もの相談を受けたそうです），本稿（第8章）の執筆を担
当した弁護士は，被疑者被告人が上記「家がない，身寄りがない，仕

事がない，障害や依存症を抱えているといった，再犯防止のために環境調整が必要な人」であっても，この支援室が関与してきたという事件をまだ見たことはありません。

　Aのようなケースは本当に多く，捜査機関として福祉支援にまで全てを対象とすることは難しいはずです。検察官との雑談で「どんな人が支援室に繋がっているのですか」と聞くと，就労支援を軸に考えている検察官も多いようです（そうするとAのような住所不定無職の高齢者のフォローは外れます）。今後は，貧困者やホームレス以外にも，高齢者や障害者（知的障害・精神障害・発達障害），依存症（薬物・アルコール）等支援の対象者を広く捉え，積極的に福祉的アプローチを行ってほしいところです。

　しかしながら，刑事弁護を何件か経験すると，被疑者被告人の多くが（感覚的には半分くらい）この支援対象者になり得る人だという現実に直面するはずです。検察庁に福祉支援室が設置されたことは画期的な取組ですが，福祉事務所の現状がどこも戦場のような状態であることからすると，法務省・検察庁に福祉的アプローチを求めるとしても，捜査機関としての人的限界があることも予想できます。

　我々弁護人としては，こうした背景を理解した上で，社会復帰支援室に頼る場合を想定しながらも，場合によっては，検察官よりも前の段階で被疑者に初期アプローチする味方として，入口支援という枠組みで，福祉的アプローチを加味しながら関わっていくことが求められています。

第**9**章

人的類型⑵
――障害者犯罪

【本章のポイント】

> 本章では属人的類型2として障害者の犯罪を扱います。
> 障害者の犯罪というと，責任能力に結び付けてしまう傾向がありますが，障害者を健常者（責任能力者）から分離するという視点ではなく，「社会の一員としての処遇」を検討する視点が必要です。近年では司法福祉という概念も登場しており，福祉的なアプローチが不可欠な弁護活動です。

【事例】

> 55歳の男性Aは，近所のコンビニエンスストアで大福1個を手に取り，ポケットに入れ，そのまま店を出ようとしましたが，これを見ていた店員が問い詰めたところ，Aは暴れ出し，その肘が店員の鼻に当たり，鼻骨骨折の重傷を負わせました。
> Aは駆けつけた警察官に現行犯逮捕されましたが，手錠を外そうとして暴れ，両手首からは出血し，留置施設でも大声を出しています。担当警察官によると，弁解録取や身上等の取調べもできない興奮状態とのことです。

第1 障害者の犯罪

「障害」という概念は極めて広く，どのような障害を示しているのかは，具体的な事情や状況によって異なります（なお，近時は「障害」を「障がい」や「障碍」と表記することもありますが，ここでは法文表記である「障害」に統一します。）。

最初に断っておきますが，私たちの社会では，様々な場面によって，ある機能は健常であったり障害であったりします。例えば，肢体機能に障害のある車イス使用者は，歩くという機能では障害がありますが，

座って事務的な作業をする意味ではその機能に障害はありません。極端に言えば，視力が悪い方はメガネやコンタクトをしていますが，これも裸眼で見るという機能には障害があるのです。しかし，重度の色弱や視野・採光の機能障害を除いて，普段からメガネをしている人を「障害者」と呼ぶ人はまずいないと思います。要するに，「障害」という社会的な括り自体が非常に難しいのです。

　そのため，「障害者の犯罪」といった場合でも，ここでいう障害が，身体障害なのか，知的障害なのか，精神障害なのか，近時よく耳にする発達障害なのか，犯罪類型によっては全く異なりますし，そもそもこの4類型の違い（特に，知的と精神）を説明できる弁護士は極めて少数です。

　近年の新規受刑者の約2割強が，知能指数（IQ）70未満の知的障害があるとする統計資料もあります。また，弁護人として接見に行くと，窃盗や暴行等比較的単純な犯罪で逮捕された被疑者と話している際に，被疑者の会話や仕草から違和感を覚えることは少なくありません。

　記憶が定まっていない，直近の経験や場所の見当識に齟齬がある等，会話自体が成立しないケースもあります。この場合，弁護人との意思疎通に（おそらくは捜査機関とのそれにも）機能的な不備が生じているのですから，知能や精神に何らかの障害があると考えられます。

　そこで，本章では，外形上明らかな身体的な障害以外を除いた障害，特に知的障害と精神障害を中心として，「障害者」に対する弁護活動について解説します。

第2　障害者の類型

　我が国の人口は1億2,624万8,000人（平成31年3月1日現在）です。そして，障害者といった分類をするならば，その総数は約936万人と言われており，これは人口の7.4％に相当します。その内訳は，身体障害が436万人，知的障害が108万人，精神障害が392万人（※後述のように発達障害を含みます）とされています。

　各障害の内容を概説すると以下のようになりますが，我が国では
「障害者」と定義する場合は，障害者手帳の所持が一つの基準となっ
ています。

　そこで，この手帳の種類から説明しますが，障害者手帳の所持者
559万4,000人（平成28年統計）で，手帳には「身体障害者手帳」・「療
育手帳」・「精神障害者福祉手帳」の3種類があります。

1　身体障害者手帳【身体障害者】

　身体障害者が交付を受けることができ，身体障害者福祉法15条に
より各都道府県知事が発行する手帳です。発行人数は，約428万
7,000人（肢体45％，内部障害29％，視覚9％，聴覚言語8％）で，1級（最重
度）〜7級に分類されます。再認定は原則としてありません（先天的又
は後遺障害なので，治療で治るという前提がありません）。

2　療育手帳【知的障害者】

　知的障害者が交付を受けることができますが，根拠となる法律はな
く，厚生労働省通知により，児童相談所・知的障害者更生相談所で判
定され各都道府県知事が発行する手帳です。発行人数は，全国で約
96万2,000人です。都道府県によっては（東京都では「愛の手帳」），3〜4
等級分類に分かれますが，おおむね知能指数（ビネー式IQ）で70未満
が対象となります。

3　精神障害者福祉手帳【精神障害者】

　精神保健及び精神障害者福祉に関する法律により精神保健福祉セン
ターでの判定（精神保健指定の診断）で，各都道府県知事が発行します。
2の知的障害はIQという基準があり，比較的児童の段階（多くは義務教
育の就学段階）で発見されるので，先天的な脳の機能障害と捉えていま

す。ところが，精神障害は知能指数の問題ではなく，精神状態に関するもので，この点が大きく異なります。

定義としては，統合失調症，精神作用物質による急性中毒又はその依存症，知的障害，精神病質その他の精神疾患を有する者で（精神保健福祉法5条），病名を例に挙げるならば，うつ病，双極性感情障害，神経症性障害（パニック，社会恐怖，広場恐怖，適応障害，強迫性障害，転換性障害，PTSD等），アルコール依存症，薬物依存症といったものです。

等級は，1級（最重度）〜3級で有効期限は2年です。「障害」とは呼びますが，投薬や治療が行われており，症状が改善，治癒が想定されています。現在，全国で約84万1,000人が交付を受けています（1級16%，2級54%，3級24%）。

4　発達障害者

発達障害者には「手帳」という概念自体がありません。ここは世間でも誤解があります。

我が国では，法律上の概念としては発達障害者支援法（平成17年施行）に出てきた比較的新しいもので，「自閉症，アスペルガー症候群その他の広汎性発達障害（PDD），学習障害，注意欠陥多動障害（ADHD），その他これに類する脳機能の障害であって，その症状が通常低年齢において発現するものとして政令で定めるもの。」という定義です。

冒頭では，知的障害が108万人，精神障害が392万人とのデータを紹介しましたが，前記2の療養手帳の所持者は約96万人，3の精神障害者福祉手帳の所持者は約84万人です。つまり，この差分に相当する人数が，発達障害者であると考えられます。しかし，発達障害者で知的障害又は精神障害に該当する人もいますので，そもそもの各障害者の正確な人数を把握することは困難です。

第3　障害の端緒

　ここまで述べてきたように，「障害者」といった場合，身体障害であれば，車椅子（下肢障害），白杖（視覚障害），筆談や手話が必要であること（聴覚等障害）は客観的に明らかですが（ただし，内部障害は腎機能や肝機能等の臓器障害もあり，これらは外形上分かりませんので注意），知的障害や精神障害（発達障害を含む）は障害がない人と見分けがつかないため，弁護人としても，区別が難しいところです。実際，発達障害に関する診断は極めて専門的で，診断基準の変更によっても頻繁に変わります。

　また，そもそも弁護人が，逮捕後の接見時において，短い時間で被疑者の知的・精神状態を把握することはできません。

　しかし，あえて弁護人と被疑者との関係でチェックするのであれば，最低限必要なことは次の3点のやり取りです。

□氏名・住所・家族・簡単な経歴等の受け答えができるか
□被疑事実の理解・認否ができているか（行為確認）
□逮捕から今の場所までの説明ができるか（見当識確認）

　仮に，これらの会話が成り立たないようであれば，取調べすらままならない状態ですので，すぐに警察官・検察官と捜査の進行について協議する必要があります。

　ちなみに，先ほどの発達障害の分類を前提に考えながら，接見時において「あれっ」という感覚的なものや家族からの聴き取りを行う際のポイントを整理するなら，以下のような事由が顕著に見られる場合には，身体障害以外の障害，特に発達障害の存在に注意するべきです。

---

① 　社会関係（人間関係）の質的障害
　□人間関係の構築が苦手（目線を合わせる，仲間で行動する，喜怒哀楽を共有する等）
　□人に対する興味が薄く，孤独を強く好む傾向がある

□人と積極的に関わる際にも，異常な近づき方をしたり，感情
　の共有が困難であるため，通常の会話のやりとりができずに
　一方的になりがち
□言葉の発達遅滞以外にも，特にノンバーバルコミュニケー
　ション（言語以外の身振り手振りや表情や目線を使う会話）が苦手
□慣用的表現ができない（手を借りる，油を売る，釘を刺す等）

② 興味・関心・感覚の障害

□想像力の範囲が狭く，限定的な事項に強い焦点があたり過度
　に「熱中」する
□慣行や儀式的行為にこだわりがあり，小さな変化にも対応が
　難しい
□感覚刺激への敏感性，鈍感性が顕著で，痛みや温度に無関心
　であったり，逆に特定の音や感触，臭いに過度に反応する

　本事例においても，手錠を外そうとしてＡは両手首から出血し，
その後の警察署の留置施設でも大声を出して暴れており，弁解録取書
の取得や身上等の取調べもできない程の興奮状態です。被疑者の氏
名・生年月日・住所等と被疑事実は勾留状謄本に書いているので，こ
れを基にして，まずは「弁護が可能か」をチェックすることから始め
ます。

　興奮していることは誰の目にも明らかですが，「大福１個を窃取し
た（窃盗）」，「自分の肘が店員に当たった（傷害＝事後強盗）」という被疑
事実自体の記憶がないのか，行為の側面は認識していたが，逮捕され
たことが納得できないのか，それとも別の理由なのか，見極める必要
があります。被疑者の一番近くにいる留置係の警察官に，会話や食事
やトイレの状況を聞いてみるのも大切です。

第4　弁護活動

1　障害者という概念

　刑事司法の分野において，知的障害や精神障害という言葉を聴くと，多くの人は「責任能力」と結び付けがちです。しかし，障害者の犯罪という場合には，犯罪の動機や実行行為での問題もさることながら，社会的な孤立の問題として犯罪の背景事情として捉えられることが多いというのが実感です。前者では公判期日における検察官の論告で「遵法精神が鈍磨している」と指摘されますが，この背景に何らかの障害が潜んでいることは結構多いはずです。しかし，刑事司法で頭を悩ませているのは，行き場のない障害者が刑務所に入ったり，服役釈放後もまた同じことをしたり，というやり切れなさです。いずれも，責任能力の問題ではないのです。

　もちろん，障害によって事理弁識能力や行動制御能力に問題がある場合には，公判において犯罪事実の証明（検察官が負っています）がなく，場合によっては無罪（責任無能力）や任意的減刑（限定責任能力）があり得ますので，弁護人として「責任非難を課すことができない精神状態にある」場合には，大いに闘う必要があります。もっとも，その闘うことは，公判段階（起訴後）よりも，捜査段階の方が，被疑者にとっても重要であることはもちろんです。

　注意しなければいけないのは，「障害＝能力が足りない」という先入観で被疑者・被告人を見てしまい，刑事弁護の肝である人間としての寄り添いや支援という視点が不十分になることです。弁護人自身が被疑者・被告人を自身の中で差別するようなことのないように注意して下さい。その意味では，障害者手帳や診断基準といったマニュアル的な要素は，副次的と考えるべきで，冒頭に記載したように，刑事司法手続上の機能的不足を補うという視点が重要です。

2 捜査段階 （起訴前鑑定）

　被疑者の責任能力については，弁護人よりも勾留請求後の検察官の方が留意しています。当然のことながら，捜査活動は，証拠の収集保全によって，公判を維持できるかが問題となっており，供述の任意性・信用性を軸として，被疑者・被告人に刑罰を科して然るべきは大前提の問題だからです。弁護人としても，同じ視点を持つ必要があります。

　公判段階での被告人の責任能力の立証責任が訴追 （検察） 側にある以上，捜査段階ではこの事前準備たる起訴前鑑定があります。これは，検察官の嘱託によって実施される精神鑑定で，実務上は嘱託鑑定と簡易鑑定に分けています。

(1) 嘱託鑑定 （正式鑑定）

　嘱託鑑定とは，検察官が鑑定受託者 （精神科医） に鑑定を嘱託するものですが，裁判官の許可を要する鑑定処分許可証に基づいて鑑定留置がなされます。勾留期間 （最長23日間） からは除外されるため，相当な期間病院に場所を移して詳細な精神鑑定がなされます。裁判官の処分であるため，被疑者の同意は不要です。殺人や放火等の重大事件で起訴前鑑定がなされる場合の多くは，この嘱託鑑定です。

(2) 簡易鑑定

　対して，簡易鑑定とは，こちらも検察官の依頼を受けた鑑定人 （精神科医） が行いますが，勾留期間内に実施され，その所要時間の1日で行います （通常は3時間以内）。鑑定結果も数日以内に提出されます。任意捜査の一環ですので，裁判所 （裁判官） の許可は不要ですが，代わりに被疑者の同意が必要です。

　正式な嘱託鑑定では，鑑定書に宣誓文言はありませんが，公判廷での責任能力の基礎資料になることもあり，不同意書面として鑑定人が証人申請されることもあります。一方で，簡易鑑定は，捜査資料の1

類型の扱いですが，鑑定留置検察官の起訴又は不起訴の判断で極めて重要な機能を有しています。

　簡易鑑定は手続がとても「簡易」であるため，捜査段階で圧倒的に多いのは，この簡易鑑定です。

　弁護人としても，被疑者と接見した際に意思疎通ができない等の事情があれば，それは捜査段階の警察官検察官も同じはずです。弁解録取書や身上調書（通常公判廷で「乙1号証」として出てくる最初の供述調書）の作成進行等について検察官に聞いてみるべきです。仮に，意思疎通が図れない被疑者の場合には，「急いで鑑定をしてほしい」との申入れをする必要があります。簡易鑑定ですので，比較的動きが早いはずです。一方で，重大犯罪（被害者が死亡している等）の場合で，精神状態が疑われる場合には，正式な鑑定処分を行い，結果を待つように上申するべきです。

　本事例でも，Ａとの接見で意思疎通することは，かなり難しいと思います。雑談や今の生活環境から話を始めて，刑事被疑者としての手続に乗せられるのか見極める必要があります。この見極めを検察官もしているか，というのがポイントです。もちろん，手首の怪我が酷い場合は病院に連れて行くように警察官・検察官に上申して下さい。

　そして，弁護人ができることは，家族や被害者とのアプローチです。Ａの場合であれば，直ちに家族と面会し（連絡先を検察官に聞けば家族の同意を取って教えてくれるか，弁護人に連絡するよう指示してくれます），被害者や店舗経営者に会って当時の状況を聴きます（受傷した定員が高校生であれば，コンビニ店長や保護者の同席等，然るべき配慮が必要となります）。

　その会話の中では，Ａの障害者手帳の有無はもちろん，生活状況，家族とのコミュニケーション，コンビニでの状況や会話等あらゆる情報がありますので，総合的な見通しができます。また，こうした弁護人の足で稼いだ情報は，捜査機関にとっても重要となるので，被疑者の有利な間接事実（簡易鑑定が必要となるような事情）があれば，積極的に開示・共有するべきです。

　Ａのケースでは，大福1個の万引きから事後強盗にまで発展し，逮

捕後も手錠を外そうとするなど混乱しています。やはり，社会的に釣り合わない犯罪であり，脳機能等に何らかの障害が背景にあることは有りそうです。

　本章の事例と似たような事件では，検察官が簡易鑑定を行ったところ，認知症の１種である「ピック病」という診断を受けた被疑者がいました。これは，比較的若い人（40歳〜60歳）でも脳の委縮特に前頭葉の病変によって発症し（前方型認知症と呼ばれます），初期より人格障害や情緒障害が顕著だそうです（ちなみに，アルツハイマー型認知症は，頭頂葉と側頭葉後部に病変を呈することから後方型認知症と呼ばれています）。同居する家族に聴いたところ，半年くらい前から短期記憶がなくなる時があり，会計が済んでいないと思われる商品を手にしていたことが何度もあったとのことでした。簡易鑑定の結果を重視して，不起訴となりました。

3　公判段階（無罪主張の可否）・自白調書の扱い

(1)　責任能力

　公判請求された場合には，弁護人としては被告人の障害をどのように扱うかが大きな問題になります。ここでも，冒頭のように障害＝責任能力という短絡的な思考は避けるべきです。我が国では，平成７年まで，刑法40条には「聾唖者の行為は之を罰せず又は其刑を減軽す」として，聴覚障害者＝責任無能力（限定能力）とされていたくらいですので，障害者と責任能力を結びつけるかのような風潮がありますが，これは障害者差別です。

　では，事理弁識能力や行動制御能力を争うレベルが何かというと，裁判所としては，責任能力は司法判断との建前ですので，鑑定人に精神鑑定書に被告人が犯行当時心神喪失状態にあった旨の記載がある場合にも，その余の鑑定記録によって認められる病状等を総合して，被告人が心神耗弱状態にあったと認定しても差し支えない（最決昭59・7・3刑集38巻8号2783頁）ですが，実質的には鑑定による医学的判断が大きく影響します。そのため，やはり正式な鑑定申立が重要になるは

ずです。

　しかし，弁護人としては，医学的な判断ができないことはもちろんですので，捜査段階から主治医（精神科医）に対して，被疑者の精神状態について聴取することが重要になると思います。

　例えば，精神障害者福祉手帳を所持している被疑者・被告人については，障害者年金を受給しながら自立支援医療（後述）等を受けている場合があります。このようなケースでは，支援医療の担当主治医やソーシャルワーカー（精神保健福祉士）に，日頃の様子や医学的な所見を聴きに行くといいかもしれません。もっとも，精神科医の患者情報は個人情報の最たるものですから，被疑者被告人には「あなたの医療情報を主治医に聴いてもいいですか？」等とよく説明して，医師に提出する情報開示に関する同意書や委任状等を準備する必要があります。

　こうした作業を行う弁護人はまだまだ少ないようですが，近年では，弁護人自身が話を聴きに行くとそれなりに丁寧に対応してくれます。また，精神系の疾患で主治医がいる場合には，検察官からの問い合わせがあることも多く，捜査機関に対する回答書の控え（簡易鑑定結果に近い）が医療情報に綴られていることも多いようです（もちろん捜査資料ですので，見せてはもらえません）。

　同じ患者でも医師によって異なる診断名が出されることもありますので，診断のポイントや特徴を医学的に説明してもらい，責任能力の一資料として検討することになります。

　そして，弁護人としては，「明らかに公判請求がおかしい」という場合には，こうして足で稼いだ情報をもとに，公判廷における鑑定を促すことになります。この場合は，公判前整理手続にて鑑定請求をすることになるはずです。もっとも，弁護人から見ておかしい事件なら，検察官から見てもおかしいはずですから，通常は起訴前の鑑定（正式な鑑定留置）が行われていると思います。まずは，その鑑定結果を証拠開示した上で，これらを弾劾しつつ，公判廷でさらなる鑑定が必要であることを明らかにした上で鑑定請求をすることになります。

　本書は自白事件をメインとした初級向け書籍なので控えますが，鑑

定人の鑑定結果の弾劾や，弁護人による当事者鑑定が必要な場合には，然るべき経験豊富な弁護士に聴きながら，詳細に書かれている書籍も多数出版されていますので参照してください。

(2) 供述調書

障害者の犯罪に関する公判弁護活動でもう一つ重要なのが，供述の信用性です。よく「発達障害者の事件で無罪（少年審判なら被告事実なし）が出た」とされるのは，精神疾患による責任能力で犯罪の成立が落ちたのではなく，供述証拠等の証拠能力が否定され，事実認定が落ちたケースも多いはずです。

精神障害者の中で特に発達障害を持っている場合には，警察段階で捜査官の誘導に迎合することがあります。特に，犯罪（実行行為）の事実認定に際して，被疑者本人の供述によることの多い事件（痴漢や盗撮，目撃者のいない自転車事故等）では，警察官から厳しい口調で言われて，反射的に謝罪してしまう発達障害者も少なからずいます。

本事例とは別ですが，過去に犯人性自体を争った事件では，被告人の供述調書の信用性が否定された結果，無罪となった事案がありました。この被告人は，自閉症を患っており，知的障害もありました。しかし障害者手帳は持っておらず，捜査機関も「事理弁識能力が足りない人」のような認識で，次々に供述調書を作成しており，これに沿った供述を被害者からも取っていました。

宇都宮事件（平成17年3月無罪判決），足利事件（平成22年3月無罪判決），貝塚事件（平成22年11月起訴取消）をはじめ，平成以降でもこうした知的障害者に対する冤罪事件は相当数あることには注意を要します。

本書では，弁護人として「闘う弁護士」という言葉は使いませんが，障害者の弁護をする上で，こと知的障害者・精神障害者の供述については，その自白に関してはかなり疑ってかかる必要がありそうです。

第5　障害者支援 (精神障害者)

1　自立支援

　前述のように精神障害者・発達障害者の場合には，その多くで「患者」として治療や投薬が行われています。「障害者」とはいえ，医療的アプローチが支援としてなされています。

　ここで，障害者支援と言った場合には，障害者の日常生活及び社会生活を総合的に支援するための法律 (平成17年成立) に定められた自立支援給付である介護給付と訓練等給付が中心です。また，相談支援や補装具，地域生活支援事業があります。これらは，身体障害者と知的障害者を中心に制度切開されているサービスです (もちろん精神障害者に対する自立訓練もあります)。

　一方で，精神障害者 (発達障害者を含む) に対しては，自立支援医療が重要です。これは，障害者自立支援法 (平成22年成立) により，これまで障害の種類や年齢ごとに支給されていた医療費 (①更正医療，②育成医療，③精神通院医療) が一本化された制度です。特に，精神通院医療は，精神保健福祉法に規定する統合失調症などの精神疾患を有する者に対して，通院による精神医療を継続的に要する者に対する支援です。

2　入院支援

　精神保健法は，平成7年に改正され名称が，「精神保健及び精神障害者福祉に関する法律」になっており，精神保健福祉センター，地方精神保健福祉審議会等の精神障害者の福祉について規定しています。

　上記の通院による自立支援が難しい場合には，入院制度による支援が規定されていますが，精神障害者の入院形態には次の5つがあります。

① 任意入院

　　自らの意思（同意）による通常の入院。

② 措置入院

　　警察官，検察官からの通報，届出等により，都道府県知事が精神保健指定医に診察させ，自傷他害のおそれがあると指定医2名が認定した場合。

③ 緊急入院措置入院

　　急速を要し，正規の措置入院手続が取れず，自傷他害のおそれがあると精神保健指定医1名が認定した場合で入院期間は72時間に限られる。

④ 医療保護入院

　　精神保健指定医による診察の結果，入院の必要がある場合に，家族等の同意があるときに，本人の同意なくして入院させる。

⑤ 応急入院

　　急速を要し，家族の同意を得ることができない場合，精神保健指定医の診察の結果，直ちに入院させなければ著しく支障があると認められた場合に，本人の同意がなくして入院させるが，入院期間は72時間に限られる。

　刑事手続に乗った被疑者の場合，身元が釈放された後において，自傷他害や著しい支障（再度の犯罪や家庭崩壊等）が考えられる場合には，②措置入院，④医療保護入院を軸に考える必要があります。

3　就労支援

　前記1，2の医療的アプローチが落ち着き，医療から就労への自立支援に移行する場合には，次の支援制度があります。

(1)　就労移行支援

　就労移行支援とは，就労を希望する65歳未満の障害者で，通常の事務所に雇用が可能な者に対して，事業所内や企業における作業，実習，適正にあった職場を探し，就職後の定着支援をすることです（2年間）。

(2)　就労継続支援（期間制限なし）

ア　就労継続支援A型事業所（雇用型）

　就労継続支援A型の対象者とは通常の事業所での雇用が困難だが，雇用契約による就労が可能な者です。原則雇用契約による一般就労（最低賃金法が適用されます。東京都であれば985円）です。

イ　就労継続支援B型事業所（非雇用型）

　就労継続支援B型の対象者とは通常の事業所での雇用契約による就労が困難な者です。生産活動の機会を提供し，一般就労に向けて支援します。

　弁護人としては，上記の各制度（通院，入院，就労）を大まかでいいので理解し，被疑者が世の中に出た場合の居場所について考えておく必要があります。もちろん，住居費や生活費については，生活保護制度（第8章）を組み合わせてアプローチする必要があります。

　事例のAの場合も，例えばピック病という認知症として捉えるのであれば，まずは自傷等の危険性を回避するため，医療的アプローチ（家族と連携して医療保護入院等）が考えられます。その後は，認知症として介護認定を受けて介護保険の範囲でのアプローチが考えられます（1号被保険者・第18章第4）。

　一方で，まだ50代のAを精神障害として捉える場合には障害者認定を受けて，自立支援医療や就労支援も考えられます。もちろん，弁護士（被疑者国選弁護人）が被疑者の身柄解放後まで関与することはできませんし（弁護人としての身分が消滅します），実際にアプローチを検討するのは社会福祉士や精神保健福祉士（MSW）です。しかし，身体拘束段

階で弁護人がこれらのアプローチについて，概要だけでも知っている
と弁護活動の幅と質が大きく違います。

第6　医療観察制度

　心神喪失や心神耗弱であるとして不起訴となった場合や，公判手続
で減刑され執行猶予になった場合，稀ですが無罪になった場合におい
て，「重大な他害行為を行った者の医療及び観察」については，心神
喪失等の状態で重大な他害行為を行った者の医療及び観察等に関する
法律の審判手続があります。こちらは特定の独立した分野ですので，
詳説はできませんが，以下概要だけでも紹介します。

　医療観察制度の対象者は，不起訴（検察庁），無罪（裁判所）でもって
刑事施設では収監できなかった重大加害行為を行った被疑者・被告人
です。放火，殺人，強盗，強制性行わいせつ，傷害等が対象で（医療
観察法2条），措置入院や保護入院とは異なり，「自傷」が含まれていな
いのがポイントです。

　検察官から地方裁判所に申立がなされ，精神鑑定とともに，裁判官
と精神福祉審判員による合議体で決定がなされます。

　審判の結果，入院決定がなされると，指定入院医療機関（国公立病院
に限定）に強制的に入院させることになり，期間の定めがありません。
通院決定がなされた場合や，入院決定を経て退院した場合には，保護
観察所の処遇実施計画に基づいて，原則として3年間は指定通院医療
を受けます（2年の延長が可能です，医療観察法44条）。同時に，保護観察所
が地域処遇に関われる関係機関（保健所や精神保健センター，前述の障害者援
助事業所等）と連携し，精神保健観察が進められます。

　事例のAの場合は，事後強盗の重罪ではありますが，実質は窃盗
と傷害の連続犯であり，重大な「他害行為」とされることは少ないと
思います（医療観察法33条参照）。

　医療観察法の審判においては，弁護士は付添人となりますが，私選
付添人と国選付添人があることは刑事事件と同じです。しかし，国選

付添人は法テラスの対象事業ではなく，裁判所から直接金員を受け報酬決定を受ける立場にあります（なお，退院許可申立や処遇改善要求等の代理人活動は日弁連の法テラス委託事業です）。

　同じ弁護士とはいえ，被疑者国選で選任された「弁護人」と，医療観察制度の「付添人」は大きく異なります。本書で詳しくは扱えませんが，付添人活動は鑑定医との面会や，社会復帰調整官，精神保健参与員との面会，保護者やその他当事者間とのカンファレンス，入院受入先の調整等，かなり福祉的な要素が強いため，本書で解説した刑事手続の知識に加えて，精神保健福祉に関する手続・処遇に関する見識が必要です。

少年事件

【本章のポイント】

　ここまで各論では，犯罪類型別・属人別に各弁護活動の解説を
してきましたが，最終章では編を第3編に改め，独立して少年事
件（少年犯罪）を扱います。

　少年事件は，手続の特質を押さえることはもちろん，少年とい
う，ある意味「未発達な人間」の環境全体を調整する弁護活動で
あるということに大きな特徴があります。そこで，事例も環境調
整を軸にしたビネット式（時系列ケースワーク）にします。読者ご自
身がこの事例の弁護人・付添人の弁護士として，「何をするか」
を想定しながら読み進めて下さい。

【事例】

〈ビネット1〉　4月10日の深夜，少年Aは，地元の先輩B（17
　歳・無職）と共謀し，マンション駐輪場に停めてあったオートバ
　イ（中型）のシリンダー部分を損壊し，エンジンをかけようと
　したところ，パトロール中の警察官（警視庁）に現行犯逮捕され
　ました。Bはその場から逃げていましたが，1週間後に逮捕さ
　れました。
〈ビネット2〉　少年Aは中学1年生（15歳）で，両親の離婚後シ
　ングルマザーの母親（36歳），18歳の姉と3人で暮らしていま
　す。小学校5年で発達障害（LD，ADHD）の診断を受けており，
　学校での勉強や集団行動が苦手です。Aは姉とは仲が悪く，母
　親はAを可愛がっていますが，夜の仕事をしており，放任主
　義です。Aは学校の友人よりも，地元の素行の悪い先輩達と仲
　が良く，深夜徘徊を繰り返しており，補導歴も多数あります。
〈ビネット3〉　Aは4月12日に検察庁に送致され，勾留請求後
　に10日間の勾留決定が出されました。その後4月20日，Aは
　家裁に送致され，同日裁判官による面接が行われ，観護措置決

定がなされました。観護期間は2週間ですが1回延長され，合計4週間でした。

〈ビネット4〉　検察官によると，オートバイ所有者の被害感情は強いとのことです。また，被害者の連絡先を教えてもらい，損害の内容を聴いたところ，シリンダー交換代金は3万円とのことでした。

〈ビネット5〉　観護措置決定の翌日には，担当裁判官と家裁調査官が決定され，第1回審判は，5月15日に指定されました。また，付添人弁護士に対しては，「環境調整をしっかりしていただき，審判2日前までには意見書を出してほしい」との指示がありました。

〈ビネット6〉　5月15日，第1回目の少年審判が行われ，Aには中間処分として，在宅試験観察決定（6か月）が出されました。同日，Aの身柄は解放され，家裁調査官と遵守事項を決めて，翌日から中学校に通うことになりました。

〈ビネット7〉　Aは試験観察中の1学期には，約束を守りながら真面目に学校に通っていました。しかし，夏休みに入ると再び生活が乱れるようになり，8月1日の夜，地元の先輩3名と河川敷で花火をしていたところ，「酒を飲もう」という話になり，Aは先輩に言われるがままに，コンビニでビール5本，酎ハイ5本を買い物カゴに入れたまま走って店外に逃げ，万引きしました。その後，通報を受けた警察官が付近を巡回した際に，Aらを発見し，逃げ遅れたAはそのまま補導されました。

〈ビネット8〉　Aは逮捕されませんでしたが，窃盗事件が家裁に送致されたことから，8月10日に試験観察が停止され，再度の観護措置（4週間）になりました。その後9月2日，第2回目の審判が開かれ，Aには児童自立支援施設送致の処分が出されました。

．．．

概説　少年事件の手続

．．．

1　少年事件と弁護士

　少年による刑法犯，危険運転致死傷及び過失運転致死傷等（触法少年の補導人員を含む）の検挙人員は，昭和 58 年に 31 万 7,438 人を記録しましたが，それ以降は減少傾向にあり，平成 28 年は 5 万 6,712 人です（「平成 30 年版犯罪白書」データ）。

　一方で，メディアでは凶悪な少年事件の話題が挙げられ，少年法の適用年齢の引き下げが議論されるなど，少年法や少年事件の社会的関心は高いようです。そして，被疑者国選対象事件の拡大や弁護士費用の援助制度が充実してきたことなどもあって，弁護士が弁護人・付添人として選任されるケースは少なくありません。しかし，弁護士の中には「刑事事件は何度かやったことがあるけど，少年事件はよくわからない」という方もいらっしゃるようです。ベテランを含めて今後，少年事件の依頼が入った場合に備えて，現在の少年事件手続の概要を把握しておく必要があります。

2　少年法の精神

　ご承知のとおり，刑事事件と少年事件の違いは「刑罰」と「保護」の視点です。少年法 1 条は，少年の健全な育成という観点から，非行のある少年に対して，刑罰ではなく，性格の矯正や環境の調整に関する「保護処分」を行うことを目的としています。

　少年法は少年に対する応報としての処罰よりも，今後は二度と犯罪等に手を染めないように，少年を教育し更生させることを重視しているのです。また，「少年は可塑性が高い」とよく言われるように，社会的に未熟な少年は，心身ともに発展途上であり，非行を行った少年に対しても，適切な措置を施せば，健全な社会人として成長していくことができるという考え方に基づいています。この精神は，近年の

「少年にも厳罰化を」という世間の風潮とは若干異なりますが，少年事件の弁護士は，この少年法の目的の理解が必要です。そして，成人事件と同じく非行事実の認定等の手続が適切になされ，違法・不当な審判が行われないよう活動するという役割（司法的機能）に加えて，この保護主義の理解から少年の更生のために様々な環境調整機能・福祉的機能を担うのです。被疑者段階では「弁護人」として，審判段階では「付添人」として，いずれの段階的においても，少年の健全な育成という観点を忘れずに活動する必要があります。

3　手続概要

少年事件手続の流れ

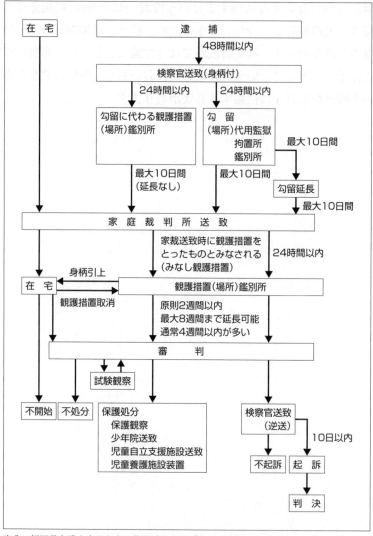

出典：福岡県弁護士会子どもの権利委員会編『少年事件付添人マニュアル第3版』（日本
評論社，2013年）56頁

第1　少年事件の端緒【ビネット1】

1　少年事件の対象【保護対象者】

(1)　少年の定義

少年事件の審判の対象となる少年は，20歳に満たない者です（少年法2条1項）。また，少年法は，少年の種類として，次の3種類を規定しています（少年法3条1項）。

① 　罪を犯した少年（犯罪少年）

② 　14歳に満たないで刑罰法令に触れる行為をした少年（触法少年，触法少年と14歳未満の虞犯少年については，都道府県知事又は児童相談所長から送致されたときに限り，審判に付されます。）

③ 　ぐ犯事由（次のアないしエ）があって，その性格又は環境に照らして，将来，罪を犯し，又は刑罰法令に触れる行為をするおそれのある少年

　　ア　保護者の正当な監督に服しない性癖のあること

　　イ　正当な理由がなく家庭に寄り附かないこと

　　ウ　犯罪性のある人若しくは不道徳な人と交際し，又はいかがわしい場所に出入りすること

　　エ　自己又は他人の徳性を害する行為をする性癖のあること

(2)　適用年齢の基準時

捜査段階でも審判段階でも，満20歳の誕生日を迎えた者は「成人」となり，少年事件手続に付されることはなくなります。すなわち，捜査機関での立件時に20歳未満であっても，家庭裁判所が審判開始を決定する段階で20歳以上になった者，あるいは，審判開始決定の段階では20歳未満であっても，審判当日ないし同日に行われる保護処分決定時に20歳以上になった者は，家庭裁判所で審判することはできず，年齢超過を理由として，検察官送致となり，成人の刑事事件として扱われることになるのです。

2　全件送致主義

　少年事件の大きな特徴として，「全件送致主義」（少年法41条，42条）が採用されています。これは，捜査機関が検挙した犯罪の嫌疑がある全ての事件が家庭裁判所に送致される原則です。まず，警察段階では，事件を終結し検察官に送致しない「微罪処分」（刑訴246条ただし書）が適用されません。また，検察段階でも，成人刑事事件の「起訴猶予」のように，裁判所が関わらずに，事件が終局的に処理されるということは基本的にありません。全ての少年事件について家庭裁判所が関与するのです。

3　手続の流れ

　前掲図（少年事件手続の流れ）のように，捜査対象となった少年は，逮捕勾留手続は成人と同じですが，その後に家庭裁判所送致された少年は，観護措置決定がなされると，身柄が少年鑑別所に送られることになります。弁護士が関与している少年事件の多くは，捜査段階で身柄拘束されたまま家庭裁判所送致されるとともに，その日のうちに観護措置決定が採られ，鑑別所に入所して身柄拘束が続くというケースが多くみられます。

　事件の送致を受けた家庭裁判所は，調査官に少年の要保護性に関する調査を命じ，調査結果を踏まえて，少年の処遇を決定します。

　審判では，終局処分として，不処分，保護処分，検察官送致のいずれかがなされることがほとんどです。終局処分に至る前に，中間処分である試験観察となることもあります。

　少年事件の弁護士としては，手続全体を通じて，上記の司法的役割と福祉的役割を全うすることが求められるのです。

4　ビネット1ポイント

　本事例では，Aは窃盗未遂罪で現行犯逮捕されていますので，刑事成年（14歳超過）です。この段階では逮捕されていますので，今後は勾留されるか在宅事件になるかに分かれます。しかし，成人と異なり，必ず家庭裁判所に送致される点を意識して下さい。逮捕後に「起訴猶予」がないことがポイントです。

第2　接見・面会【ビネット2】

1　初回面会・情報取得

　少年事件においても接見や面会が重要なのは言うまでもありません。むしろ少年は，成人に比べて防御能力が劣ると考えられますから，成人の場合よりもより一層重要です。そのため，早い段階で接見に行き，弁護士という少年の味方がいるということや，今の状況や今後の手続の流れ等を説明するべきです。そして，少年は，刑事手続や少年手続について全く知らなかったり，誤解していたりすることもよくあります（弁護士の役割がどのようなものか，あるいはなぜ弁護士が来たのかも分かっていない場合もあります）。

　したがって，初回接見では，自己紹介の際に弁護人・付添人の立場や役割（警察や検察とは違うということ），守秘義務を負っていることなどを丁寧に説明しながら，できるだけ平易に分かりやすく少年と話をすることが重要です。

　初回接見時に聴き取るべき内容については，基本事項は成人事件と大きく変わるものではありませんが，少年事件においては，少年の更生のために，少年を取り巻く環境を調整し，再犯を防止するための活動（環境調整活動）が重要です。そのため，被疑（非行）事実に関する事柄はもちろん，保護者の連絡先，家族関係や職場・学校の状況，交友関係など，少年を取り巻く環境に非行の原因があったのではないかと

いうことを意識しながら，環境調整に関わる事柄についても忘れずに
聴いておく必要があります。特に保護者は，環境調整活動をする際に
最も重要なカギを握っていますし，示談が必要な場合は保護者の意思
や資力も重要です。そのため，保護者との関係をよく聞き取り，接見
の内容について保護者と共有しても構わないかということを確認しま
す。

2　弁護人・付添人への拒絶

　少年が弁護士を選任することを希望しない場合もありますが，経済
的負担を心配していたり，親に迷惑を掛けたくないと考えていたりす
る場合もあります。弁護士費用の点は，援助制度や国選事件の説明を
して，少年の心配を解消するように努めます。あるいは，少年自身が
事件を軽視して，弁護士をつけるほどのことではないと考えているこ
ともあります。そのような場合は，弁護士の役割や意義をよく説明す
る必要があります。

　また，保護者が選任に反対していることを気にして，少年が選任を
希望しないということもありますが，そのような場合は，少年には固
有の弁護人選任権があり，保護者の意向とは関係なく自分で弁護士を
選任できることも説明すると良いでしょう。もちろん，選任に反対す
る保護者に対しても弁護人の役割や活動，費用をよく説明し，理解を
得るように努めなければなりません。親が自分のために弁護士をつけ
てくれたということは，少年の更生にとって良い影響を与える場合が
あるのです。

3　事実関係を把握する接見・面会

　初回接見では，1のように信頼関係（ラポール）の構築と，選任手続
への理解が重要ですが，弁護人・付添人である以上は非行事実の把握
及び環境調整が活動の中心です。

そこで2回目以降の接見・面会では，非行事実をはじめとする事実関係について把握し，少年が非行を行ったという事実やその内容に間違いがないということであれば，少年の要保護性を解消するための活動をすることが重要です。その後は，非行の原因は何なのか，自分に問題があったのかどうか，改善するにはどうしたら良いのかといったことを少年自身によく考えてもらい，内省を深める必要があります。また，被害者がいるケースでは，当然のことながら，被害者の気持ちや被った損害についてよく考えなければなりません。少年が自分一人で考えているだけでは，なかなか考えが深まらないこともありますので，弁護人や付添人が少年に自らを振り返るきっかけや考える方向性を示せるよう，一緒に考えながら少年との接見に臨むことが求められるのです。

4　ビネット2ポイント

　本件の少年Ａは，15歳の中学生でビネットのような背景事情があります。初回接見では，信頼関係を築きながら，家庭環境等できる限りの情報を取得整理する必要があります。

　成人では被疑事実の認否に重点が置かれがちですが，家族構成，家庭や学校の生活環境，人間関係（交友関係），少年本人の事情，特に近年では発達障害や学習障害といった「学校や社会で生きにくい」子どもが増えていることにも注意が必要です（第9章の類型は子どもでも該当します）。

第3　身柄の解放活動【ビネット3】

1　早期解放の必要性

　逮捕勾留や試験観察措置によって身柄を拘束された少年は，かなり動揺しています。未成熟であるがゆえに，身柄拘束による精神的・肉

体的負担は，成人と比べて大きいのです。特に身柄拘束されたことを
原因として，退学や解雇となれば，そのことが今後の人生に大きく影
響する可能性もあり，身柄拘束による不利益は計り知れない場合があ
り得ます。その意味で少年事件では，弁護士として身柄拘束からの解
放を目指した活動をすることが極めて重要であると考えるべきです。

2　少年の勾留

　捜査段階では通常の刑事事件と同様に，刑事訴訟法の適用を受ける
ことから，基本的な勾留の要件は成人の場合と変わりません。もっと
も，少年を勾留請求したり，勾留する場合は，通常の勾留の要件に加
え，「やむを得ない場合」（少年法 43 条 3 項）でなければならないとされ
ています。ただ，実務上，この要件が機能しているかは疑問であり，
弁護人としては勾留の適法性について厳しく検討する必要があります。
勾留請求の回避，勾留決定を争う方法も，成人の場合と同様です（第
3 章参照）。
　なお，勾留決定に際し，接見等禁止決定が付されることがあります
が，少年の場合は，保護者については，その対象から除かれることが
一般的です。
　また，少年事件においては，身柄拘束の長期化により被る不利益に
配慮し，勾留満期を待たずに家庭裁判所に送致される場合や，勾留延
長されたとしても 10 日間ではなく数日間のみであるという場合もあ
ります。家庭裁判所送致後は付添人として活動することになるため，
弁護人としては，検察官に対し，勾留延長の有無や家庭裁判所送致予
定日がいつかを確認するなど，家庭裁判所送致日に気を付けておく必
要があります。

3　弁護人から付添人への移行

　少年事件の多くは，逮捕段階において，弁護士が被疑者国選弁護人

として関与することから活動が開始されます。しかし，家庭裁判所送致段階においては自動的に国選付添人にはなりません。そのため，家庭裁判所の国選付添人選任の判断に際しては（通常は家庭裁判所送致日又は翌日に国選付添人の選任判断がなされます），あらかじめ「国選付添人選任申入書」を法テラス地方事務所に提出する必要があります。

平成26年の少年法改正では，国選付添人対象事件と被疑者国選対象事件は同じ範囲（死刑，無期，長期3年以上の刑）になりましたが，被疑者国選で弁護人が選任されていながら，家庭裁判所送致段階で国選付添人が選任されない少年事件もあります（家庭裁判所によって地域差もあるようです）。その場合には，法テラスを窓口として少年事件付添人支援制度を利用して，弁護士費用の援助を受けた上で私選付添人として活動することができます。引き続き少年の付添人として活動する場合には，迅速に申込手続を行うべきです。

4　観護措置への対応

(1)　観護措置

観護措置は，家庭裁判所が調査・審判のために，少年の身柄を少年鑑別所に送り，心身の鑑別などを行う処分です。身柄事件の場合，家庭裁判所送致日に裁判官による審問手続を経た上で，その日のうちに決定され，勾留から引き続いて身柄拘束されます。

観護措置期間は，法律上は原則として2週間とされていますが，実務上は1回更新され4週間となるのが通常です。否認事件等において，証人尋問，鑑定若しくは検証をする必要がある場合，更に2回更新されて，観護措置の期間が最大8週間となることもあり得ます。

(2)　観護措置決定回避

観護措置決定を回避すべきと判断した場合には，家庭裁判所送致日に，意見書や保護者による身元引受書等を提出し，裁判官と面談して，観護措置を回避すべき事情を説明する必要があります。

　裁判官は，すでに記録に目を通していますが，記録に表れていない事情は当然知りませんので，付添人は，被疑者段階の接見で聞き取った記録に表れていないと思われる，少年に有利な事情，例えば示談が成立したことや，保護者や適切な監督者が存在することなどを説明することが重要です。学校の試験が予定されている等，通学や就労ができないことによって少年が被る不利益など観護措置弊害についてもよく説明する必要があります。

　また，面会場所がある家庭裁判所の場合は，弁護士は，裁判官による審問の前に，少年と面会することができます。少年が必要以上に緊張せずに審問に臨めるよう，面会して気持ちをほぐすことも大切です。ただし，審問中に付添人が立ち会うことができるかどうかについては，法律上の規定がないため，担当裁判官の裁量に委ねられています。

(3)　不服申立

ア　異議申立

　観護措置決定に対する異議申立ては，観護措置決定の違法・不当を理由とする不服申立権です（少年法17条の2第1項）。申立てに際しては観護措置の必要性が存在しないこと，観護措置による弊害が大きいことなどを理由に原決定が違法・不当である旨の異議申立書と関係資料を提出し，裁判官と面談して，原決定の取消しを求めます。異議申立ては，観護措置を決定した裁判官以外の裁判官で構成する合議体によって判断されます。

イ　取消申立

　観護措置決定の取消申立てとは，家庭裁判所に対し，観護措置取消し（少年法17条8項）の職権発動を促す申立てです。申立てに際しては，観護措置の必要性が存在しないこと，観護措置による弊害が大きいことなどを記載した申立書と関係資料を提出し，裁判官や調査官と面談して，観護措置決定の取消しを求めます。観護措置決定の取消しは，異議申立てとは異なり，観護措置が適法であることを前提に，その後

の事情変更や調査の結果も加味して，申立時点での観護措置の必要性の有無を当該事件の担当裁判官が判断することになります。そのため，実務上は異議申立ての場合よりも柔軟に運用されており，「親族の葬儀への参列」や「定期試験を受ける必要」等，一時的な取消しが認められることも多くあります。

5 ビネット3ポイント

本件の少年Ａも，検察庁に送致後勾留請求がなされ，10日間の勾留決定が出ています。しかし，満期前の4月20日に家庭裁判所に送致されて，観護措置決定が出ています。少年の勾留段階で関与していた「弁護人」は，家庭裁判所に送致された時点から「付添人」になり，その活動内容には「少年事件」特有のものが入ってきます。

当番弁護士や国選弁護人として逮捕勾留段階で選任された弁護人は，「いつ家庭裁判所送致になるか」を把握しておかないと，上記のような観護措置審理に際しての面会や，決定に対する不服申立てができない等の不利益が生じます。また，場合によっては，家庭裁判所で新たな付添人弁護士が選任される可能性もあります。成人事件の被疑者国選弁護人が，そのまま被告人の国選弁護人にスライドするのとは異なる点には注意が必要です。したがって，少年事件が勾留された場合には，家庭裁判所送致日及びそれ以降のスケジュール，各手続については特に注意をしておく必要があります。

第4 示談交渉【ビネット4】

1 示談

少年事件においても，示談の重要性は，成人の場合と異なるところはありません。もちろん，示談が成立したことが直ちに少年の要保護性を減少させるというわけではありませんが，被害者に誠実に対応し，

慰謝の措置を取るという経験が少年自身の内省を深めるという場合もあります。これは少年の更生にとって有益であることはもちろん，要保護性の減少につながり，処分にあたっても考慮される事情となります。

特に，近年は，被害者への配慮が重視されていますので，家庭裁判所裁判官も被害弁償の有無・経緯には大きな関心を持っています。弁護士としては，早い段階から少年や保護者に働きかけ，積極的に被害者との示談や被害弁償を試みるべきです。

被害者との話し合いの状況や示談成立の見込みについては，随時，弁護士から調査官を通じて裁判官に報告し，示談が成立した場合には，速やかに示談書を添付した報告書を提出すべきです。その際，単に示談をしたという報告だけに留まらず，少年の反省の度合いや意識の変化，保護者の関与の度合いや示談成立に向けての努力の程度等についても報告書にまとめて提出するなど，少年の要保護性の解消につながる事情を裁判所に述べることが重要です。示談が困難な場合には，なぜ示談ができないのかということや，示談成立に向けてどのような努力をしたかということを裁判官に理解してもらうことが必要です。少年事件の場合は，単に示談の成否だけを捉えるのではなく，被害者に対して対応する中で，少年が内省を深めたことなど，要保護性と関連付けて報告する必要があります。示談のポイントについては，第3章第3節を参照して下さい。

2　ビネット4ポイント

本件の少年Aが行った窃盗未遂行為によって，オートバイのシリンダーが損壊され，その損害は3万円とのことです。

弁護人としては，少年と保護者に「示談」の意味を説明し，いくらの金額を弁償するべきか決める必要があります。また，共犯者がいる場合には（本件では追って逮捕されたB），共同不法行為による連帯債務責任を負うので，共同で示談が可能であるか確認するべきです。Bの弁

護人は，検察庁（事務官）又は家庭裁判所（書記官）に照会することができます。ただし，本件BのようにAを残して逃亡しているような場合には，共犯者間の対立（いわゆる引っ張り込み）があるので，負担部分等の調整が難しいのであれば，無理に共同で示談する必要はありません。

　弁護人は，示談金額（上限）を協議しつつ，謝罪文や示談書を準備して，被害者と示談交渉を行います。示談のポイントは第3章を参照して下さい。なお，未成年者の示談書には少年の住所等の個人情報は相手方である被害者に開示するべきではありません。示談の当事者欄には，少年の氏名・法定代理人（保護者）氏名の他は，弁護人・付添人の氏名と職印，法律事務所の所在地電話番号で足りると考えます。

第5　付添人活動【ビネット5】

　少年事件における付添人活動は（自白事件を前提とします），成人事件の刑事公判に相当する審判での付添人活動（成人なら弁護人）と，少年の周辺環境を調整する活動があります。後者の調整活動が審判においても非常に重要であり，少年事件の中心です。

1　環境調整

(1)　環境調整活動

　環境調整活動とは，少年を取り巻く環境を調整し，要保護性を減少・解消させる弁護士の活動をいいます。

　この点，少年事件は，通常，家庭裁判所送致後4週間以内に審判が開かれますので，できるだけ早く環境調整活動に着手する必要があります。ここでは，活動の対象者別に解説します。

(2)　具体的な内容

ア　少年自身

　審判対象となった少年自身が変わる（改善更生する）必要があります。簡単なことではありませんが，少年に内省を促し，自分が起こした事件や自分自身が抱える問題と向き合い，事件の原因や結果，被害者の心情・状況等について考えさせます。例えば，日記や反省文，謝罪文の作成を通じて，内省を深めることができる場合もありますし，今後の生活や目標についても考えさせ，そのために何が必要なのか，うまくいかなかった場合にはどのように対処すべきか等を少年自身に考えてもらうことも重要です。そして何よりも，付添人が少年と信頼関係を築けているかで効果に大きな違いが出ます。

イ　保護者

　保護者の処遇に大きく影響するのは監督する保護者の存在です。そのため，面談は，できるだけ早く行い，少年の性格や少年の成育歴，日々の生活状況，家庭の状況などについて聞き取り，事件の背景や少年の要保護性の問題点を把握するように努めます。面談場所は，可能な限り家庭訪問をして行うべきです。部屋の様子を見ると，少年がどのような環境で生活を送っていたのかを知ることができます。

　家庭裁判所も，保護者の監督意思や能力に大きな関心を寄せます。保護者には，よほど特別な事情がない限り必ず連絡を取り，審判当日の出席を依頼するとともに，審判の準備・打合せを行わなければなりません。そして保護者自身にも，少年の非行の原因をよく考えてもらい，少年が成年となるまで「どのように保護・監督していくのか」を具体的に説明してもらうことが必要です。

　一方で，少年事件では保護者側に問題があるケースも存在し，少年の引き取りを拒否するような場合もあります。その際には，保護者を説得するのが第一ですが，少年を引き取ってくれる親戚や施設等も可能な限り探してみるべきです。また，保護者が少年に虐待を加えているなど保護者のもとには返せないというケースも考えられます。その

ような場合には，保護者以外の少年の帰住先を考えなければなりません（補導委託先については後述）。

ウ　就学先

　少年の多くは在学中の生徒学生です。学校を退学して少年の居場所がなくなると，非行が進むという悪循環に陥る危険がありますので，できる限り退学は避けるべきです。この点，公立中学校の場合には退学はありませんし，私立中学校や高校，大学の場合であっても，学校が強制的に退学させることができる場合は限定されています。退学処分が予想される場合には，適法な退学処分にあたるのか，学校側にけん制せざるを得ないこともあります。ただし，学校との交渉を行うタイミングは慎重に判断すべきです。弁護士からの連絡によって，学校が事件を知り，かえって退学処分の検討を始めるということになりかねないため，学校への連絡状況等を少年や保護者に確認した上で学校との交渉等を行うかを見極める必要があります。また，家庭裁判所送致後は，調査官が少年の通学する中学や高校に調査・照会を行うこともありますので，その点にも注意が必要です。

　仮に，退学やむなしという場合には，転校先や就職先など少年の新しい所属先・受入先をできる限り探して，自主退学するということも重要な環境調整活動といえます。

　反対に，学校の協力が得られる場合には，担任教諭や学年主任，生活指導の担当者に連絡し協議した上で，協力を取り付けた旨などを報告書にして裁判所に提出することなどが考えられます。熱心な教諭の場合は，審判期日に出席してくれる場合もあります。

エ　就業先

　少年が就労している場合には，引き続き就労が可能かどうかは非常に重要です。付添人としては，引き続き少年を雇用してもらえるよう雇用主と交渉し，協力が得られる場合には，引き続き雇用する旨の上申書等を書いてもらい裁判所に提出したり，審判への出席を依頼した

りすることも考えられます。

　保護者に問題があり，家庭環境が十分といえない場合にも，就労先の社長や上司が少年の事情を理解して，今後の指導・監督を誓約してくれることもあります。

　一方で，就労を断られた場合には，新たに少年を雇用してくれる関係者を探すべきです。親族や知人に会社経営者がいる場合には，少年の面倒を見てくれる場合もあります。また，少年の状況や特性によっては，補導委託（後述第7）が活用できないか検討し，調査官に提案し相談することも考えられます。

オ　交友関係

　友人や交際相手の影響で非行に陥る少年は多くいます。その場合，不良交友関係から離脱させることを考えなければなりません。特に，いわゆる半グレや暴力団などの反社会的勢力とつながりがある場合には，関係を断ち切ることが必須です。

　しかし，友人や交際相手は，少年にとっては理解者であったり居場所であったりするため，少年が縁を切ることを嫌がることもあります。その場合，少年の言い分や考えにも耳を傾けつつ，時間をかけて，悪影響を与える友人は結局少年自身のためにならないことを気付かせるべきです。新しい理解者や居場所を探すことも有効な環境調整です。

(3)　ビネット5ポイント①

　本件事例でも，Aの第1回審判は5月15日に指定されました（観護措置決定は4月20日）。したがって，付添人はおおむね20日間程度で少年の環境調整を図り，家庭裁判所に意見書を提出しなければなりません。これは，かなりのタイトスケジュールです。そのため，逮捕勾留段階（ビネット3）から，弁護人は「この少年はどのような環境が適切であるか」を常に考えて行動する必要があります。

　そして，家庭裁判所の少年審判では，同じような環境の確認・調査を「裁判所調査官」も行っています（広義の環境調整です）。本事例でも

調査官から連絡があったように，少年Aをどのような環境下で成長させるかについて，裁判所と付添人弁護士が協力することになります。成人事件の起訴状一本主義（裁判所は第1回公判期日前に記録を見ていない）とは大きく異なります。

2　審判準備

少年が家庭裁判所に送致され観護措置決定がなされると，担当書記官からは少年審判期日に関する日程調整の連絡が入ります。おおむね4週間以内に期日指定がなされますので，付添人は第1節の少年の環境調整をしながら，審判に向けて準備する必要があります。

(1)　少年事件の記録

付添人は，審判開始決定がされると，事件の記録と証拠を閲覧することができます。成人事件では数ある記録・書面の中から，検察官の請求予定証拠が開示されますが，少年事件の記録には，全ての資料が，「法律記録」と「社会記録」に分類されます。

法律記録は，非行事実の有無を認定するために用いられるもので，各種捜査資料，関係者の供述調書や報告書，実況見分調書等が中心です。成人の刑事事件における記録とは異なり，捜査機関が作成した全ての記録が家庭裁判所に送られますので，調書の写しと原本が重複している等，記録の量も多く，編綴順序もバラバラです。

一方で，社会記録には，調査官が調査の結果を報告する少年調査票，鑑別技官による鑑別結果通知書，学校等への照会結果など，少年の処遇上参考となる資料が順次綴られます。

(2)　法律記録

家庭裁判所送致後，担当係になった書記官に連絡を取り，なるべく早く法律記録の閲覧・謄写を申請すべきです。成人事件と異なり伝聞法則がありませんので，全ての捜査資料や供述調書が審判資料となり

ますので，法律記録は分量が多くなりがちです。したがって，記録全
部について謄写を申請するのではなく，まずは，閲覧をして謄写申請
の範囲を必要な部分に限定する運用が多いようです。

　付添人は，法律記録は原則として全て閲覧でき，謄写も可能ですが，
記録を閲覧・謄写することによって得られた情報の取扱いには十分に
注意する必要があります。特に，被害者の氏名・住所・連絡先等を少
年や保護者が知らない場合には，みだりに伝えるべきではありません
（性犯罪等の場合はより一層慎重になるべきです）。

　なお，少年審判規則の改正によって，記録や証拠物を閲覧させるこ
とにより，人の身体・財産に害を加える行為，人を畏怖・困惑させる
行為，人の名誉や社会生活の平穏を著しく害する行為がなされるおそ
れがある事項が記載されている場合には，裁判所は，付添人に閲覧さ
せるに当たり，①少年若しくは保護者に知らせてはならない旨の条件
付与，②少年若しくは保護者に知らせる時期や方法の指定ができるよ
うになりました。また，これらによっても加害行為を防止できないお
それがある場合には，裁判所は，部分的に閲覧自体を禁止することも
できます（少年規7条3項以下）。

　一方で，付添人による審判の準備その他の審判の準備の上での支障
を生じるおそれがあるときは，条件等を付したり，閲覧を禁止したり
することはできません。裁判所がこれらの措置をとる場合には，あら
かじめ付添人の意見を聴いた上で通知する必要があります。

　したがって，裁判所から付添人としての意見を求められた場合には，
少年による加害行為の具体的なおそれがあるとはいえないことや，付
添人と少年との関係（特に弁護士付添人であること）から付添人が対象とな
る事項を少年側に伝達する蓋然性はないこと，記録の閲覧に関する措
置が取られると審判の準備の上で支障を生ずるおそれがあること等に
ついて，裁判所の措置が必要かを具体的に判断して意見を下さい。

(3)　社会記録

　社会記録は，閲覧してメモをとることができますが，謄写すること

はできません。

　家庭裁判所に係属歴のある少年の場合，前歴に関する調査結果が綴られているので早めに閲覧します。前回の審判の際の家庭環境や要保護性を早く知ることは，今回の事件の環境調整活動にとって非常に有益です。また，共犯少年の社会記録は閲覧できませんが，少年の社会記録に共犯少年の処分結果等が記載されていることもあります。

　社会記録は順次綴られていくので，追加の資料が綴られていないかを書記官に確認する必要があります。

　その他，社会記録には，少年の成育歴をはじめ，家族構成，知能指数，病歴等極めて守秘性の高いプライバシー情報が含まれます。少年自身にも伝えるべきではない情報も多くありますので（例えば，戸籍上は養子だが，少年には「実の親子」として養育されている等），今一度弁護士としての守秘義務を自戒する必要があります（弁護士法23条，弁護士職務基本規程23条）。

　社会記録の中でも重要なのが，観護措置がなされた場合の鑑別結果通知書ですが，これが家庭裁判所に送付されるのは審判の1週間ほど前です。さらに重要となるのが，家庭裁判所調査官が作成する調査票です。こちらは，裁判官に提出されるのは，審判の2〜3日前であるのが通常です。調査官の処遇意見が付添人の処遇意見と異なる場合には付添人の意見に説得力を持たせるため，意見の理由や根拠をいっそう具体的に主張する必要があります。鑑別結果通知書や少年調査票の閲覧可能日を問い合わせた上で，審判前の数日間は社会記録を閲覧するための時間を十分確保して，これらの資料をよく検討すべきです。

⑷　意見書作成

ア　事前提出

　少年事件では，通常の刑事事件と異なり，予断排除の原則や伝聞法則の適用がありません。そのため，裁判官は，審判期日の前にあらかじめ法律記録及び社会記録を精査し，非行事実の存否，要保護性の有無や程度について，一定の心証を得た上で審判に臨みます。

　そこで，付添人としても，刑事事件の弁論要旨のように審判期日において初めて意見書を提出するのではなく，必ず審判期日より前に提出することが重要です。意見書だけでなく，少年にとって有利な証拠等については，適時提出し，裁判官の心証形成に働きかけます。

イ　意見書

　付添人は，その意見書において，①非行事実，②要保護性，及び③処遇選択に関する意見を述べます。意見書の体裁としては，意見書の冒頭に結論として③処遇選択に関する意見（例えば「保護観察処分が相当である」等）を記載し，その理由として①非行事実及び②要保護性に関する意見を記載することが一般的です。

①　非行事実について争いがある場合は，事実が認められないということを証拠に基づいて論述します。非行事実に争いがなくとも，非行事実の態様や結果，被害者との示談状況等，情状に関する事実については，非行事実に関する事情として記載することもあります。

②　要保護性に関しては，非行の原因（本人の資質や環境要因等），非行原因の克服（内省，被害の回復，人間関係や生活環境の改善，家庭環境等の改善，復学・就業先の確保，帰住先と社会資源の確保，不良交友関係の解消等），被害者対応の内容等を具体的に記載します。

③　処遇意見としては，非行事実がない，又は要保護性が解消した場合には不処分を求めます。一方，要保護性が解消したとまでいえない場合には，社会内処遇が可能であるとして保護観察処分，福祉的な保護処分が相当であるとする児童自立支援施設又は児童養護施設送致処分を記載します。場合によっては少年院送致が避けられないと思われることもあるでしょうが，その際には，「試験観察」が活用できないか十分検討するべきです。

(5)　**家庭裁判所**

　成人の刑事公判と異なり，少年事件の場合には，審判前に必ず家庭

裁判所調査官と意見交換を行います。また，意見書提出に際しては，担当の裁判官とも意見交換（調査官を含めたカンファレンス）を行うことも重要です。

ア　家庭裁判所調査官

　家庭裁判所調査官は，裁判所の命令により，要保護性を判断するための社会調査を行い，その調査結果を裁判所に報告し，処遇意見を述べます（少年法8条2項，少審規13条）。裁判所は，調査官の報告と処遇意見を重視しますので，付添人としては，調査官の見解を十分に知っておく必要があります。

　そのため，調査官とは，家庭裁判所送致後，できるだけ早期に面談し意見交換する機会を持ち，少年の成育歴などを含めた背景事情について情報を収集・交換すべきです。調査官が要保護性に関して把握している問題点を確認しておくと，付添人の環境調整活動で参考になります。なお，情報交換においては，少年が信頼した付添人だけに話をした事実など，少年との信頼関係維持に関わる事柄については，慎重に取り扱う必要があります。また，少年との少年鑑別所での面会日程が調査官と重ならないよう事前に調査官の面会予定を確認しておくと良いでしょう。

　その他，試験観察が相当であると考えられる場合には，試験観察には調査官の協力が不可欠であるため，事前によく調査官と協議しておく必要があります。また，補導委託を検討する場合には，委託先の情報に詳しいのは調査官ですので，調査官に相談し，委託先の確保に努めるようにします。

　児童や少年の心理の見識を有している調査官は，付添人と異なる視点で事件を見ている可能性がありますので，付添人としても調査官が捉える問題点を知っておく必要があります。他方で，法律の専門家でない調査官は，捜査機関の作成した法律記録の内容をそのまま事実であると認定したり，大きく影響を受けたりしていることもありますので，付添人が指摘する必要があります。

　付添人としては，最終的な処遇意見に対して自らの意見・活動を反映させるべく，調査官との面談を通じて，調査官がどのような処遇意見を考えているのかを把握し，調査官の考えている問題点が解消されていることを正確に説明する必要があります。

　調査官と話した内容はそのまま裁判官に伝わると考え，裁判官に伝えたいことを調査官に話すつもりで面談に臨むことがポイントです。

イ　家庭裁判所裁判官

　少年事件の場合，裁判官は，審判当日には，既に一定の心証を持って審判に臨んでいますので，裁判官に適切な処遇の判断をしてもらうためには，審判当日の活動だけでは全く足りず，事前に付添人の意見を裁判官に伝える必要があります。前述のとおり裁判所は調査官の意見を重視しますので，付添人と調査官の処遇意見が違っている場合には尚更です。

　裁判官との面談においては，審判対象となっている非行事実に争いがある場合には，特に直接かつ早期に面談を行う必要があります。裁判官の心証が固まる前に面談をして，捜査記録上の矛盾点等を指摘し，適切な事実認定がされるよう促します。また，観護措置の期間内に審判が全て終了することが求められるため，進行についてもできるだけ早い時期に協議する必要があります。非行事実のどの部分を争うのか，証人尋問を申請するのかという点を事前に裁判官に伝えておかなければなりませんし，事前に書面を提出することもあります。

　非行事実に争いがない場合でも，少年の処遇について調査官と意見が食い違う場合には，調査官や裁判官と面談をして，付添人の意見を伝えるべきです。環境調整ができるかどうかで，処遇が変わる可能性がある事案では，付添人は事前の意見書や報告書を作成するなどし，その都度裁判官にも状況を報告しておく必要があります。

(6)　ビネット５ポイント②

　本事例の少年Ａの場合も，４月20日に家庭裁判所送致・観護措置

決定，5月15日に第1回審判というスケジュールが確定しています。

　付添人は，まずは事件記録（特に法律記録）を閲覧謄写し，家庭裁判所が把握している非行事実の詳細を確認します。認否（非行事実を認めるのか，全部又は一部を争うのか）の方針を決めます。

　また，少年の家庭環境，学校での状況については，社会記録のほか，少年や保護者から丁寧に話を聴き取り，「少年の処遇」について方向性を決めなければなりません。その際には，同じく環境に関する調査・分析を行っている家庭裁判所調査官の意見は大いに意識しなければなりません（審判を担当する裁判官も，鑑別所技官の鑑別結果と家庭裁判所調査官の調査報告書の内容は重視しています）。一方で付添人弁護士は，法律家として「少年の処遇」にアプローチしますが，逮捕・勾留の弁護人段階から関与している弁護士であれば，家庭裁判所調査官よりも多くの情報を持っていることもあります。事例であれば，4月10日から活動し，ビネット2のような足で稼いだ弁護人の情報は，家庭裁判所調査官にも貴重です。こうした専門職同士の情報を共有しながら（高い守秘義務があることはもちろんです），第1回審判までに少年の処遇に関する意見を出します。

　事例のAは中学1年生の年少少年ですが，地元の悪そうな少年と交友関係があり非行傾向も進んでいそうです。バイクの窃盗方法（シリンダーの直結）も手慣れた印象を受けます。母親も放任主義で，姉とも仲が悪く，学校にも通えていないようです。一方で，非行自体は窃盗未遂であり，示談の可能性もありそうです。

　しかし，このような少年の現状で，速やかに「保護観察」として元の生活に戻していいかの判断は難しいところです。少年事件では，まさにこうした視点から，裁判所（調査官，裁判官）と付添人が，少年と保護者，教員，雇い主等を巻き込んで，環境調整を行うことが重要です。非常に難しい判断であることから，少年，保護者とは繰り返し面会し，少年の関係者とも会います。そして調査官とも連携し，審判前には裁判官とも会ってカンファレンスをすることが多くあります。

　その上で，第1回審判前の2日前（本事例なら5月8日）には，然るべ

き内容の意見書を出さなければなりません。弁護士である付添人である以上は，「とにかく処分を軽く」という視点から，成人の執行猶予と同じ感覚で，「保護観察」の結論ありきでの意見書を構成しがちです。しかし，改善更生に不適切と考えられる生活環境に少年を戻すことが，その後の少年にどのような影響を及ぼすのかという視点を持つ必要があります。少年事件の難しいところです。

第6　審判手続【ビネット6】

1　少年審判の対象

　少年審判では，非行事実（犯罪，触法，虞犯のいずれかの該当事実）の有無・内容と要保護性（少年法上の保護の必要性）の有無・程度が審理の対象です。

　要保護性とは，一般に次の3要素から構成されます。

再非行性……当該少年の現在の性格，環境に照らして将来再び非行をする危険性があること

矯正可能性…少年法上の保護処分による矯正教育によって再非行性を除去できること

保護相当性…少年法上の保護処分が更生のために有効適切であること

2　少年審判の構成

(1)　出廷者

　少年が出頭しないときは，審判期日を開くことができません。少年が少年鑑別所に収容されている場合は，少年は少年鑑別所職員に連れられて出頭することになりますが，在宅事件の場合には審判当日に必

ず出頭しなければならないことを少年と保護者によく説明しておく必要があります。また，条文上「付添人は審判の席に出席することができる」とされていますが，弁護士付添人が審判期日に出席しないことは考えられず，必ず出席します。保護者も審判期日に呼び出されますが，呼出しを無視し，出頭しなかった場合でも審判ができなくなるわけではありませんが，少年の更生のためには保護者の協力が不可欠です。

　保護者の中には，少年との関係に問題を抱えていて，非協力的な態度を示す保護者もいますが，審判期日においては，保護者がこれまで知らなかった少年の気持ちなどに触れ，少年との関わりを顧みて，保護者としての思いを新たにすることも少なくありません。少年と保護者との関係がうまくいっていないようなケースでも，審判において，少年と保護者が互いにその思いに気付き，わだかまりを解消して良好な関係を再構築するための，いわば和解の場ともなり得ます。もしも保護者が審判への出頭を拒否するようであれば，付添人としては，よく必要性を説明するなどして根気よく保護者に出席を促してください。

　少年の兄弟姉妹，親族，教員その他相当と認める者が在席を許されることもあります（担任教諭，校長，雇用主，保護司，保護観察官，児童福祉司，補導委託先の関係者等）。環境調整活動の結果，少年の更生のために審判にも出席してくれる人がいる場合には，付添人から家裁に連絡し，出席許可の上申をすべきです。

　非行事実の存否が争われる重大な事件では，検察官が関与することがありますが，件数としては非常に少ないのが現状です。

(2)　方式

　少年審判においては，「審判は，懇切を旨として，和やかに行うとともに，非行のある少年に対し自己の非行について内省を促すものとしなければならない」（少年法22条1項）とされています。裁判官席は，刑事法廷と異なり，少年の目線と同じ高さになるように配置され，付添人の質問等の発言時にも起立することはなく，着席のまま行います。

　しかし，「懇切を旨に，和やかに」といっても，少年や保護者にとっては，審判は少年の人生を左右する場であり緊張を強いられる場です。

　付添人としては，少年や保護者が萎縮せずに意見を言えるよう，事前に手続について分かりやすく説明するとともに，審判廷における発問の量や方法，口調を工夫する必要があります。事案によっては，審判廷において，改めて少年に内省を促すべく，付添人として積極的に発言すべきです。

　少年審判手続では，少年が抱える問題を突き止めるために少年や家族のプライバシーなどに関わる話題を避けられないことがあります。少年や関係者には，そうした事項も率直に話してもらわなければならない場合もあります。そこで，「調査及び審判その他保護事件の取扱に際しては，常に懇切にして誠意ある態度をもつて少年の情操の保護に心がけ，おのずから少年及び保護者等の信頼を受けるように努めなければならない。」（少審規1条2項）とされています。そのため，少年審判は被害者関与事件を除き，原則として非公開で，事件記録の閲覧も厳しく制限されています。

(3)　進行

　少年審判は，職権主義的審問構造がとられており，裁判官主導により一般的に次の順で進行します。

　また，非行事実に争いのない事件では，通常は1回の審判期日でこれらすべてが行われます（少審規29条以下）。

①　人定質問・黙秘権告知
②　非行事実の告知と少年・付添人の陳述聴取
③　非行事実の審理
④　要保護性の審理
⑤　調査官，付添人からの処遇意見
⑥　決定の告知（少審規3条1項）

⑦　決定の趣旨説明，抗告権の告知

　少年が非行事実を認め，十分な証拠もあるケースでは，③と④は明確に区別されずに進められます。その場合は，裁判官から，少年，保護者，関係者らに事情を聞いて意見や考えを述べてもらい，適宜それぞれの問題点を指摘した後，付添人から少年らに質問をするという流れが多いようです。その後，調査官が，少年や保護者に対して，補充的に質問することもあります。

　⑤は，事前の裁判官との打合せを踏まえつつ，「意見書記載のとおりです」と述べるか，裁判官からの「意見書記載のとおりでよいですか」との問いかけに対し「はい」と答えるのみで終わることが多く，成人の刑事事件のように起立して弁論要旨を述べるということはありません。

　検察官関与事件は非常に少数ですが，検察官は，非行事実認定のための証拠調べに立ち会います。この証拠調べの結果，裁判官が非行なしの心証となれば，「非行なし不処分」が言い渡されます。他方，非行ありの心証の場合には，要保護性の審理へと進みます。検察官は，この要保護性の審理には立ち会いませんが，終局決定の告知には立ち会うことができます。

　検察官立会いの下で行われる証拠調べ手続の対象となる「非行事実」には，構成要件該当事実のほか，「犯行の動機，態様及び結果その他の当該犯罪に密接に関連する重要な事実」も含まれます。こうした非行の動機や態様等は単に非行事実の有無だけでなく，要保護性の判断にまで影響を与えかねないため，付添人としては，検察官の活動が，非行事実の認定に必要な範囲を超えて，要保護性の判断にまで不当な影響を与えないようチェックする必要があります。

3　審判当日の留意点

(1)　開廷前

　少年が少年鑑別所に収容されている事件では，付添人は，開廷前に家庭裁判所内で少年と面会することができるのが通常です。審判手続の確認のほか，少年が審判において自分の考えや思いをきちんと裁判官に伝えられるよう，その緊張を和らげるためにも，少年に面会すると良いでしょう（少年が家庭裁判所に到着する時刻や到着後の事務手続などの関係で，あらかじめ書記官に面会希望を伝えておくとスムーズな面会ができます）。

(2)　開廷後（第7・第8）

　閉廷後，収容処分となった場合には，審判終了後速やかに書記官に申し出れば，家庭裁判所内で少年と面会できますので，処分内容や抗告制度の説明，抗告意思の確認などを行ってください。

　試験観察処分（第7中間処分）となった場合には，閉廷後，引き続き，調査官から少年及び保護者に対して，試験観察の説明や遵守事項及び約束事項の確認などが行われます。試験観察では付添人も積極的に関与していく必要がありますので，付添人も同席するようにしましょう。補導委託の場合には，調査官が少年を同行して補導委託先に連れていきますが，付添人がこれに同行することもあります。

　在宅処遇となった場合には，身柄拘束は解かれますので，そのまま待合室などで話ができます。少年や保護者は緊張等のせいで，決定の内容や理由を十分に理解できていないこともありますので，それらを改めて説明し，今後の少年がどうなるかについて，分かりやすく説明するようにします。

　保護観察処分となった場合には，閉廷後，書記官又は調査官から少年及び保護者に対して保護観察についての説明がなされます。東京家庭裁判所の場合，説明後にそのまま少年と保護者が保護観察所に移動（出頭）して保護観察の手続をとることが多いようですが，保護者の予定等によっては後日の出頭となるケースもあります。付添人もこれら

に同席することができます。

4　ビネット6ポイント

　本事例のＡは，5月15日の審判で在宅による試験観察が言い渡されています。Ａの付添人としては，事前の裁判所調査官や裁判官との間で，「今回は試験観察で様子を見ましょう」とのカンファレンスがなされていると思います。あまり聞き慣れない処分かも知れませんが，付添人意見書でも「試験観察を求める」との意見を書いて何らの問題もありません。

　ビネットの事情1・2を見る限り，Ａの家庭環境が良好ではなく，交友関係にも問題があり，中学1年生ながら不登校気味で深夜徘徊を繰り返しています。保護観察として戻すのは危険と判断され，継続的に（おおむね半年程度）様子を見て，少年の環境が整ってから保護観察を出しましょうという暗黙の了解と捉えられます。一方で，この6か月で再び非行事実が起こったり，環境が悪化したりするような事情があれば，施設収容もやむを得ないところです。

第7　処分⑴中間処分【ビネット7】

1　処分⑴中間処分

　家裁が行う処分（決定）には，中間決定と終局決定があります。決定の種類は次の表のとおりです。

　本第7では，処分⑴の試験観察を扱います。

Ⅰ．処分⑴中間処分
試験観察　　在宅試験観察 　　　　　　　補導委託

Ⅱ．処分(2)終局決定

【処分無】

① 審判不開始　② 不処分

【保護処分】

③ 保護観察

④ 児童自立支援施設・児童養護施設送致

⑤ 少年院送致

⑥ 検察官送致　刑事処分相当・年齢超過

⑦ 都道府県知事・児童相談所長送致

2　試験観察

　試験観察とは，審判の続行を前提として，少年を一旦家庭や学校・職場等に戻す中間処分です。終局処分の決定を一定期間留保しながら少年の経過を見た上で，後に終局処分を行います。

　試験観察を行う場合は，通常遵守事項が定められます。例えば，学校や仕事にスケジュール通り行く，門限を守る，日記を付ける，その他審判で指摘された少年の問題点を克服するような遵守事項が定められることが多く，期間は通常3か月〜6か月くらいです。この間に問題がなければ，2回目の審判が開かれ，不処分や保護観察となる場合が多いようです。

　試験観察のうち，少年を家庭に戻す処分を「在宅試験観察」といいます。これに対して「補導委託」とは，適当な施設，団体又は個人に少年の補導を委託する措置です。家庭環境や交友関係が非行の主たる原因となっているなど，少年を従来の生活環境に戻したのでは少年の更生に不安が残るものの，少年院に収容するよりも社会内での処遇が適切である事案などで，補導委託先に少年を預け，その指導監督のもとでの更生に期待しようというものです。通常は6か月程度委託された後に，終局処分がなされる場合が多いようです。

3 試験観察と付添人弁護士

試験観察で重要となるのが付添人です。未だ終局処分が出ていないことから，付添人（弁護士）の身分は継続しており，試験観察期間中も，少年と定期的に連絡を取って少年の生活を把握します。また，面会を通じて少年の更生への意欲を高めるほか，引き続き環境調整活動を行うなど，試験観察の成果がより上がるよう努めることが求められるのです。

そのため，付添人は試験観察中の少年の様子を報告書にまとめ裁判所に提出するなど，少年の要保護性が次第に減少し，解消されていることを裁判所に伝えておきます。

特に補導委託となった場合，委託先を訪問して少年と定期的に面会したり，保護者と少年との関係に問題があるような場合にはその修復に努めたりするなど，補導委託が功を奏するように積極的に働きかけるようにしてください。

補導委託先は，その多くが民営の施設で，都市部から郊外まで各地にあり，環境や指導方針も様々です。住み込みで働きながら自立支援を受ける法人やお寺等の宗教施設もありますが，その数・名称・所在地が非公開となっており，全国的な統計やデータもありません。そのため，付添人としては「補導委託先」をどうやって探すのか迷いますが，コネクションを駆使して，適切な補導委託先を見つけ出し，調査官へ提案することも付添人の腕の見せ所のひとつです。家庭裁判所調査官や周りの経験豊かな弁護士に相談するのもよいでしょう。

4 ビネット7ポイント

少年Aは在宅試験観察となり6か月間（おおむね5月15日～11月15日）の長期間，家庭と学校での様子を観察されることになりました。この間は，付添人弁護士と家庭裁判所調査官とで少年の環境を整えます。成人事件の執行猶予とは全く異なり，再度の審判（終局処分）が予定さ

れていますので，毎日の課題（日記等）や遵守事項（就学，就業，門限等）について引き続き関わることになるのです。付添人が信頼できる大人として少年に寄り添う必要があります。

　少年Aは，夏休み頃まで学校に通えていました。この間は付添人，家庭裁判所調査官，保護者，学校関係者とも連携が取れていたはずです。

　ところが，夏休みに入って早々の8月1日，Aは再び窃盗罪を犯します。今度も地元の先輩と深夜徘徊の末の犯行です。おそらくは長期休みに入り，学校との関係が切れてしまい，保護者の監護が及ばなかったことが大きいはずです。

　残念ですが，「試験観察」としては，引き続き継続することは難しい状況であり，再度の審判に向けて動かざるを得ないと思います。ただ，付添人としては何が原因かについて，よく検討し，家庭（親兄弟）・学校・交友関係等，細かく分析しなければなりません。この際にも，家庭裁判所調査官との連携は不可欠です。

第8　処分(2)最終処分【ビネット8】

Ⅱ．処分(2)終局決定
【処分無】
①　審判不開始　②　不処分
【保護処分】
③　保護観察
④　児童自立支援施設・児童養護施設送致
⑤　少年院送致
⑥　検察官送致　刑事処分相当・年齢超過
⑦　都道府県知事・児童相談所長送致

1 処分⑵終局決定

① 審判不開始 （少年法19条1項）

　調査の結果，そもそも非行事実がないことが明らかで審判に付することができない場合は，審判不開始となります。また，少年の要保護性が解消していたり，事案が軽微であったりする場合など審判に付するのが相当でないと認める場合にも，審判不開始の判断がなされます。

② 不処分 （少年法23条2項）

　審判は開始したものの，非行事実がないなど保護処分に付することができない場合には不処分となります。非行事実なしは，成人事件の無罪に相当します。また，非行事実は認められるものの，少年の要保護性が解消していたり，事案が軽微な場合であったり，保護処分に付するまでの必要がないと認める場合にも不処分になります。

③ 保護観察処分 （少年法24条1項1号）

　保護観察は，少年を施設に収容せず，社会生活をさせながら，保護観察所の行う指導監督及び補導援護によって少年の改善更生を図る社会内処遇の保護処分です。

　指導監督は，面接等による行状把握，一般遵守事項及び特別遵守事項を遵守させるための必要な指示等を行います。補導援護は，住居の確保，就業等を援助します。

　具体的な指導・支援者は，保護観察官と保護司です。保護観察の開始時においては，少年が保護観察官と面接して保護観察の実施計画が作成され，その後は，少年が担当保護司のもとを週1回〜月1回訪問するという方法で行われます。担当保護司は，面談等により少年の行状を把握し，遵守事項を遵守するよう指導助言を行います。

　保護観察の期間は，一般保護観察の場合，原則として少年が20歳に達するまでです。ただし，少年が20歳に達するまでの期間が2年未満の場合は，20歳までではなく，2年間となります。もっとも，期

間途中で保護観察の必要性が認められなくなった場合には，保護観察が解除されることもあります。実務上は，経過が良好である場合には1，2年程度で解除されることが多いようです。

　保護観察となったときは，少年は審判後に保護観察官と面接し，保護観察のガイダンスを受けます。なお，保護観察期間中に遵守事項を遵守しなかった場合で，その程度が重く，かつ保護観察によっては本人の改善更生を図ることができないと認められるときには，施設送致申請事件として，少年院送致などの処分がなされる場合もあります（少年法26条の4）。付添人弁護士は，保護観察となった場合には，少年に以上の点について説明し，少年に自覚のある生活させる必要があるのです。

④　児童自立支援施設・児童養護施設送致（少年法24条1項2号）

　児童自立支援施設は，不良行為をなし，又はなすおそれのある児童等を入所させ，又は保護者の下から通所させて指導を行う施設です（例えば，東京都には西東京エリアに都立誠明学園と都立萩山実務学校の2施設があります）。

　児童養護施設は，保護者のない児童，虐待されている児童等を入所させ養護する施設です（都市部の児童養護施設の多くは，定員上限まで入所している状況です）。

　これらの施設はいずれも，児童福祉法上の要保護児童を収容するための児童福祉施設です。また，少年院とは異なり，施錠のない開放施設であるといった特徴があるため，非行性の進んだ少年は送致の対象とならないのが通常です。

⑤　少年院送致（少年法24条1項3号）

　少年院は，保護処分の執行を受ける者及び少年院において懲役又は禁錮の刑の執行を受ける者を収容し，これらの者に対し矯正教育その他の必要な処遇を行う施設です。少年院送致は，少年を少年院に強制的に収容する保護処分です。家庭裁判所は，少年院送致の決定をする

場合，少年の年齢や心身の発達の程度に応じて，送致すべき少年院の種類を指定します。ちなみに，具体的な施設の指定は，少年鑑別所の専権事項とされており，家庭裁判所が決定するわけではありません。

少年院法が改正され，現行は次の4種別です（少年院法4条1項）。

ア．第1種
　保護処分の執行を受ける者であって，心身に著しい障害がないおおむね12歳以上23歳未満のもの（第2種に収容すべきものを除く）
イ．第2種
　保護処分の執行を受ける者であって，心身に著しい障害がない犯罪的傾向が進んだおおむね16歳以上23歳未満のもの
ウ．第3種
　保護処分の執行を受ける者であって，心身に著しい障害があるおおむね12歳以上26歳未満のもの
エ．第4種
　少年院において懲役等の刑の執行を受けるもの

少年院に収容できるのは，原則として少年が20歳に達するまでですが，送致決定時に19歳を超えている少年については，送致の時から1年間に限り収容を継続することができます。

⑥　**検察官送致**（少年法20条1項・2項，23条1項）
実務上「逆送」と呼ばれる決定であり，

ア　審判時，少年が20歳以上であることが判明した場合（年齢超過）
イ　刑事処分が相当であると認められる場合
ウ　故意の犯罪行為により被害者を死亡させた罪の事件であって，その罪を犯したときに少年が16歳以上だった場合（原則逆送）

の3類型があります。

　検察官に送致された後は，成人の刑事手続（刑事訴訟法）とおおむね同じです。そのため，付添人としては，少年に家庭裁判所での審判が相当と考えるのであれば，いわゆる年齢切迫少年（20 歳の誕生日間近）の場合，検察官に早急に家庭裁判所に送致するよう求めたり，家庭裁判所に 20 歳になる前に審判を行うよう求めたりすることも考えられます。

　また，刑事処分相当性が問題となる事件や原則逆送事件については，早期に環境調整を行い，意見書を提出し，裁判官や調査官と面談，協議するなどして，刑事処分ではなく保護処分が相当であると裁判所に認められるよう活動していくことも必要となります。

　なお，逆送されて刑事事件となった場合であっても，公判での審理の結果，少年について刑事処分ではなく保護処分が相当であるときには，事件が再度家庭裁判所に送致され審判が開かれます（いわゆる 55 条移送）。

⑦　都道府県知事又は児童相談所長送致（少年法 18 条，23 条 1 項）

　18 歳未満の少年について，事件を知事又は都道府県児童相談所長に送致し，児童福祉機関に最終的な決定を委ねる決定です。

2　審判後

　付添人は，少年にどのような処分がなされようと，少年自身や保護者に対し，その処分の内容や今後の処遇，手続などを十分に説明することが大切です。

　少年が抗告を希望した場合には抗告に向けた活動をするなど，法律の専門家として最大限のサポートをする必要があります。

　国選付添人の場合や付添人援助制度を利用した付添人の場合，終局決定告知日に付添人としての活動は終了しますが，その場合でも，少年や保護者に不安を抱かせないよう処分の内容などを十分説明してから活動を終了させるべきです。

また，付添人としての活動中はもちろん，付添人としての活動自体が終わった後も，それまで少年と信頼関係を築き，少年を支援してきた大人として，あるいは，少年の味方として，今後も少年を励ましたり，相談に乗ったりするなど，少年が自立するまで支援し，関わっていくという姿勢も望まれます。

3　ビネット8ポイント

　Aが8月1日に起こした窃盗事件は，家庭裁判所に送致され，8月10日に再度の観護措置が取られ，9月2日に審判が指定されました（Aは夏休み明けに登校することはできません）。

　観護措置期間（少年鑑別所）における，付添人活動はビネット3と同じですが，今回は再度の非行を行った原因関係を丁寧に分析する必要があります。特に，家族関係や学校生活，交友関係は少年とコミュニケーションを取りながら付添人なりの意見を構築する必要があります。その上で，少年が帰る場所があるのかについて熟考し，付添人意見を出さなければなりません。

　今回は再度の試験観察は難しく（事情によっては再度試験観察に戻すこともあります），保護観察が有益かも難しいところです。家庭裁判所（裁判官，調査官）とも連携を取りつつ，施設収容もやむを得ないと判断するのであれば，少年にその可能性について説明（説得）することもありますし，付添人意見で「自立支援施設送致」の意見を書くこともあります。大事なのは，少年Aの未来を考えた時に，改善・更正できる環境を整える姿勢です。この環境が更正保護施設である，少年院や児童自立支援施設の場合もあるのです。

　9月2日，Aは児童自立支援施設送致となりました。中学1年生の秋から約1年間を目途に家庭的な環境の矯正施設で規則正しい生活を行います（少年事件を扱う弁護士であれば，少年院と児童自立支援施設の見学は必須です）。

　少年事件は長い期間を掛けて，少年を明るい未来へとつなげる仕事

ですので，ここが出発です。その少年との関わり方は付添人の倫理観
や人生観次第ですが，相応の影響力があることは胸に留めておいて下
さい。

資料

関連書式

資料　関連書式

書式 1　当番弁護士配点連絡票

当番弁護士配点連絡票（例）

2019 年 9 月 26 日

受 付 番 号　2019－×××××
（フリガナ）

被疑者／少年　イシザカ ヒロシ
　　　　　　　石坂　浩　　　　　　　　　　生 年 月 日　19××年 6 月 21 日　40 才
性　　　　別　男　　　　　　　　　言　　　語
国　　　　籍　日本
罪　　　　名　覚せい剤取締法違反
拘 束 場 所　東京警察署　03-××××-0110
連　絡　者　東京警察署，留置係
連 絡 者 名　留置担当，鈴木
受 付 日 時　2019/9/26　9：30
逮　捕　日　2019/9/25　　　勾　留　日 20　／　／　　観護措置決定日
連 絡 事 項

　　　本日は，警察署です。

　本書面にお心当たりがない場合には，誠に恐縮ながら，次の連絡先までその旨をお知らせ頂ければ
幸いです。

書式2　被疑者国選弁護報告書（即決同意事件を除く）

被疑者国選弁護報告書【即決同意事件を除く】（書式4-1 ① 2019.7月版）

弁護士　　　一般・スタッフ（登録番号　　　　）　提出日　　　年　　　月　　　日

被疑者	氏　名				勾留日		年	月	日
	事件番号		年	号	選任日		年	月	日
	罪　名								

□本件は検察官送致（逆送）後の少年被疑事件である（家裁送致前の少年被疑事件についても担当した）

処分結果等 注）被疑者国選は「勾留」が要件です。起訴・不起訴決定の前でも釈放（処分保留）された時点で選任の効力は失効します。	処分日（解任日）：　　　年　　　月　　　日（不起訴前に釈放の場合は，釈放日を記入）
	□処分保留釈放　　□不起訴　　□略式起訴　　□家裁送致
	□公判請求（□即決裁判申立）　※起訴状を入手している場合は写しを添付 処分の種類　事件番号　　年（　）第　　　号　罪名 □同上・□その他（　　　　） 裁判所　地裁・簡裁　　　支部（担当部　　）□この事件が先行事件の追起訴事件である。
	□解任（理由）刑訴法第38条の3第1項（　）号

□勾留執行停止 □鑑定留置	決定日	年　月　日	勾留執行停止期間 （鑑定留置期間）	年　月　日～　年　月　日

接見状況等（要疎明資料添付）		日時（午前・午後に○）	場　所	接見状況 ※いずれにもチェックがない場合は接見とみなす
	1	月　日　午前・午後　時　分		□電話交通　□準接見
	2	月　日　午前・午後　時　分 □同上		□電話交通　□準接見
	3	月　日　午前・午後　時　分 □同上	※接見はチェック不要	□電話交通　□準接見
	4	月　日　午前・午後　時　分 □同上		□電話交通　□準接見
	5	月　日　午前・午後　時　分 □同上		□電話交通　□準接見
	6	月　日　午前・午後　時　分 □同上		□電話交通　□準接見

※7回目以降は継続用紙に記載。また，「処分日」と同日の接見・電話交通・準接見については，処分後のものは記載しない。
※準接見：接見場所に行ったが契約弁護士の責めに帰することができない事由により接見できなかった場合。

手続期日等	□刑訴法226条・227条の証人尋問期日	左記期日の出頭日
	□証拠保全期日（証人尋問 ／ それ以外の証拠調べ [　　　]）	（　／　）（　／　）
	□勾留理由開示期日	

特別案件	□特別案件　※刑訴法第38条の3第1項第5号の規定に基づいて国選弁護人が解任された事件に選任
合意制度	□検察官との間で合意制度について協議を行った。（要疎明資料添付） □検察官との間で上記協議について合意が成立した。（要疎明資料添付）
身柄釈放	国選弁護人の活動として以下を行い，被疑者が釈放された。（要「裁判書謄本の写し」添付） （申立日：　／　　釈放日：　／　） □勾留決定に対する準抗告の申立てを行い，勾留決定が取り消されるとともに勾留請求が却下された。 □勾留延長決定に対する準抗告の申立てを行い，勾留延長決定が取り消されるとともに勾留期間延長請求が却下された。 □勾留取消しの申立てを行い，勾留が取り消された。
示談等	示談等の活動がある場合は，別紙「特別成果加算（示談等）請求書」に記載。（要疎明資料添付）
通訳の利用	□有（詳細は別紙「通訳料請求書」の通り）　→　□通訳は利用したが，通訳料の負担なし
遠距離接見等・出張	詳細は別紙「旅費等請求書」に記載
訴訟準備費用	詳細は別紙「訴訟・審判準備費用請求書」に記載（要疎明資料添付）

※なお，ご記入いただきました個人情報は，日本司法支援センターにおいて管理し，日本司法支援センターにおける国選弁護関連業務に使用する他，総合法律支援法・同施行規則及び契約約款に基づき，日弁連，所属弁護士会，関係機関に情報を提供することがあります。また，被疑者・被告人から請求があった場合，同様に情報提供する場合がありますので，予めご了承ください。

□枚

※報告書提出期間（請求可能日から土日祝日・12/29～1/3を除く14日）を確認し，提出期限に遅れないよう御留意ください。提出が遅れた場合は，報酬等をお支払いできなくなることがあります。

（出典：日本司法支援センター法テラスHP）

289

書式3　身元引受書

身 元 引 受 書

年　　月　　日

○○地方裁判所　御中
○○地方検察庁　御中

被疑者　● ● ● ●

　上記被疑者に対する●●被疑事件につき，今般，釈放された場合には，私が責任をもって被疑者の身元を引き受け，捜査機関及び裁判所への出頭を確保し，日常生活においても厳重に監督することを誓約し，ここに身元引受書を差し入れます。

住　　所

氏　　名　　　　　　　　　　　　　　　　印

電話番号

（被疑者との関係：　　　　　　　）　※配偶者，親，雇用主等

被疑者　●●●●

事件名　●●

意　見　書

年　　月　　日

●●［地方・区］検察庁　御中

弁護人　　●　●　●　●

　被疑者●●●●に対する頭書被疑事件（以下「本件」という。）について，以下の理由により，勾留請求しないよう求める。

第1　勾留の理由がないこと

1　定まった住居を有すること

　被疑者は以下の住所に定まった住居を有している。

　　【住所】

2　罪証を隠滅すると疑うに足りる相当な理由はないこと

　被疑者は逮捕当時から一貫して被疑事実を認め，反省の意思を示しており，被害者に対してはできる限り被害弁償をしたいと申し出ている。すなわち，被疑者が罪証を隠滅する主観的可能性はない。

　また，被害者・目撃者はすでに警察の事情聴取を受け被害届・供述調書が作成されているほか，客観的証拠についても家宅捜索により収集が完了している。さらに，被疑者は被害者の素性や連絡先を知らず，現実的に被害者に働きかけることも不可能である。よって，被疑者が罪証を隠滅する客観的可能性もない。

　したがって，被疑者について罪証を隠滅すると疑うに足りる事情は皆無である。

3　逃亡すると疑うに足りる相当の理由はないこと

　被疑者は，○歳であるが，前科・前歴はなく，住居地において妻及び子どもらと共に生活し，これまで真面目に稼働してきた人物である。被疑者が家族及び定職ある生活を捨て，逃亡することなどあり得ない。

　また，被疑者の妻は，被疑者が釈放された場合には，被疑者の出頭を確保し，捜査に協力させる旨誓約している（資料1）。

　したがって，逃亡のおそれもまた皆無である。

第2　勾留の必要性・相当性がないこと

　被疑者は，長年●●株式会社（東京都●●区）に勤めているところ，本件で勾留され身体拘束が長引けば，会社を無断欠勤により解雇される可能性が高い。そうなれば，被疑者を大黒柱とする家庭は経済基盤を失ってしまうため，勾留により受ける不利益は甚大である。

　一方，被疑者は一貫して被疑事実を全面的に認め，捜査にも協力する意思を有しており，仮に今後必要な捜査があるとしても被疑者在宅で行うことで足りる。

　したがって，本件において被疑者を勾留する必要性・相当性は認められない。

第3　結語

　以上により，被疑者に対し，勾留請求をすることなく在宅で捜査すべきである。

以　上

添　付　資　料

1　身元引受書（被疑者の妻作成）

書式5　意見書

被疑者　●●●●

事件名　●●

意　見　書

年　　月　　日

●●地方裁判所　御中

弁護人　　●　●　●　●

　被疑者●●●●に対する頭書被疑事件（以下「本件」という。）について，●●地方検察庁検察官がした勾留請求に関する弁護人の意見は以下のとおりである。

第1　意見の趣旨

　検察官の被疑者に対する勾留請求を却下する

　との裁判を求める。

第2　意見の理由

　被疑者について，刑事訴訟法60条各号に当たる事由はなく，また勾留の必要性・相当性もないから，検察官の勾留請求は却下されなければならない。

1　定まった住居を有すること

　被疑者は以下の住所に定まった住居を有している。

　【住所】

2　罪証を隠滅すると疑うに足りる相当な理由はないこと

　被疑者は逮捕当時から一貫して被疑事実を認め，反省の意思を示しており，被害者に対してはできる限り被害弁償をしたいと申し出ている。すなわち，被疑者が罪証を隠滅する主観的可能性はない。

　また，被害者・目撃者はすでに警察の事情聴取を受け被害届・供述調書が作成されているほか，客観的証拠についても家宅捜索により収集が完了している。さらに，

被疑者は被害者の素性や連絡先を知らず，現実的に被害者に働きかけることも不可能である。よって，被疑者が罪証を隠滅する客観的可能性もない。

　したがって，被疑者について罪証を隠滅すると疑うに足りる事情は皆無である。

3　逃亡すると疑うに足りる相当の理由はないこと

　被疑者は，○歳であるが，前科・前歴はなく，住居地において妻及び子どもらと共に生活し，これまで真面目に稼働してきた人物である。被疑者が家族及び定職ある生活を捨て，逃亡することなどあり得ない。

　また，被疑者の妻は，被疑者が釈放された場合には，被疑者の出頭を確保し，捜査に協力させる旨誓約している（資料1）。

　したがって，逃亡のおそれもまた皆無である。

第2　勾留の必要性・相当性がないこと

　被疑者は，長年●●株式会社（東京都●●区）に勤めているところ，本件で勾留され身体拘束が長引けば，会社を無断欠勤により解雇される可能性が高い。そうなれば，被疑者を大黒柱とする家庭は経済基盤を失ってしまうため，勾留により受ける不利益は甚大である。

　一方，被疑者は一貫して被疑事実を全面的に認め，捜査にも協力する意思を有しており，仮に今後必要な捜査があるとしても被疑者在宅で行うことで足りる。

　したがって，本件において被疑者を勾留する必要性・相当性は認められない。

第3　結語

　以上により，本件検察官による被疑者に対する勾留請求は却下されなければならない。

以　上

添　付　資　料

1　身元引受書（被疑者の妻作成）

書式6　証拠等関係カード

請求者等　弁護人							年（　）第　号	

証 拠 等 関 係 カ ー ド　(No.　)

（このカードは，公判期日，公判前整理手続期日又は期日間整理手続期日においてされた事項については，各期日の調書と一体となるものである。）

番号　標　　目 〔供述者・作成年月日，住居・尋問時間等〕 立 証 趣 旨 （ 公 訴 事 実 の 別 ）	請求 期 日	意　　　　見		結　　　　果		取調順序	備　　　考	
		期 日	内　　容	期 日	内　　容			編てつ箇所
1　領収書 〔●●●●　　　　　R1.7.10〕 情状等（被害弁償を行ったこと） （全　　　　　　　　　）								
2　謝罪文 〔被告人　　　　　　　R1.7.5〕 情状等（被害者に対して謝罪したこと， 被告人の反省等） （全　　　　　　　　　）								
3　証人●●●●（在廷） 〔●●市●●区…　　主尋問10分〕 情状等（被告人の身元引受，今後の監督 等） （全　　　　　　　　　）								
4　被告人質問 〔　　　　　　　　主尋問15分〕 情状等（被告人の反省状況等） （全　　　　　　　　　）								
〔　　　　　　　　　　〕 （　　　　　　　　　　）								

被告人一人用

（　　　　　　0）

明日，相談を受けても大丈夫！
刑事・少年事件の基本と実務
モデル事例で学ぶ実務，書式とポイント

2020 年 1 月 8 日　初版発行

編 著 者　　石　坂　　　浩

発 行 者　　和　田　　　裕

発行所　日 本 加 除 出 版 株 式 会 社

本　　　社　郵便番号 171-8516
　　　　　　東京都豊島区南長崎 3 丁目 16 番 6 号
　　　　　　ＴＥＬ　(03) 3953-5757 (代表)
　　　　　　　　　　(03) 3952-5759 (編集)
　　　　　　ＦＡＸ　(03) 3953-5772
　　　　　　ＵＲＬ　www.kajo.co.jp
営 業 部　郵便番号 171-8516
　　　　　　東京都豊島区南長崎 3 丁目 16 番 6 号
　　　　　　ＴＥＬ　(03) 3953-5642
　　　　　　ＦＡＸ　(03) 3953-2061

組版・印刷・製本　㈱アイワード